中宣部2022年主题出版重点出版物

“十四五”国家重点图书出版规划项目

纪录小康工程

# 全面建成小康社会

## 广西全景录

GUANGXI QUANJINGLU

本书编写组

广西人民出版社

责任编辑：罗　雯　钟建珊
责任校对：梁小琪　覃丽婷
封面设计：石笑梦　牛广华
版式设计：周方亚　胡欣欣

**图书在版编目（CIP）数据**

全面建成小康社会广西全景录 / 本书编写组 编著 .— 南宁：广西人民出版社，2022.10
（“纪录小康工程”地方丛书）
ISBN 978－7－219－11370－7

I. ①全…　II. ①本…　III. ①小康建设－成就－广西　IV. ① F124.7

中国版本图书馆 CIP 数据核字（2022）第 064857 号

**全面建成小康社会广西全景录**
QUANMIAN JIANCHENG XIAOKANG SHEHUI GUANGXI QUANJINGLU

本书编写组

广西人民出版社 出版发行
（530021　广西南宁市桂春路 6 号）

广西民族印刷包装集团有限公司印刷　新华书店经销

2022 年 10 月第 1 版　2022 年 10 月广西第 1 次印刷
开本：787 毫米 ×1092 毫米 1/16　印张：18.5
字数：230 千字

ISBN 978－7－219－11370－7　定价：65.00 元

邮购地址 530021　广西南宁市桂春路 6 号－
广西人民出版社市场中心　电话：（0771）5523667　5507887

# 总　序

## 为民族复兴修史　为伟大时代立传

小康，是中华民族孜孜以求的梦想和夙愿。千百年来，中国人民一直对小康怀有割舍不断的情愫，祖祖辈辈为过上幸福美好生活劳苦奋斗。“民亦劳止，汔可小康”“久困于穷，冀以小康”“安得广厦千万间，大庇天下寒士俱欢颜”……都寄托着中国人民对小康社会的恒久期盼。然而，这些朴素而美好的愿望在历史上却从来没有变成现实。中国共产党自成立那天起，就把为中国人民谋幸福、为中华民族谋复兴作为初心使命，团结带领亿万中国人民拼搏奋斗，为过上幸福生活胼手胝足、砥砺前行。夺取新民主主义革命伟大胜利，完成社会主义革命和推进社会主义建设，进行改革开放和社会主义现代化建设，开创中国特色社会主义新时代，经过百年不懈奋斗，无数中国人摆脱贫困，过上衣食无忧的好日子。

特别是党的十八大以来，以习近平同志为核心的党中央统揽中华民族伟大复兴战略全局和世界百年未有之大变局，团结带领全党全国各族人民统筹推进“五位一体”总体布局、协调推进“四个全面”战略布局，万众一心战贫困、促改革、抗疫情、谋发展，党和国家事业取得历史性成就、发生历史性变革。在庆祝中国共产党成立100周年大会上，习近平总书记庄严宣告：“经过全党全国各族人民持续奋斗，我们实现了第一个百年奋斗目标，在中华大地上全面建成了小康社会，历史性地解决了绝对贫困问题，正在意气风发向着全面建成社会主义现代化强国的第二个百年奋斗目标迈进。”

这是中华民族、中国人民、中国共产党的伟大光荣！这是百姓的福祉、国家的进步、民族的骄傲！

全面小康，让梦想的阳光照进现实、照亮生活。从推翻“三座大山”到“人民当家作主”，从“小康之家”到“小康社会”，从“总体小康”到“全面小康”，从“全面建设”到“全面建成”，中国人民牢牢把命运掌握在自己手上，人民群众的生活越来越红火。“人民对美好生活的向往，就是我们的奋斗目标。”在习近平总书记坚强领导、亲自指挥下，我国脱贫攻坚取得重大历史性成就，现行标准下9899万农村贫困人口全部脱贫，建成世界上规模最大的社会保障体系，居民人均预期寿命提高到78.2岁，人民精神文化生活极大丰富，生态环境得到明显改善，公平正义的阳光普照大地。今天的中国人民，生活殷实、安居乐业，获得感、幸福感、安全感显著增强，道路自信、理论自信、制度自信、文化自信更加坚定，对创造更加美好的生活充满信心。

全面小康，让社会主义中国焕发出蓬勃生机活力。经过长期努力特别是党的十八大以来伟大实践，我国经济实力、科技实力、国防实力、综合国力跃上新的大台阶，成为世界第二大经济体、第一大工业国、第一大货物贸易国、第一大外汇储备国，国内生产总值从1952年的679亿元跃升至2021年的114万亿元，人均国内生产总值从1952年的几十美元跃升至2021年的超过1.2万美元。把握新发展阶段、贯彻新发展理念、构建新发展格局、推动高质量发展，全面建设社会主义现代化国家，我们的物质基础、制度基础更加坚实、更加牢靠。全面建成小康社会的伟大成就充分说明，在中华大地上生气勃勃的创造性的社会主义实践造福了人民、改变了中国、影响了时代，世界范围内社会主义和资本主义两种社会制度的历史演进及其较量发生了有利于社会主义的重大转变，社会主义制度优势得到极大彰显，中国特色社会主义道路越走越宽广。

全面小康，让中华民族自信自强屹立于世界民族之林。中华民族有五千多年的文明历史，创造了灿烂的中华文明，为人类文明进步作出了卓越贡献。近代以来，中华民族遭受的苦难之重、付出的牺牲之大，世所罕见。中国共产党带领中国人民从沉沦中觉醒、从灾难中奋起，前赴后继、百折不挠，战胜各种艰难险阻，取得一个个伟大胜利，创造一个个发展奇迹，用鲜血和汗水书写了中华民族几千年历史上最恢宏的史诗。全面建成小康社会，见证了中华民族强大的创造力、坚韧力、爆发力，见证了中华民族自信自强、守正创新精神气质的锻造与激扬，实现中华民族伟大复兴有了更为主动的精神力量，进入不可逆转的历史进程。今天，我们比历史上任何时期都更接近、更有信心和能力实现中华民族伟大复兴的目标，中国人民的志气、骨气、底气极大增强，奋进新征程、建功新时代有着前所未有的历史主动精神、历史创造精神。

全面小康，在人类社会发展史上写就了不可磨灭的光辉篇章。中华民族素有和合共生、兼济天下的价值追求，中国共产党立志于为人类谋进步、为世界谋大同。中国的发展，使世界五分之一的人口整体摆脱贫困，提前十年实现联合国 2030 年可持续发展议程确定的目标，谱写了彪炳世界发展史的减贫奇迹，创造了中国式现代化道路与人类文明新形态。这份光荣的胜利，属于中国，也属于世界。事实雄辩地证明，人类通往美好生活的道路不止一条，各国实现现代化的道路不止一条。全面建成小康社会的中国，始终站在历史正确的一边，站在人类进步的一边，国际影响力、感召力、塑造力显著提升，负责任大国形象充分彰显，以更加开放包容的姿态拥抱世界，必将为推动构建人类命运共同体、弘扬全人类共同价值、建设更加美好的世界作出新的更大贡献。

回望全面建成小康社会的历史，伟大历程何其艰苦卓绝，伟大胜利何其光辉炳耀，伟大精神何其气壮山河！

这是中华民族发展史上矗立起的又一座历史丰碑、精神丰碑！这座丰碑，凝结着中国共产党人矢志不渝的坚持坚守、博大深沉的情怀胸襟，辉映着科学理论的思想穿透力、时代引领力、实践推动力，镌刻着中国人民的奋发奋斗、牺牲奉献，彰显着中国特色社会主义制度的强大生命力、显著优越性。

因为感动，所以纪录；因为壮丽，所以丰厚。恢宏的历史伟业，必将留下深沉的历史印记，竖起闪耀的历史地标。

中央宣传部牵头，中央有关部门和宣传文化单位，省、市、县各级宣传部门共同参与组织实施“纪录小康工程”，以为民族复兴修史、为伟大时代立传为宗旨，以“存史资政、教化育人”为目的，形成了数据库、大事记、系列丛书和主题纪录片4方面主要成果。目前已建成内容全面、分类有序的4级数据库，编纂完成各级各类全面小康、脱贫攻坚大事记，出版“纪录小康工程”丛书，摄制完成纪录片《纪录小康》。

“纪录小康工程”丛书包括中央系列和地方系列。中央系列分为“擘画领航”“经天纬地”“航海梯山”“踔厉奋发”“彪炳史册”5个主题，由中央有关部门精选内容组织编撰；地方系列分为“全景录”“大事记”“变迁志”“奋斗者”“影像记”5个板块，由各省（区、市）和新疆生产建设兵团结合各地实际情况推出主题图书。丛书忠实纪录习近平总书记的小康情怀、扶贫足迹，反映党中央关于全面建成小康社会重大决策、重大部署的历史过程，展现通过不懈奋斗取得全面建成小康社会伟大胜利的光辉历程，讲述在决战脱贫攻坚、决胜全面小康进程中涌现的先进个人、先进集体和典型事迹，揭示辉煌成就和历史巨变背后的制度优势和经验启示。这是对全面建成小康社会伟大成就的历史巡礼，是对中国共产党和中国人民奋斗精神的深情礼赞。

历史昭示未来，明天更加美好。全面建成小康社会，带给中国人民的是温暖、是力量、是坚定、是信心。让我们时时回望小康历程，深入学习贯彻习近平新时代中国特色社会主义思想，深刻理解中国共产党为什么能、马克思主义为什么行、中国特色社会主义为什么好，深刻把握“两个确立”的决定性意义，增强“四个意识”、坚定“四个自信”、做到“两个维护”，以坚如磐石的定力、敢打必胜的信念，集中精力办好自己的事情，向着实现第二个百年奋斗目标、创造中国人民更加幸福美好生活勇毅前行。

# 目　录

# 一、谱写小康广西的宏伟篇章

全面建设小康社会是改革开放以来我们党领导人民进行的伟大实践。新中国成立以后，中国共产党领导全国人民为实现中华民族伟大复兴不断摸索，从改革开放初期，邓小平同志在 1979 年 12 月会见日本首相大平正芳时第一次正式用“小康”来诠释中国式现代化，到 1987 年党的十三大召开，提出了实现社会主义现代化建设“三步走”战略部署，其中第二步就是到 20 世纪末使全国人民生活达到小康水平。党的十五大提出了“建设小康社会”历史新任务，从此我国进入了全面建设小康社会新时期。党的十六大提出了在 2000 年实现总体小康的基础上再过 20 年实现全面建设小康社会的奋斗目标，并作出具体的战略部署。党的十九大提出解决人民温饱问题和人民生活总体上达到小康水平的两个战略目标已经提前实现，我国已经进入全面建成小康社会决胜期。

按照党中央的统一部署，广西紧扣全面小康的要求，紧跟全国的步伐，积极主动融入小康中国战略布局，聚焦全面小康的薄弱环节和短板之处，努力推进各项事业发展。历届自治区党委、政府牢记领袖的谆谆嘱托，根据国际国内环境和自身发展的阶段性特征，先后作出“加快富民兴桂新跨越步伐和全面建设小康社会进程，努

各族群众载歌载舞欢庆幸福美好生活（周军 摄）

力建设富裕文明和谐新广西”“着力营造‘三大生态’，奋力实现‘两个建成’”等重大战略部署，在全面建成小康社会的壮美征程上不断书写人民满意的八桂篇章。

## （一）实施富民兴桂战略，全面融入小康中国战略布局

2002年，基于我国国情实际，党的十六大明确提出了全面建设小康社会的发展目标，提出要“全面建设惠及十几亿人口的更高水平的小康社会，使经济更加发展、民主更加健全、科教更加进步、文化更加繁荣、社会更加和谐、人民生活更加殷实”。自治区

党委、政府审时度势，在2001年中国共产党广西壮族自治区第八次代表大会上提出了富民兴桂新跨越的历史任务，开启了广西全面融入小康中国战略布局的新阶段。富民兴桂新跨越的战略目标，就是要实现广西从后发展地区到社会主义现代化省区的历史性跨越，力争与全国同步实现全面建设小康社会的目标。“富民”，就是要在经济发展和社会进步的基础上，不断提高全区各族人民的物质文化生活水平，使人民群众获得切实的经济、政治、文化利益，实现从小康到富裕的历史性跨越。“兴桂”，就是要依靠科技，坚持改革开放，加快推进工业化城镇化进程，大力发展社会生产力，不断壮大综合经济实力。

为实现富民兴桂的目标，在2000—2005年期间，广西围绕以下几个方面推动实施富民兴桂战略。

### 1. 开展基础设施建设攻坚

加快推进交通、水利等重点基础设施建设。从2000年开始，广西加快推进交通、水利等重点基础设施建设。积极筹备和推进地处民族聚居区的大型水电站——龙滩水电站和百色水利枢纽工程建设；完善大西南出海通道包括沟通南宁至凭祥友谊关、桂林至梧州、南宁至广州的铁路和高等级公路网建设；实施广播电视到村工程等。

进一步完善能源供给、城市公用事业等基础设施。重新确定地方政府的主要职责及其考核标准，把地方政府为企业和公众提供多少公共服务，诸如市政建设、人口发展、就业机会、教育文化卫生事业、环境保护、政策法规等方面的情况，作为衡量地方政府工作的主要标准。通过提供产权保护、制止垄断、保护公平竞争和进行市场基础设施建设，为所有生产者提供机会均等的服务。

着眼兴边富民睦邻，开展边境地区基础设施建设大会战。2000年8月，广西积极响应国家民委关于实施“兴边富民行动”的倡议，用两年半时间，在边境地区8个县（市、区）开展基础设施建设大会战，共投入资金21.61亿元，在交通、教育、卫生、通电、通信、通广播电视等方面为群众办了24件实事，建设项目达1.85万个。过去基础设施十分薄弱的边境地区发生了巨大变化，少数民族群众的生产生活条件得到了明显改善，住茅草房、点煤油灯、走羊肠小道已成为历史。

着眼革命老区加快发展，开展革命老区基础设施建设大会战。从2003年4月起，广西用了两年时间，筹集资金22亿元，在著名的革命老区东兰、巴马、凤山（以下简称“东巴凤”）三县开展基础设施建设大会战，顺利完成了涉及交通、教育、卫生计生、文化、广播电视、水利和人畜饮水、电信、电力、市场等12类34项工程共7.5万多个项目的建设任务，极大地改善了东巴凤基础设施和群众生产生活条件。东巴凤在全区率先实现了县县通二级公路、乡乡通油路的目标。

### 2. 实施工业化和城镇化战略

2001年3月30—31日，自治区召开工业化、城镇化建设工作会议，对加快工业化、城镇化建设进行总体部署，并分别于4月25日和28日作出《广西壮族自治区党委、自治区人民政府关于加快工业化进程的决定》和《广西壮族自治区党委、自治区人民政府关于加快城镇化进程的决定》。广西采取五大措施，全力推进工业化进程：用高新技术和先进适用技术重点改造汽车、机械、制糖、建材、化工、冶金、纺织等传统工业及其骨干企业，努力把传统工业做强；抓住西部大开发机遇，努力把铝、林浆纸、食品、木薯酒精、香料、中成药等特色工业做大；有选择、有重点地发展高新技术产业，跟踪高新技术发展趋势，重点培育电子信息、生物制药、海洋生物工程、新材料、环保等高新技术工业；进一步优化工业布局，在加强柳州等城市现有工业基地改造的同时，加快发展临海工业，南宁、桂林、柳州、北海的高新技术产业，梧州的轻工业以及其他地区的优势工业，促进全区工业合理布局；鼓励个体、私营、外资等非国有工业的发展。

同时，开始从5个方面加快城镇化进程。突出重点，科学规划，优化布局，综合考虑广西城镇化的发展战略，重点抓好以南宁为核心城市的南北钦防沿海城市群的建设，加快发展桂林、柳州、梧州、玉林、贵港、贺州、百色、河池等中心城市；把基础好、潜力大、区位优势和经济优势明显的县城，发展成为功能较全、设施配套、具有一定辐射能力和带动作用的地域经济文化中心；努力发展小城镇，引导各类生产要素向城镇聚拢，发挥城镇对城乡经济的辐射和带动作用；完善配套政策，在吸引社会资金投入城镇基础设施建设、户籍管理、建设用地及土地流转等方面抓紧出台相关政策，促进小城镇建设。

### 3. 实施“三突破”和“双过千”目标战略

2004年，自治区党委、政府提出调整和完成广西当年主要经济发展指标、努力实现主要经济指标“三突破”：全年经济总量突破3000亿元，提前一年实现“十五”目标；财政收入突破400亿元，提前一年实现“十五”目标；规模以上工业盈亏相抵后实现利润突破100亿元，创历史最高水平。2005年，自治区党委、政府又提出当年广西要实现“双过千”的目标：全区人均生产总值越过1000美元，人均财政收入越过1000元。经过全区各族人民努力奋斗，“三突破”和“双过千”目标胜利完成，广西经济总量进一步扩大，经济实力跃上了一个新台阶，为广西加快发展构筑了一个新的平台。

### 4. 深入实施互利共赢的开放带动战略

广西积极打造全方位、多层次、宽领域的对外开放格局，以大开放促进大合作、大发展。一是切实转变外贸增长方式，进一步优化出口商品结构、市场结构、经营主体结构和贸易方式结构，扶持和培育一批大型出口龙头企业；大力发展边境贸易，加强边境经济合作区建设。二是进一步优化投资环境，以项目为中心，创新招商引资机制，积极引进有实力的外商到广西投资。三是扩大国内外区域合作，积极参与中国—东盟自由贸易区建设，全面参与大湄公河次区域、“两廊一圈”、泛珠三角经济区、西南六省区市等区域经济合作。

实施富民兴桂新跨越，正值“十五”时期，广西借助西部大开发的东风，进一步加大对外开放的力度，经济增长速度加快，社会秩序良好，民族团结和睦，居民收入稳定上升，各项事业取得新成就。综合经济实力明显增强。全区生产总值由2000年的2080.04亿元增加到2005年的3742.14亿元，增加1662.10亿元，“十五”时期年均增长9.9%；财政收入由2000年的220亿元增加到2005年的475.37亿元，增加255.37亿元，“十五”时期年均增长16.7%；产业结构持续优化，“十五”时期第一、二、三产业增加值年均增长率分别为5.2%、11.4%、11.3%，三次产业结构由2000年的26.8：35.1：38.1，调整到2005年的24.2：35.4：40.4；基础设施和重大项目建设力度加强，“十五”时期广西固定资产投资对经济增长的贡献率年均超过60%，全社会固定资产投资年均增长20.8%，比“九五”时期增加近1倍，新开工规模以上项目2.8万个，比“九五”时期增加1倍多；人民生活水平持续提升，“十五”时期，广西城镇居民人均可支配收入年均增长8.9%，农民人均纯收入年均增长6%，农村未解决温饱贫困人口减少64万人，低收入贫困人口减少324万人。经过富民兴桂的实践，八桂大地发生了翻天覆地的变化，富民兴桂的新成效既写在全面融入小康中国战略布局的新征程中，也写在广西各族人民不断收获的笑脸上。

## （二）建设富裕文明和谐新广西，迎头紧跟小康中国建设步伐

2006年11月，自治区第九次党代会提出未来5年乃至更长一段时间广西的奋斗目标：加快富民兴桂新跨越步伐和全面建设小康社会进程，努力建设富裕文明和谐新广西，要立足于5年打基础，10年上水平，努力推动经济社会发展迈上新台阶，力争到2010年全区生产总值超过6500亿元；到2015年全区生产总值突破10000亿元；到2020年全区生产总值达到15000亿元，人均生产总值超过3000美元，与全国同步实现全面建设小康社会的宏伟目标。为实现这一奋斗目标，主要举措如下：

### 1. 推进“四个广西”发展战略

2005年8月，自治区党委提出了坚持以科学发展观统领经济社会发展全局，以改革开放和科技进步为动力，以加快工业化、城镇化、农业产业化和市场化为重点，以提高人民生活水平和促进人的全面发展为根本出发点和归宿，全面推进以富裕广西、文化广西、生态广西、平安广西为中心内容的和谐广西建设，加快富民兴桂新跨越步伐，加快全面建设小康社会步伐。一是坚持发展主题，围绕调整优化产业结构、加强基础设施建设、推进区域和城乡协调发展，着力推进富裕广西建设。二是把握先进文化的前进方向，全面繁荣文化事业，加强文化设施建设，培育壮大文化产业。三是坚持可持续发展，坚持节约资源、环境保护、计划生育等基本国策，大力推进生态广西建设。四是坚持以人为本，加强公共服务，努力提高人民群众生活水平，全面推进依法治桂，着力推进平安广西建设。

推进富裕广西、文化广西、生态广西、平安广西建设，是结合广西实际、落实科学发展观和构建和谐社会战略思想的重要实践，是加快富民兴桂新跨越步伐、全面建设小康社会的具体行动。“四个广西”建设既是“十一五”规划的主要内容，也是“十一五”发展的主要任务。

### 2. 建立北部湾（广西）经济区

2006年，广西紧紧抓住北部湾开放开发的重大战略机遇，开始调整区域发展格局，深入实施北部湾经济区优先发展战略，立足沿海、沿边优势，深耕临港工业，扎实做强产业，打通西南交通大动脉，打造起广西区域发展的新龙头。2006年3月，北部湾（广西）经济区规划建设管理委员会挂牌成立；2006年8月，首届北部湾（广西）经济区城市合作峰会通过了经济区“4+2”城市合作框架。2006年7月20日，首届“环北部湾经济合作论坛”在南宁举行，自治区党委首次提出了“泛北部湾经济合作区”的概念，要在中国—东盟自由贸易区框架下，构建一个以南宁、河内、曼谷、新加坡为轴心，以大湄公河次区域和泛北部湾经济合作为两翼的“中国—东盟‘一轴两翼’区域经济合作新格局”。

2008年1月，国务院批准实施《广西北部湾经济区发展规划》。广西北部湾经济区开放开发正式上升为国家战略，并被定位为“重要国际区域经济合作区”，以面向东盟合作和服务带动华南、中南、西南为支点，把构建国际大通道和建成中国—东盟开放合作的物流

北海市是我国民族地区第一个对外开放的城市。图为繁忙的北海铁山港码头（曾俊峰 摄）

基地、商贸基地、加工制造基地和信息交流中心作为核心内容，北部湾成为中国—东盟自由贸易区建设的核心区域，同时也是西部大开发等诸多政策的汇集点。国家战略的东风掀起北部湾经济区发展的大潮，也让广西的开放开发迎来新的机遇，北部湾经济区成为广西区域发展的核心。

广西北部湾经济区围绕国家战略，立足服务“三南”（西南、华南、中南）、沟通东中西、面向东南亚，着力发挥连接多区域的重要通道、交流桥梁和合作平台作用，“三基地一中心”（即商贸基地、物流基地、加工制造基地和信息交流中心）的功能定位加速实现，已经从西南出海大通道迈向西部大开发战略新高地，正在从广西开放发展的龙头成为我国沿海发展新的一极，从重要国际区域经济合作区走向“一带一路”有机衔接重要门户的核心区，在国家区域发展总体战略中的地位和作用越来越重要。

### 3. 开展“城乡清洁工程”

2006 年 9 月，自治区党委启动了“城乡清洁工程”，提出以构建和谐广西为目标，以强化城市建设、管理，提高城市净化、绿化、亮化、美化水平为重点，以树立公共意识、规范公共行为、践行公共道德、优化公共环境为要求，积极开展城乡清洁卫生运动，实施“城乡清洁工程”，全民动员，彻底改变广西城乡卫生面貌，提高城乡文明程度，使广西的人居环境和城市品位提高到一个全新的高度。中央对广西开展“城乡清洁工程”给予了高度肯定：“广西开展‘城乡清洁工程’，从解决群众最关心的问题入手，从一件件具体的事情做起，创造清洁、整齐、优美的良好环境，符合建设社会主义和谐社会的要求，是新形势下深入开展群众性精神文明创

南宁市西乡塘区农村村貌（黄伟铭 摄）

建活动的有效载体，是一项服务发展、服务群众的民心工程。”经过多年努力，广西“脏、乱、差”现象得到了有效遏制，城乡环境整治工作取得显著成效，人居环境明显改善，城市魅力进一步凸显，辐射带动能力不断增强。南宁市荣获“全国文明城市”称号和“联合国人居奖”，柳州市荣获“国家园林城市”称号和“中国人居环境奖”范例奖，桂林市荣获“国家环境保护模范城市”和“全国绿化模范城市”称号，北海市荣获“国家级生态示范区”和“中国历史文化名城”称号。

### 4. 部署推动全区经济社会科学发展、和谐发展和跨越发展

2008 年，自治区党委九届六次全会研究并通过了《中共广西壮族自治区委员会关于实施科学发展三年计划的决定》，提出经济

社会发展主要目标：全区生产总值年均增长 14% 以上，到 2010 年全区生产总值超过 10000 亿元，按 2005 年价格计算，达到 8000 亿元，提前一年完成“十一五”规划目标，全区财政收入达到 1200 亿元。为推动全区经济社会科学发展、和谐发展和跨越发展，实施以下战略：一是实施“三个优先”发展战略。提出未来 5 年将优先发展工业产业、交通及广西北部湾经济区的发展战略。2009 年底，自治区出台了《关于做大做强做优我区工业的决定》，明确未来 10 年要优先重点发展 14 个千亿元产业，大力发展新材料、新能源、节能与环保、海洋等四大新兴产业，形成“14+4”的产业集群。围绕交通基础设施建设，提出今后 5 年全区交通建设总投入 2600 亿元以上，到 2012 年出海出边国际大通道初步建成，广西在全国交通网络中通向东盟的枢纽地位初步确立。二是实施“两区一带”总体布局。2009 年全区经济工作会议提出了“两区一带”的发展思路，强调要高起点优先发展北部湾经济区，以加快形成临海先进制造业基地和现代物流基地。2008—2013 年，广西内河水运建设累计完成投资 220 亿元，是中华人民共和国成立后至 2008 年这 59 年间广西内河水运投资总量的 4 倍左右。三是建设生态文明示范区。先后启动建设生态广西以及建设生态文明示范区项目，在制订科学发展计划时，把环境保护和生态建设列入其中，明确规定了水质、空气质量、节能减排、森林覆盖率、噪音等生态指标。

2008 年 12 月 11 日，广西各族各界群众 3 万多人欢聚在南宁民族广场，热烈庆祝广西壮族自治区成立 50 周年。中央人民政府赠送的“民族团结宝鼎”，象征着经济繁荣、社会安定、民族团结、国家统一，充分体现了党中央、国务院对广西各族人民的深切关怀和殷切希望，充分体现了全国各族人民对广西各族人民的深情厚谊和美好祝愿，充分体现了广西各族人民迎头紧跟小康中国建设步伐，推动全区经济社会科学发展、和谐发展和跨越发展的壮阔前景。

## （三）加快富民强桂新跨越，争当边疆民族地区小康示范

2011 年 11 月 11—15 日，自治区第十次党代会在南宁召开。大会提出了“实现富民强桂新跨越”的总体要求，即以加快转变经济发展方式为主线，以新型工业化城镇化为主导，以保障和改善民生为根本，加快建设西部经济强区、民族文化强区、社会和谐稳定模范区、生态文明示范区、民族团结进步模范区，在西部地区争当贯彻落实科学发展观排头兵，率先实现全面建设小康社会目标。大会还提出，实现富民强桂新跨越，要努力实现“翻两番、跨两步、三提高”的奋斗目标。“翻两番”：2016 年全区生产总值在 2011 年超万亿元的基础上翻一番，达到 2 万亿元以上，人均生产总值同步实现翻番；到 2021 年建党 100 周年时，全区生产总值比 2016 年再翻一番，达到 4 万亿元以上，人均生产总值同步实现再翻番。“跨两步”：实现城乡居民收入大幅增加、差距逐步缩小，全区城镇居民人均可支配收入、农民人均纯收入年均分别增长 10% 和 12% 以上，2016 年比 2011 年跨一大步；全区城乡居民收入增速继续保持 10% 以上，2021 年比 2016 年再跨一大步，基本达到全国平均水平。“三提高”：基本公共服务水平明显提高，2016 年九年义务教育巩固率达 93% 以上，基本公共服务能力达到全国平均水平；可持续

发展能力明显提高；社会文明程度明显提高，2016 年文化产业增加值占全区生产总值比重达 5% 以上，努力实现人的全面发展。富民强桂新跨越的实现，既是人民的美好愿景，也是我们党团结带领广西人民全面建设小康社会的庄重承诺。

在新的起点上奋力推进西部经济强区、民族文化强区、社会和谐稳定模范区、生态文明示范区、民族团结进步模范区的“五区”建设，不仅是实现富民强桂新跨越的战略任务，更是在西部地区率先实现全面建设小康社会目标的战略支撑。广西在以习近平同志为核心的党中央坚强领导下，深入学习贯彻党的十八大和十八届历次全会精神，着力稳增长、促改革、调结构、惠民生、防风险，着力抓好发展战略谋划、发展方式转变、发展动力转换、发展环境优化、发展成果共享。同时，立足沿海沿江沿边的独特区位优势，主动服务国家发展大局，积极融入“一带一路”建设，加快推进与东盟国家的互联互通、经贸合作和人文交流，社会稳定、经济发展、民族团结、生态建设和文化繁荣等各项工作不断取得新突破，全区呈现出良好的发展局面和广阔的发展前景。

### 1. 推动经济发展新跨越，建设西部经济强区

加快转变经济发展方式，突出经济结构战略性调整，着力打造“三基地一中心”，构建西部经济强区是广西实现富民强桂新跨越的首要保障。广西加快构建现代产业体系，加强规划引导和政策支持，强化金融支持，优化服务环境，把加快发展现代服务业作为产业结构调整的战略重点。加快推进农业现代化和社会主义新农村建设，重视“三农”工作，落实强农惠农政策，在工业化、城镇化深入发展中同步推进农业现代化，深化农村综合改革，健全农业社会

化服务体系，进一步统筹城乡发展。新型城镇化和城乡统筹取得新进展，城镇化率达到47.06%，年均提高1.39个百分点，深入实施中心城市带动战略，发展壮大县域经济。加快“两区一带”协调发展，实现北部湾经济区、珠江—西江经济带、左右江革命老区和桂林国际旅游胜地全部上升为国家战略。实施主体功能区战略，推进形成江海联动、陆海互动，完善区域协调发展新格局。加快改革开放合作步伐，深入实施开放带动战略，深度融入国内国际多区域合作。加快提升基础设施支撑能力，继续实施交通优先发展战略，构建能源保障体系。加快科技进步与创新，深入实施科教兴桂、质量兴桂战略，构建科技创新体系，形成科技引领、创新驱动的发展格局。

崇左市凭祥口岸货运通道（周军 摄）

积极适应经济发展新常态，坚持稳中求进，打好政策组合拳，使广西实现经济持续稳定增长，综合实力迈上新台阶。“十二五”时期，广西生产总值达到 1.48 万亿元，年均增长 9.6%，财政收入达 2333 亿元，是 2010 年的 1.9 倍。固定资产投资完成 1.57 万亿元，社会消费品零售总额 6348 亿元。规模以上工业总产值、金融机构存款余额突破 2 万亿元。人均生产总值达 3.1 万元，总体进入中等收入阶段。创新驱动发展作用不断显现，新型工业化步伐加快，传统优势产业转型升级成效明显，高技术产业增加值年均增长 20%，特色农业粗具规模，现代服务业成为新的增长点，发展质量和效益不断提高。新型城镇化扎实推进，全区城镇化率提高 7 个百分点。基础设施不断完善，综合交通实现跨越发展，全区港口吞吐能力突破 3 亿吨，高速公路通车里程达 4289 公里，高速铁路营运里程超 1700 公里，阔步迈入高铁时代。

与此同时，广西进一步全面深化改革、扩大开放，经济社会发展动力和活力显著增强。一批标志性、关键性、引领性重点改革举措相继出台，开花结果。党的十八大以来，广西先后出台 32 项重大改革方案。累计取消、下放和调整行政审批事项（含非行政许可）1283 项。自治区本级政府部门权力事项精简 60%，109 个自治区本级部门公开部门预算和“三公”经费预算。沿边金融综合改革试验区建设全面启动，跨境人民币结算量保持全国边境 8 省（区）第一位。商事制度改革取得实效，进一步激发了民间投资活力。广西北部湾经济区通信、金融、社保、户籍、交通、口岸通关等同城化取得实质性进展。口岸“三互”合作、通关便利化取得积极进展。各项改革的全面深化，为经济社会发展释放了强大的动力和活力。供给侧结构性改革扎实推进，改革红利不断释放。坚持把扩大开放作为发展的根本出路，开放广度和深度不断拓展，平台机制不断丰富，中马“两国双园”合作务实推进，保税物流体系不断完善，口岸设施建设和通关便利化水平明显提高，进出口总额突破500亿美元，年均增长23.7%，招商引资到位资金增长2.2倍，东盟连续多年成为广西最大的贸易伙伴。广西已成为中国—东盟开放合作的前沿、国家对外开放的重要窗口。

## 2. 促进文化实力新提升，建设民族文化强区

广西以高度的文化自觉和文化自信，深化文化体制改革，社会主义核心价值体系建设不断巩固和拓展，努力建设具有时代特征、广西风格、和谐兼容的民族文化强区，努力成为在全国有较大影响力的区域文化中心、中国与东盟文化交流枢纽、中国文化走向东盟的主力省区。文化软实力实实在在地转化为推动广西高质量发展的硬支撑，造就了广西文化繁荣发展的可喜局面。“十二五”时期，广西文化核心竞争力、综合影响力、服务能力大幅提升。

深入推进社会主义核心价值体系建设，不断夯实全区各族人民共同团结奋斗的思想基础。广西各地区深入开展理想信念教育，引导干部群众坚定中国特色社会主义共同理想，增强民族自尊心、自信心、自豪感，弘扬以爱国主义为核心的民族精神、以改革创新为核心的时代精神，使全区各族人民始终保持着与时俱进、开拓创新的精神状态。广泛开展精神文明创建活动，弘扬社会主义道德风尚，在全社会形成积极向上的精神追求和健康文明的生活方式。

公共文化事业加快发展，服务体系逐步完善，各族群众全面共享建设小康社会的文化成果。广西优化资源配置，加强公共文化基础设施建设，覆盖城乡的五级公共文化服务网络框架初步形成，其

中3个设区市被列为国家公共文化服务体系示范区，4个县（市、区）被列为示范项目。“十二五”时期，广西共有公共图书馆112个、文化馆123个、文化站1168个、村级公共服务中心7079个，建成农家书屋15138家，新建乡镇无线发射台站479座，发放直播卫星户户通20万套，每年放映农村电影超过17.5万场，数字化改造广播电视无线发射台站613座，广播人口综合覆盖率和电视人口综合覆盖率分别达96.74%和98.31%，较好地满足了人民群众的精神文化需求。

文化产业整体实力不断增强，现代文化产业体系实现跨越式发展。广西实施骨干文化企业培育工程，推进民族文化产品提升工程，大力扶持民族题材作品创作生产。重点发展民族文化、红色文化、海洋文化、生态文化，巩固提升南宁国际民歌艺术节、《印象·刘三姐》、漓江画派、广西出版等一批文化品牌，使广西民族文化艺术精品享誉中外。2015年，广西文化产业增加值达424.22亿元，建成国家级文化产业示范基地8家，自治区文化产业示范园4家、文化产业示范基地103家，成长型小微文化企业60家；自治区动漫骨干企业28家，自治区动漫人才培养基地16家；培育38个特色文化产业（项目）示范县（市、区）；数字影院151家、银幕465块，电影院线票房收入7.74亿元，广播电视经营创收42.06亿元；印刷业总产值突破百亿元，数字出版年总产值达4亿元。

文化遗产保护利用取得重大突破。“十二五”时期，广西的全国重点文物保护单位增至66处，自治区级文物保护单位356处，市县级文物保护单位1937处，4处文物保护单位被列入国家大遗址名单；国家历史文化名城3个、名镇7个、名村9个、街区1个，自治区历史文化名镇13个、名村26个，中国传统村落89个。非物质文化遗产保护体系日趋完善，建立国家、自治区、市、县四级名录，有国家级代表性项目49个，项目代表性传承人26名；自治区级代表性项目424个，项目代表性传承人240名；国家级生产性保护示范基地2个，自治区级37个；在边境地区建成23个保护示范点。

创新文化“走出去”模式，实施广西与东盟文化合作行动计划等，对外文化交流传播成效显著。“十二五”期间，完成重点文化交流合作项目55个，来访29起380人次、出访98起1803人次。与30多个国家和地区达成版权贸易图书2600多种。广西广播电视台电视节目覆盖约30个国家和地区，成功举办“聚焦广西”国际电视采访活动等多项大型外宣活动。专题片《海上新丝路》被国务院新闻办列入“海外媒体供片工程”，并被作为国家领导人出访国礼赠送给“一带一路”沿线国家。

### 3. 开创社会建设与管理新局面，建设社会和谐稳定模范区

加强社会建设，创新社会管理，建设社会和谐稳定模范区是实现富民强桂的内在要求和重要保证。广西积极探索符合实际、具有自身特色的社会管理新路了，深化社会和谐稳定模范区建设，实现了社会安定有序、人民安居乐业、边疆巩固安宁，各项社会事业全面进步，社会和谐稳定大好局面更加巩固，人民群众得到更多实惠，在全面建设小康社会过程中所产生的获得感、幸福感日益增强。

城乡居民收入持续较快增长。广西坚持突出富民惠民安民的导向，实现居民收入增长和经济发展同步、劳动报酬增长和劳动生产

率提高同步，在经济跨越式发展中让老百姓富起来，切实感受全面建设小康社会的红利。依靠扩大就业增加工资性收入，实施就业优先战略。“十二五”时期，广西城镇和农村居民人均可支配收入分别年均增长 9.1% 和 15.8%，收入比进一步缩小。完善城乡公共就业服务体系，切实解决困难群众就业问题，构建和谐劳动关系，城镇就业和农村劳动力转移就业分别累计新增 250.7 万人次和 402 万人次。

民生得到显著改善。广西始终把民生摆在优先位置，坚持经济增长与民生改善并举，在谋发展中更好地为人民谋福祉。加快发展社会事业，公共财政民生支出占比达 79.6%。坚持优先发展教育，积极发展学前教育，巩固提高义务教育，大力发展职业教育，稳步发展普通高中教育，提升高等教育水平，提高教育质量，促进教育

广西大力提高义务教育办学水平。图为河池市金城江区东江镇永康逸夫中心小学学生学习太极功夫扇（杨波 摄）

公平，办好人民满意的教育。2015 年，学前教育三年毛入园率为 74.7%、九年义务教育巩固率为 93%、高中阶段教育毛入学率为 87.3%、高等教育毛入学率为 30.8%，分别比 2010 年提高 20.7、8、17.3、11.8 个百分点。全面实现城乡义务教育、中等职业教育学生免学费。大力发展社会福利和养老事业，社会养老服务、社会救助体系不断完善。改善人民群众居住条件，保障性住房建设、农村危房改造力度加大，超过 800 万城乡群众住房难问题得到解决。

社会治理成效显著。广西进一步健全党委领导、政府负责、社会协同、公众参与的社会管理大格局。加强城乡社区自治和服务组织建设，完善基层管理服务体系，优化基层组织服务功能。推进平安广西建设，完善以食品药品安全为重点的公共安全体系，健全社会治安防控体系，强化重点地区社会治安综合治理。充分发挥群众参与社会管理服务的基础作用，凝聚强大力量，推进和谐小康建设。

### 4. 开拓绿色发展新路子，建设生态文明示范区

发挥“山清水秀生态美”的品牌优势，建设生态文明示范区是实现富民强桂新跨越的必由之路。党的十八大以来，广西根据自身的生态优势，扎实推进生态文明建设，进一步加快建设经济与资源协调发展、生态产业发达、自然环境优美、人与自然和谐的生态文明示范区，坚持保护好、开发好、利用好良好生态，大力发展生态经济，努力走出了一条生态立区、绿色崛起之路。

生态产业迅速发展。广西坚持生态建设产业化、产业发展生态化，积极发展节能环保优势产业，大力发展生态型工业、生态种植业、生态水产畜牧业。积极发展林下经济，优化发展生态效益型林

业，打造全国木材战略核心储备基地。发展生态型服务业、培育新业态，涌现出多个具有区域性和全国性影响力的生态旅游品牌。

污染防治和环境综合治理成效显著。广西全面完成国家下达的节能减排降碳目标任务。2015 年，全部县城建成污水垃圾处理设施，城镇生活垃圾无害化处理率超过 92%、污水处理率突破 85%。设区城市空气优良天数比例为 88.5%，主要河流监测断面水质达标率为 93.1%，城市集中式饮用水水源地水质达标率为 97.2%，近岸海域水质总体良好。广西循环经济加快发展，完成国家“城市矿产”示范基地——梧州再生资源循环利用园区、玉林再生资源循环利用园区、贺州华润循环经济示范区、百色生态型铝产业示范基地、河池有色金属新型材料循环经济示范园区等一批标志性循环经济园区的建设。

生态建设与环境保护不断加强。广西陆续在全区范围内开展一系列生态建设环境保护活动，“美丽广西”乡村建设实现全区动员、全民参与、全面推进，农村人居环境极大改善，成效显著。深入实

山清水秀生态美的漓江（赖美娟 摄）

施“绿满八桂”造林绿化工程和重大生态修复工程，加快建设西江千里绿色走廊和北部湾绿色生态屏障。2015 年，森林覆盖率达 62.2%，植被生态质量和植被生态改善程度居全国首位。全面推进石漠化综合治理，加强自然保护区建设，强化生物多样性和海洋生态保护。加强城乡生活污水和垃圾处理设施建设与管理，保护水生态，促进人水和谐，提高环境质量。

生态文明意识与保障机制得到不断强化。“绿水青山就是金山银山”理念、坚守保护生态环境的红线和底线已成为广西各族人民的共识。节能减排责任制深入落实，生态文明建设考评体系不断健全，生态补偿机制不断完善，为广西经济社会可持续发展注入了强劲的发展动力。

### 5. 加快民族事业新发展，建设民族团结进步模范区

夯实民族团结根基，建设民族团结进步示范区是实现富民强桂新跨越的坚实基础。广西自觉担负重大政治责任，全面贯彻落实党的民族政策，牢牢把握各民族共同团结奋斗、共同繁荣发展的主题，把民族事业发展摆到经济社会发展大局中进行谋划和推进，巩固平等、团结、互助、和谐的社会主义民族关系，进一步发展“四个模范”的大好局面，人民群众满意度进一步提高。

党的民族政策得到深入贯彻落实。广西进一步贯彻落实民族区域自治法，保护少数民族的平等权利和合法权益。2013 年，国务院办公厅印发《关于落实少数民族事业“十二五”规划的实施意见》，广西用足用好国家各项优惠政策，让各族群众得到更多实惠。

民族团结进步创建活动不断走向深入。广西通过深入开展党的民族政策宣传教育，积极开展和谐八桂、团结进步活动，不断丰富

教育活动形式，建设一批民族团结进步教育基地，等等。“十二五”期间，广西“学校民族团结教育课程体系建设”被列为国家教育体制改革试点项目，依托有关院校和部分市教育科研力量，每年安排相关经费，开展民族团结教育课题立项，取得一批研究成果。不断加强各民族交往交流交融，引导各族人民群众牢固树立“三个离不开”的思想，互尊互信、互学互帮，尊重差异、开放包容，在全社会形成关心、支持和参与民族团结进步事业的浓厚氛围，形成了和谐为美、和谐为善、和谐为本的文化特色。

少数民族聚居区发展提质增速。广西不断建立完善扶持少数民族聚居区发展的长效机制，加快少数民族聚居区经济社会发展，深入推进兴边富民行动，扶持人口较少民族改善生产生活条件，促进少数民族聚居区与其他地区协调发展，实现各民族共同繁荣进步、共享发展成果、同步进入小康。“十二五”时期，广西财政累计下达少数民族聚居区 64 个县（区）一般性转移支付 2070.08 亿元，年均增长 17.13%，占 2012—2015 年广西一般性转移支付的 59.78%。其中，支持少数民族聚居地 64 个县（区）农林水资金 447.54 亿元。广西 7 个少数民族聚居市——南宁、柳州、百色、河池、防城港、来宾、崇左等规模以上工业总产值由 2011 年的 7250.7 亿元增长到 2015 年的 11840.4 亿元，增长 63.3%；规模以上工业实现利税由 2011 年的 706.8 亿元增长到 2015 年的 955.76 亿元，增长 35.2%。在桂西北和右江等山丘旱区因地制宜兴建“五小水利”设施，全区小农水重点县达到 87 个，全区累计在少数民族聚居区投入水土保持总投资 9 亿多元，占全区水土保持总投资的 80.37%。超过 800 万城乡群众住房难问题得到解决，累计投入农村饮用水安全工程建设资金 119.49 亿元，解决了 1779.98 万人的饮水安全问题。筹集城乡低保资金280.73亿元，少数民族聚居区约占180亿元，约占总城乡低保资金的64.12%。自治区共下达医疗救助补助资金33.08亿元，其中少数民族聚居区约占22.27亿元，约占总下达医疗救助资金的67.33%。

## （四）谱写新时代广西发展新篇章，出色完成小康中国广西答卷

党的十八大以来，面对极其复杂的国内外发展形势，面对经济新常态下的深刻变化，自治区党委、政府在以习近平同志为核心的党中央坚强领导下，团结带领全区各族人民，高举习近平新时代中国特色社会主义思想伟大旗帜，全面深入贯彻党的十八大、十九大精神，牢固树立新发展理念，统筹推进“五位一体”总体布局，协调推进“四个全面”战略布局，认真落实“三大定位”新使命和“五个扎实”新要求。2016年11月，自治区第十一次党代会在南宁召开。大会提出了“着力营造‘三大生态’，奋力实现‘两个建成’，谱写建党百年广西发展新篇章”的总体要求。“三大生态”是广西的突出优势和宝贵财富，是广西加快经济社会发展的支撑保障，还是广西必须常抓不懈的战略任务；“两个建成”不仅是中央赋予广西的重大使命，体现了习近平总书记情系广西各族人民，更是广西贯彻落实“五位一体”总体布局和“四个全面”战略布局的总体谋划、积极践行习近平总书记赋予广西“三大定位”新使命的责任与担当，反映了广西各族人民的热切期盼。

### 1. 贯彻“三大定位”新使命和“五个扎实”新要求，不断完善富民兴桂新战略新举措

习近平总书记历来高度重视、始终牵挂广西发展，曾先后三次到广西考察调研，在全国两会上两次参加广西代表团审议，并多次对广西的工作作出重要指示。2015 年 3 月，习近平总书记参加全国人大会议广西代表团审议时，赋予广西“三大定位”新使命，即构建面向东盟的国际大通道、打造西南中南地区开放发展新的战略支点、形成“一带一路”有机衔接的重要门户。2017 年 4 月，习近平总书记亲临广西视察，提出“五个扎实”新要求，要求广西扎实推动经济持续健康发展、扎实推进现代特色农业建设、扎实推进民生建设和脱贫攻坚、扎实推进生态环境保护建设、扎实建设坚强有力的领导班子。“三大定位”新使命和“五个扎实”新要求，是习近平总书记对广西经济社会发展量身定做的精准指导，是习近平新时代中国特色社会主义思想的“广西篇”，为广西发展提供了根本遵循、指明了前进方向。

广西始终把习近平总书记赋予的“三大定位”新使命和“五个扎实”新要求作为自身改革发展的主线，加快实现开放发展、创新发展、绿色发展、高质量发展，主要战略包括：一是盘活开放发展这一盘棋，自觉把广西发展放到全国大局和面向东盟、面向世界开放的大格局中去思考、去谋划、去部署、去推进，以大开放促进大开发、以大开发推动大发展。二是打好精准脱贫这一硬仗，按照“核心是精准、关键在落实、确保可持续”的要求，扎实推进打赢脱贫攻坚战三年行动，确保全区贫困群众如期脱贫，决不让一个少数民族、一个地区、一个人掉队。三是落实协调发展这一要求，以

开放为引领建优建强北部湾经济区，以东融为导向提升做实珠江—西江经济带，以脱贫发展为重点振兴左右江革命老区，以世界一流为目标打造桂林国际旅游胜地，推动沿海沿江沿边地区协调联动发展。四是激活改革创新这一动力，在更高起点谋划和推进改革，深入实施创新驱动发展战略，加快推进创新型广西建设，为经济高质量发展提供强大支撑。五是发挥好生态环境这一优势，坚决摒弃先污染、后治理的“老路”，坚决摒弃高消耗、粗放式增长的“弯路”，打好污染防治攻坚战，大力发展生态经济，努力走出一条具有广西特色的产业优、百姓富、生态美、人民群众幸福感高的绿色发展之路。六是抓好党的建设这一根本保障，认真落实新时代党的建设总要求，扎实建设坚强有力的领导班子和干部队伍，着力营造风清气正的良好政治生态，为广西发展提供坚强保证。

### 2. 大力实施“四大战略”

党的十八届五中全会提出的“创新、协调、绿色、开放、共享”五大发展理念，是指导经济社会发展的根本遵循。广西结合自身实际，把五大发展理念具体化为创新驱动、开放带动、双核驱动、绿色发展“四大战略”，着力推动广西科学发展，加快实现“两个建成”目标。

一是实施创新驱动战略。党的十八大以来，党中央深入实施创新驱动发展战略，确立创新发展理念，出台一系列重大举措，开辟了我国创新发展的新境界。2016 年 9 月 22 日，自治区召开全区创新驱动发展大会，动员全区上下牢固树立创新发展理念，深入实施创新驱动战略，加快建设创新型广西，为实现“两个建成”目标提供强大动力。会前，自治区党委、政府出台了《关于实施创新驱动发展战略的决定》。通过实施创新驱动发展战略，新技术、新成果加速转化，新模式、新业态不断涌现，创新千帆尽举，有力地引领着广西经济航船破浪前行。

二是实施开放带动战略。广西抓住承办中国—东盟博览会的机遇，在中央赋予的“三大定位”新使命下，乘势而上，打造良好营商环境，加快实施更加积极主动的开放带动战略，构建面向国内国际开放合作新格局。党的十八大以来，中国—东盟博览会和中国—东盟商务与投资峰会的国际影响力持续扩大，“南宁渠道”作用进一步发挥；建成了西部最完备的保税物流体系，开创了中马“两国双园”合作新模式，建立东兴国家重点开发开放试验区、中国·印尼经贸合作区等一批国家级开放合作平台；加快构建面向东盟的互联互通大通道，重点编织港口网、高速公路网、铁路网、航空网和通信光纤网“五张网”，“一带一路”有机衔接的重要门户初步形成。

三是实施“双核驱动、三区统筹”战略。2013 年 3 月，自治区提出既要加快北部湾地区城市发展，也要积极支持西江经济带城市快速提升，实现双核驱动。2014 年 7 月，珠江—西江经济带发展规划上升为国家战略后，自治区确定了 2014—2030 年分期实施 1794 项重大项目建设，总投资 3.5619 万亿元。2015 年 2 月 9 日，《左右江革命老区振兴规划》获得国务院批复，上升为国家战略。同年 12 月召开的自治区党委十届六次全会提出深化实施“双核驱动、三区统筹”新格局。这是立足广西发展全局，着眼挖掘区域优势、缩小区域差距、协调区域发展进行的科学谋划。

四是实施绿色发展战略。2015 年 7 月 28 日召开的全区生态经济工作会议提出，深入推进生态文明建设，努力把生态优势转变为发展优势，走出一条具有广西特色的产业强、百姓富、生态美的绿色转型和绿色崛起之路。从2015年开始，广西探索出了具有广西特色的绿色之路，具体内容：实施“生态立区、生态兴区、生态强区”战略；推进产业发展生态化和生态建设产业化“两化”融合；到2020年实现生态经济规模发展、资源环境约束性目标任务全面完成、生态环境质量位居全国前列“三大目标”；突出发展生态产业、加强生态基础、推进生态治理、建设生态城乡“四大任务”；重点实施新兴生态产业发展、资源型产业生态化改造、产业园区生态化建设、生态种养发展、生态旅游发展、水环境改善、大气环境治理、土壤修复与改善、固体废弃物处置、生态城镇建设“十大工程”。

### 3. 全力打赢“三大攻坚战”

党的十八大以来，广西全力推进、打赢“三大攻坚战”，补齐发展短板，促进全区经济社会协调发展。

一是基础设施建设攻坚战。广西进一步加快完善交通、能源、水利、信息等基础设施建设：对外围绕建设面向东盟的国际大通道，加快构建海上东盟、陆路东盟、衔接“一带一路”、连接西南中南、对接粤港澳的“五大通道”；对内优化铁路、公路、水运、航空、油气管网“五张网络”建设，努力实现“高速县县通、高铁市市通、民航片片通、内河条条通”，促进全区基础设施成网成型成体系，增强发展支撑能力。如今，广西的立体大交通网已基本成型。

二是产业转型升级攻坚战。广西一方面推动移动互联网、云计算、大数据、物联网等新一代信息技术与传统产业深度融合，促进有色金属、装备制造、建筑材料、糖料生产等传统支柱产业“老树发新芽”；另一方面加快发展高技术产业、战略性新兴产业，以及生态养老、旅游、跨境金融等特色现代服务业。2021 年，三大产业结构优化为 16.2∶33.1∶50.7。

三是农村全面脱贫攻坚战。2014 年 6 月 6 日，自治区召开全区扶贫开发暨农民工工作电视电话会议，强调要实施精准扶贫开发战略。会议提出新一轮扶贫开发工作的目标任务：要按照中央提出的“两不愁三保障”（到 2020 年稳定实现农村贫困人口不愁吃、不愁穿，保障其义务教育、基本医疗和住房安全）的要求，确保贫困地区农民人均纯收入增长幅度高于全区平均水平；2014—2017 年每年减贫 100 万人左右。2014—2017 年，广西实现了 386 万人脱贫。

### 4. 建设“美丽广西”

根据党的十八大、十八届三中全会和自治区党委十届四次全会精神，自治区党委、政府决定开展“美丽广西”乡村建设重大活动，出台了《“美丽广西”乡村建设重大活动规划纲要（2013—2020）》，持续推进解决制约农村生态宜居和基础建设的突出问题。“美丽广西”乡村建设重大活动规划期为 2013—2020 年，分“清洁乡村”“生态乡村”“宜居乡村”“幸福乡村”四个阶段推进。第一阶段为“美丽广西 · 清洁乡村”活动，以开展“清洁家园、清洁水源、清洁田园”（“三清洁”）为主要任务，2013 年 4 月启动实施以后取得了显著成效，2014 年继续抓好“三清洁”活动。第二阶段为“美丽广西 · 生态乡村”活动，以开展“村屯绿化”“饮水净化”“道路硬化”三个专项活动为主要任务，于 2014 年 7 月启动，2015 年 1 月—2016 年 12 月集中开展。第三阶段为“美丽广西·宜居乡村”活动，以开展“产业富民”“服务惠民”“基础便民”三个专项活动为主要任务，于2016年7月启动，2017年1月—2018年12月集中开展。第四阶段为“美丽广西·幸福乡村”活动，以开展“环境秀美”“生活甜美”“乡村和美”三个专项活动为主要任务，于2018年7月启动，2019年1月—2020年12月集中开展。

截至2017年，“美丽广西”乡村建设活动历时5年，“清洁乡村”“生态乡村”建设已告一段落，“宜居乡村”活动正在奋力奔跑，“幸福乡村”建设活动接踵而来，广西的“绿色财富”不断厚积，百姓的“绿色福利”不断提升。

### 5. 实施乡村振兴战略

2018年4月，自治区党委召开十一届四次全会，审议通过了《中共广西壮族自治区委员会关于实施乡村振兴战略的决定》，按照产业兴旺、生态宜居、乡风文明、治理有效、生活富裕的总要求，围绕推动乡村产业振兴、人才振兴、文化振兴、生态振兴、组织振兴，建立健全城乡融合发展体制机制和政策体系，统筹推进农村经济建设、政治建设、文化建设、社会建设、生态文明建设和党的建设，加快推进乡村治理体系和治理能力现代化，实施特色农业强优、生态环境优化、文化繁荣兴盛、治理能力提升、脱贫惠民富民、体制机制创新“六大工程”，强化组织、规划、政策、金融、人才、法治“六大保障”，书写好新时代广西“三农”发展新篇章。2018年7月，自治区党委、政府公开发布了《广西乡村振兴战略规划（2018—2022年)》，围绕产业兴旺、生态宜居、乡风文明、治理有效、生活富裕的总要求，提出了实施特色农业强优、生态环境优化、文化繁荣兴盛、治理能力提升、脱贫惠民富民、体制机制

广西多措并举推动脱贫攻坚与乡村振兴有效衔接。图为桂林市全州县才湾镇毛竹山村优质葡萄种植基地（邓华 摄）

创新“六大工程”，以及强化组织、规划、政策、金融、人才、法治“六大保障”。

自2018年广西深入实施乡村振兴战略以来，各项工作有序推进，取得了初步成效。自治区及时组织开展相关政策研究，制定出台了《广西农产品加工业提升发展规划（2018—2022年）》、特色农产品优势区创建规划等系列配套文件，进一步完善乡村振兴战略政策体系。根据《乡村振兴产业发展基础设施公共服务能力提升三年行动计划（2018—2020年）》，自治区聚焦农村基础设施等关键领域，积极向国家争取中央预算内资金支持农业农村基础设施建设，有力推进规划落实。同时突出抓好产业发展，增强农业发展后劲和完善体制机制，保障乡村振兴事业持续稳步推进。

## 6. 构建全方位开放发展新格局

党的十九大后，广西在深入贯彻落实“三大定位”新使命和“五个扎实”新要求时，提出要形成“南向、北联、东融、西合”新格局，盘活开放发展这一盘棋。南向，以参与西部陆海新通道建设和获批建设面向东盟的金融开放门户为契机，加快构建面向东盟的国际大通道，建设一批重大基础设施项目，全方位加强与沿线国家和地区在交通、信息、港口、园区、金融、内陆无水港等方面的合作，在面向东盟开放和服务“一带一路”建设中谋求更大发展。北联，加快畅通连接贵州、重庆、四川、陕西、甘肃等地的大通道，以北部湾港为陆海交汇门户，让“一带”和“一路”在我国西部地区畅通连接起来，形成开放合作经济带。东融，全面对接融入粤港澳大湾区发展，加快提升做实珠江—西江经济带，主动服务大湾区建设，接受大湾区辐射，对接大湾区市场，承接大湾区产业，借力大湾区发展。西合，联合云南等省份，加强与越南、缅甸、老挝等湄公河流域国家的合作，大力推进基础设施的“硬联通”和政策、规则、标准的“软联通”，推动优势产能“走出去”，开拓新兴市场。

## 7. 推动工业高质量发展

2018 年 5 月 28 日，自治区召开全区工业高质量发展大会，提出主动对表高质量发展要求，加快新旧动能转换，全面开启广西工业高质量发展新征程，厚植经济持续健康发展基础。会议提出，要主动对表高质量发展要求，树立工业强桂意识，增强推动工业高质量发展的责任感和紧迫感，按照“五个扎实”新要求、抓好“四个下功夫”，以工业供给侧结构性改革为主线，着力强龙头、补链条、聚集群，做大做强工业规模和总量，着力抓创新、创品牌、拓市场，提升工业质量效益和竞争力，加快推进工业发展方式向内涵集约型转变、产业结构向中高端高附加值转变、增长动力向创新驱动转变。会议还提出，当前和今后一个时期，要实施一个战略——工业强桂战略，把工业作为稳增长、促发展的第一支撑，作为调结构、促转型的第一战场；聚焦三大任务——推动传统产业“二次创业”、大力发展战略性新兴产业、加快振兴轻工业；实现两大目标——到2020年，工业发展量质双升，新动能进一步壮大，产出效率进一步提高，智能化、数字化、网络化加快发展，初步形成工业高质量发展新体系，到2025年，创新能力显著增强，全要素生产率明显提高，质量效益大幅提升，“两化”深度融合，工业高质量发展新体系更加完善，工业发展总体达到全国中上水平。

### 8. 决胜全面建成小康社会取得决定性成就

党的十九大以来，全区上下面对错综复杂的国内外形势和艰巨繁重的改革发展稳定任务，面对转型升级的阵痛和经济下行压力持续加大的严峻考验，在以习近平同志为核心的党中央坚强领导下，自治区党委团结带领全区各族人民深入贯彻落实习近平总书记对广西工作的重要指示批示精神，解放思想、改革创新、扩大开放、担当实干，奋力推进经济社会发展各项事业，决胜全面建成小康社会取得决定性成就。2020年11月20日，广西的贫困县、贫困村“清零”，634万建档立卡贫困人口全部脱贫，5379个贫困村、54个贫困县全部摘帽，脱贫地区整体面貌发生脱胎换骨的变化，精准识别经验、黄文秀同志先进事迹、毛南族实现整族脱贫得到习近平总书记充分肯定。广西在国家扶贫开发工作成效考核中实现五连好，如期兑现了向党中央立下的军令状和向全区各族人民作出的庄严承诺，书写了中国减贫奇迹的八桂华章。

征程万里风正劲，重任千钧再奋蹄。当前，在自治区党委、政府领导下，全区上下正在全面贯彻落实习近平总书记视察广西“4·27”重要讲话精神和对广西工作系列重要指示要求，并将之作为长期任务，紧跟伟大复兴领航人踔厉笃行，锚定凝心聚力建设新时代中国特色社会主义壮美广西总目标，贯彻落实“四个新”总要求，围绕“1+1+4+3+N”目标任务体系，突出抓好领导班子、干部队伍和人才队伍建设，突出抓好创新驱动和产业振兴，突出抓好发展环境建设，突出抓好品质提升，突出抓好民族团结进步，突出抓好乡村振兴，突出抓好开放合作，突出抓好党的建设，推动各项工作不断开新局、谱新篇，以更加坚定的决心、更加执着的干劲、更加务实的作风，奋力谱写新时代广西发展新篇章，为夺取新时代中国特色社会主义伟大胜利、实现中华民族伟大复兴的中国梦作出新的更大贡献。

# 二、夯实小康广西的经济基础

党的十九大提出，“到建党一百年时建成经济更加发展、民主更加健全、科教更加进步、文化更加繁荣、社会更加和谐、人民生活更加殷实的小康社会”。其中，经济发展是基础，经济不发展，一切都是空中楼阁，无从谈起。在实现全面建成小康社会的伟大征程中，在以习近平同志为核心的党中央坚强领导下，自治区党委、政府坚持以习近平新时代中国特色社会主义思想为指导，以经济建设为中心，把发展作为第一要务，团结带领全区各族干部群众勠力同心、真抓实干、攻坚克难、开拓进取，走出了一条符合区情、特色鲜明、成就突出的经济发展之路。在5700多万各族人民携手奋进下，广西经济画出不断攀升的上扬线，为全面建成小康社会奠定了雄厚的物质基础，在八桂大地上实现广西历史上亘古未有的伟大跨越。

## （一）高质量发展势头强劲，经济综合实力显著增强

2012年，我国经济在经历了长达10年的高速增长之后，经济增长速度开始放缓。2014年，党中央作出经济发展步入新常态的

重大判断。国内外形势错综复杂，结构调整面临阵痛期，深层次矛盾和短期困难交织，经济下行压力不断增大。广西同样面临“经济发展之困、收入增长之殇”的困境，感受转型调整的压力。唯其艰难，更显勇毅，勤劳智慧的广西人民从来不畏惧困难，在抓大事、谋长远中积蓄力量，在解难题、攻难关中砥砺奋进，始终把自身放到国家大局中确立发展定位、谋划战略举措，主动顺应经济全球变化趋势，把握新一轮科技和产业革命孕育兴起、国际分工体系加速演变、全球价值链深度重塑的机遇，坚持新发展理念，以供给侧结构性改革为主线，抓准时机推进重要领域和关键环节改革，成功化解了各种挑战和矛盾，全区经济保持平稳较快发展的良好势头，经济建设取得突出成就。

### 1. 经济总量大幅跃升，连续迈上新台阶

纵观广西小康社会建设历程，改革开放以来，广西生产总值1981年突破100亿元，1994年突破1000亿元，2007年突破5000亿元，2011年实现历史性突破，达到1万亿元，跻身全国“万亿元俱乐部”。党的十八大以来，广西经济规模持续扩张，迎来了崭新的历史起点。2021年，广西生产总值再创新高，达到24740.86亿元。数字不断增长的背后，是在党中央领导下历届自治区党委、政府带领八桂儿女自强不息，想在一起、干在一起，一茬接着一茬干，一棒接着一棒跑的真实写照。据统计，1978—2018年广西生产总值年均增长9.5%；2012—2021年间，广西生产总值年均增速达到7.4%。广西在实现全面小康目标的奋进路上创造了一个又一个的喜人业绩。

人均生产总值稳步提高并实现新突破。1978年，广西人均生

产总值仅为225元。2005年广西人均生产总值达8068元，按当年汇率计算折合985美元。2012年，广西人均生产总值达24181元。2021年，广西人均生产总值达到49206元，是1978年的218.7倍，与2012年相比翻了一番。

### 2. 财政收入稳定增长，职能作用日益凸显

不同时期，财政账本在变，但财政对经济社会建设的巨大支撑作用始终不变。党的十八大以来，广西主动适应形势变化，深入推进财税体制改革，持续优化财政收支结构，纵深推进以“营改增”为代表的税制改革，通过落实减税降费，建立常态化财政资金直达机制、撬动金融资源和社会资本服务实体经济等财政政策，财政收入步入高质量发展的稳定增长阶段。2013年，广西财政收入突破2000亿元。2018年，广西财政收入2790.32亿元，较2013年的2001.26亿元增长39.4%。2021年，广西财政收入突破3000亿元大关，比2013年增长51.3%。随着财政收入的增长，财政实力的不断壮大，财政对实体经济发展、基础设施建设、公共服务提升等多方面联合发力的支撑作用也在不断凸显，为广西保障重点工作的稳步推进以及民生和各项社会事业的顺利发展提供了有力的资金支持。

### 3. 产业结构优化升级，供给能力平衡发展

广西把调结构、转方式放在更加突出的位置，在发展中促转型，在转型中谋发展，结构优化升级稳步推进，经济结构呈现出第一产业基础地位稳固，工业转型升级步伐加快，第三产业增加值比重不断上升，服务业对经济增长的贡献率逐步提高的趋势。产业结

2018 年，广西确立“强龙头、补链条、聚集群、抓创新、创品牌、拓市场”的工业发展思路，开启全区工业发展的新征程。图为广西能源发展史上的重要里程碑——防城港核电项目（周军 摄）

构从以工业为主导逐渐转为以服务业为主导，三次产业结构从“二三一”演化为“三二一”。2012 年，广西第一、二、三产业增加值占地区生产总值的比重分别为 18.8%、39.8% 和 41.4%，对经济增长的贡献率分别为 9.7%、42.8% 和 47.5%。2021 年，全区三次产业增加值占地区生产总值的比重分别为 16.2%、33.1% 和 50.7%，三次产业对经济增长的贡献率分别为 18%、28.7% 和 53.3%。与 2012 年相比，2021 年第一产业增加值占地区生产总值的比重下降 2.6 个百分点，第二产业占比下降 6.7 个百分点，第三产业占比提高 9.3 个百分点，第三产业对经济增长的贡献率提高了 5.8 个百分点，成为拉动经济增长的第一动力。

### 4. 三大产业并驾齐驱，汇聚发展强大动力

农业现代化发展迈上新台阶。广西地处亚热带地区，气候条件

适宜、生物资源丰富，得天独厚的自然条件孕育出了八桂大地上源远流长的灿烂农业文明，也为新时代广西发展特色农业产业、推动农业现代化建设提供了坚实基础。党的十八大以来，广西第一产业增加值由2012年的2126.41亿元增长至2021年的4015.51亿元，年均增长4.8%。全区粮食产量连续稳定在1300万吨以上，实现谷物基本自给、口粮绝对安全、产品供给充足。水果、糖料蔗、蚕桑等多个产业的规模稳居全国第一。农业供给侧结构性改革成效显现，产业结构内部调整逐步优化，形成了粮食、糖料蔗、水果、蔬菜、茶叶、蚕桑、食用菌、渔业、优质家畜、优质家禽十大种养产业和富硒农业、有机循环农业、休闲农业三大新兴产业的“10+3”特色农业，糖料蔗、蚕桑、芒果、柿子、柑橘、松脂、八角等产量均居全国前列。通过现代特色农业产业“10+3”提升行动，广西成功打造粮食、蔗糖、水果、蔬菜、渔业、优质家畜六大千亿元产业集群，蚕桑、中药材、优质家禽3个500亿元产业集群。

工业高质量发展迈出新步伐。广西持续深化工业改革，狠抓重大项目建设，强化工业精准招商，提升科技创新支撑，切实增强稳定经济、服务企业的意识，不断完善政策设计，研究出台了一系列有针对性的政策举措，持续释放政策红利，工业发展取得多方面成就。工业总量实现新跨越，主导地位显著增强。“十三五”期间，广西规模以上工业增加值年均增长5%；工业投资年均增长7.5%，其固定资产投资占广西投资总额比重年均达到15%，成为全区“稳投资”的主要支撑力量；汽车、机械、高端金属新材料、绿色化工、电子信息等十大产业成为千亿元级工业产业集群，在全国具有较大影响力。工业转型升级成效显著，传统产业迸发新活力，乘用车、工程机械、内燃机、电解铜、氧化铝产量进入全国前列；新动

广西依靠农业资源禀赋，高标准打造广西农业品牌，引领农业高质量发展。图为玉林市容县沙田柚喜迎丰收（陈晓明 摄）

能快速壮大，轻工业扬帆起航、振兴发展，战略性新兴产业对工业增长贡献率超过30%，新能源汽车、智能电视、智能手机、光电子器件等新产品产量快速增长。绿色发展能力明显增强，铝、铜、钢铁等行业的重点企业的能耗和排放达到国内行业领先水平。

服务业提质增效加快发展。广西第三产业走过了由小到大、从传统行业为主导向传统和新兴行业并驾齐驱的发展历程。特别是党的十八大以来，人民生活水平日益提高，促进了生活性服务业和生产性服务业的快速发展，更好地满足了企业生产和人民日益增长的物质文化需求。第三产业成为最具发展活力和潜力的行业。2021

年，全区服务业增加值12537.45亿元，按可比价格计算，是2012年的2.2倍。

### 5. 投资建设成果丰硕，取得历史性飞跃

广西持续加大投资力度，优化投资结构，坚定不移地贯彻新发展理念，坚持抓当前、打基础、利长远，布局实施了一批重点项目，投资总体呈现规模攀升、结构优化、效益提升的发展态势。“十三五”时期，投资规模是“十二五”时期的1.13倍，投资年均增长10%，在全国处于中上水平，位居西部地区前列。2021年，全年固定资产投资（不含农户）比2020年增长7.6%。同时，广西进一步推动放宽民间资本市场准入，支持鼓励社会资本参与重点领域建设，培育和激发民间投资发展活力。2021年，民间固定资产投资增长8%，取得新突破。

## （二）转型升级步伐加快，现代产业体系日趋完善

构建现代产业体系是一个地区综合实力、经济竞争力全面提升的重要标志。广西谋篇部署、科学决策，不断厘清工业发展思路，明确工业发展方向，下大力气推进供给侧结构性改革，集成政策支持实体经济发展，聚焦先进制造业集群提前布局，不断将既有的科技创新转化成生产力，推进产业结构战略性调整，为广西产业升级提供澎湃动力。一批高新产业集群茁壮成长，新兴产业加速崛起，刷新了广西的产业形态，擦亮了高精尖的“智造”品牌。从量的厚积到质的飞跃，从结构优化到效益提升，从雏形显现到日渐完善。

广西柳工集团有限公司始终坚持把创新作为引领发展的第一动力，成为中国装备制造业的一张名片。图为 2015 年正式启用的柳工全球研发中心（李斌 摄）

广西现代产业体系在推动传统产业转型中“蜕变”，在加快新兴产业升级中“裂变”，在加速产业融合中“聚变”，经历了从无到有、从小到大、由弱变强的发展过程，绘就了一幅气势恢宏的发展画卷，取得了令人瞩目的成就。

### 1. 重部署，政策护航保障有力

自治区党委、政府深刻把握国内外经济发展趋势和广西经济社会发展特点，审时度势，高位谋划。2013 年，广西提出实施“工业强桂”战略，把工业放在更加突出的位置，明确全区加快新型工业化发展的大政方针，进一步厘清发展非公经济和非公强优工业企业的思路。2018 年，广西确立“强龙头、补链条、聚集群、抓创新、创品牌、拓市场”的工业重大发展思路，开启全区工业发展的新征程。同时，先后出台一系列政策措施为广西工业的跨越发展、现代产业体系日趋完善保驾护航：大力推进“1131”工程和“十大行动计划”，以工业的跨越发展推动全区经济社会的大发展；制订实施“互联网+”制造业专项行动计划，推进广西制造业转型升级；出台稳增长48条政策措施和降成本41条政策措施、28条政策措施；成立自治区新兴产业发展办公室，创新财政资金扶持方式等，政策红利持续释放。

### 2. 强基石，传统产业优化升级成效显著

广西依托产业基础和优势资源要素，加快工业结构调整和转型升级，以壮大总量、调活存量、做优增量为主攻方向，全面推进传统企业技术改造和智能化、绿色化、循环化发展，组织开展化解产能过剩矛盾和淘汰落后产能工作，延伸产业链，促进产业链向中高端延伸，做大做强做优支柱产业，加快发展先进制造业，培育竞争新优势。糖、铝、机械、冶金等传统产业在“二次创业”中重塑竞争力，老树新枝焕发春的气息。广西以现代工业为主导，特色产业集群基本形成，10个千亿元产业成为推动全区经济增长的支柱产业，其中：食品工业产值突破3000亿元，冶金、汽车、石油化工等3个产业产值突破2000亿元，机械、电子、电力、建材、造纸与木材加工等产业产值超千亿元。产业布局框架明晰，基本建成以北部湾经济区、桂西资源富集区、西江经济带构成的“两区一带”工业为主，中心城区工业和各区县特色工业相互补充共同发展的产业空间发展格局。

### 3. 谋创新，战略性新兴产业亮点纷呈

广西坚持重点突破、统筹推进、龙头带动、产业聚集，实施战略性新兴产业倍增计划，以数字化、网络化、绿色化为导向，瞄准

吉利百矿集团通过煤电铝一体化项目建设，推动铝土矿—氧化铝—电解铝—铝材加工—精深加工的铝全产业链形成，破解铝工业产业发展用电瓶颈。图为位于百色市德保县的煤电铝一体化项目（宾绿涛 摄）

新一轮技术革命和产业变革带来的机遇，重点培育发展新一代信息技术、节能环保、先进装备制造、新材料、新能源、生物医药、新能源汽车等战略性新兴产业，推动其规模化、集群化发展。

新材料产业。作为战略性新兴产业增长贡献率最大的一个产业，生产研发新材料的企业主要分布在南宁、柳州、北海、防城港、贵港、百色、河池等市，主要代表企业有生产高品质钢材的盛隆冶金、诚德不锈钢，生产高端铝材的南南铝和百金铝，生产有色金属的金川有色、信发铝电和南方有色，等等。习近平总书记曾先后两次视察广西南南铝加工有限公司。近年来，南南铝加工深入贯彻落实习近平总书记的重要指示精神，牢记领袖嘱托，持续在关键材料、关键装备等卡脖子的地方下功夫，落地实施国家重大战略，不断提升企业核心竞争力，先后攻破航天、航空、轨道交通、3C

泛半导体等领域的关键技术难题，多次创下中国第一乃至世界第一的纪录。2021 年，企业市场订单量同比增长 56%。

节能环保业。广西加大节能减排工作力度，强化资源环境约束，重点发展节能技术装备、环境技术装备、资源循环利用技术装备，积极发展节能环保综合管理服务业，以生态工业示范园区为载体，组织实施制糖、造纸、有色金属、冶金、化工等重点污染行业循环经济工程。该产业主要分布在南宁、柳州、桂林、梧州等地。

高端装备制造业。通过柳州工业机器人产业园区、桂林电气节能及电力电子产业基地等重大项目建设，加快发展壮大智能装备制造产业。近年来，广西规模以上工业高端装备制造业企业得到稳步发展，主要分布在南宁、柳州、桂林等地，拥有柳工机械、玉柴机器、康明斯工业动力、柳工柳州传动件等一批技术先进、实力雄厚的企业。

新一代信息技术产业。广西以中国—东盟信息港建设为契机，把握全方位跨界渗透、融合创新与智能协同的产业新趋势，重点发展新一代信息网络、信息技术核心产业和高端软件、电子商务平台服务，依靠大数据、云计算培育新兴信息服务业，加快形成南宁—钦州—北海新一代信息技术核心产业带。

生物产业。广西立足生态、健康、长寿养生资源优势与产业基础，重点发展健康养老、健康医药、健康服务、健康食品，着力建成一批集医、药、养、游、食、购、居于一体的智能综合体，积极培育基于大数据、互联网、消费者参与的“大健康、大养生”跨界产业链，加快形成覆盖全生命周期、内涵丰富、特色鲜明、布局合理、具有较强区域竞争力的大健康产业体系。该产业主要分布在柳州、桂林、梧州、玉林等地，形成了以梧州制药、三金药业、桂林南药、广西金嗓子、玉林制药等为代表的医药产业，以瑞康饲料、漓源粮油等为代表的生物农业产业，以优利特医疗、威诺敦医疗为代表的生物医学工程产业。

新能源产业。广西利用区位优势，大力推进新能源产业化发展，拥有防城港核电、扶南生物能源、中电投广西金紫山风电等一批代表企业，涉及核能发电、风力发电、生物质能发电等领域，主要分布在桂林、防城港、玉林、贺州、崇左等地。

新能源汽车业。广西强化技术创新，重点发展纯电动汽车、插电式混合动力汽车、燃料电池电动汽车及其关键零部件制造和配套产业，加快建立特色明显、资源共享的研发体系，打造完整的新能源汽车产业链，主要分布在南宁、柳州、桂林、贵港等地，既有上汽通用五菱、华澳新能源等新能源整车生产企业，也有汽车零部件和配套生产企业。广西新能源整车实现了从无到有的跨越，新能源

上汽通用五菱新能源汽车生产车间（邓华 摄）

汽车产量占到全国的1/7。2021年11月，上汽通用五菱成为全国首个产销累计超过2500万辆的民族品牌单一车企。

### 4. 促融合，产业竞争新优势逐步彰显

信息技术与产业融合是不可阻挡的时代潮流。在互联网、物联网时代，新一轮技术革命蓬勃发展，传统产业链跨界融合更加频繁，产业边界模糊化趋势日趋明显。广西产业融合步伐加快，不断催生新业态、新模式，不断引领和创造新需求，促进产业高端化、数字化、绿色化，破解日益严峻的资源环境约束，打造竞争新优势。

广西坚持以工业化理念推动农业产业链建设，加快转变农业发展方式，加快推进农业现代化，提升农业质量效益和竞争力。大力发展安全、优质、高效品牌农业，不断增强农业发展优势，提高农业产出效益。截至2021年9月，全区推出“广西好嘢”农业品牌285个，品牌总价值超过2500亿元；特色农业生机勃勃，1000多个现代特色农业示范区在八桂大地上从点到线再到面，遍地开花，现已发展成为乡村产业振兴的新高地。2021年4月，习近平总书记视察广西时，为螺蛳粉产业发展点赞。得到习近平总书记赞誉的螺蛳粉产业正是用工业化思维闯出了一条融合发展的新路子。2015年，柳州市首次提出螺蛳粉“产业化、标准化、品牌化、规模化”发展理念，确定了做袋装螺蛳粉、走机械化生产的道路，同时在金融支持、基地建设、品牌扶持、人才支撑、“双创”支持等方面给予全方位保障。如今，袋装柳州螺蛳粉已经实现了由地方小吃到大产业的华丽转身，销售收入从2015年的5亿元增长至2021年的151.97亿元。

现代服务业异军突起，引领作用强劲。广西按照减少管制、打破垄断、扩大开放、促进竞争的要求，开展加快发展服务业行动。重点围绕服务“一带一路”建设、推动产业结构转型升级、促进居民消费升级 3 条主线，提质发展生产性服务业、升级发展生活性服务业，推进服务业与农业、制造业等的深度融合，形成有利于提升广西制造业核心竞争力的服务能力和服务模式。全区现代服务业呈现出发展提速、比重提高、水平提升、作用增强的良好态势，一批业态突出、特色鲜明的现代服务业集聚区相继涌现。三次产业融合发展，服务业与制造业、农业“多轮驱动”的现代产业体系新格局加快形成。

### 5. 育龙头，产业内生动力稳步增强

广西坚持把做大做强做优龙头企业作为壮大“工业树”、繁茂“产业林”的主干工程，实施龙头企业培育计划。坚持“外引内育”相结合，深入开展招大引强工作，打好“扶、引、育”组合拳，龙头企业数量增长、规模扩大、带动产业链发展成效凸显，成功引进华谊、桐昆、吉利、正泰、华友、正威、太阳纸业、浪潮、华为、深科技、比亚迪、惠科等一大批世界五百强、全国五百强企业。同时，科技企业快速壮大，截至 2021 年底，广西高新技术企业突破 3200 家、国家级专精特新“小巨人”企业 81 家。

### 6. 抓项目，重大项目建设成就突出

广西坚持实施重大项目带动战略，发挥投资对调存量、优增量、推转型、促升级的作用，出台加快推进重大项目建设的实施意见，建立“双百双新”“千企技改”两大平台，积极开展工业“三

作为自治区层面统筹推进重大项目及自治区“双百双新”产业项目，惠科电子北海产业新城一期建设内容包括移动智能终端和智能电视机两大项目，对广西提升工业质量效益和竞争力及大力发展北部湾经济区电子信息产业具有重要的战略意义。图为在北海工业园区惠科电子北海产业新城，工人正忙着赶制出口订单产品（李君光 摄）

企入桂”工作，引进了一大批制造业新模式、新技术、新产品项目，一批稳基础、利长远的支撑性项目相继落地，切实发挥好重点产业项目对自治区稳增长的关键作用，增强产业项目的支撑能力。2020 年，“双百双新”产业项目进入收获期，全区共有 446 个重点工业项目竣工投产，增加产值 1120 亿元。2021 年，“双百双新”产业项目推进 393 个，建成投产 86 个，形成建设新高潮。“千企技改”产业项目力促产业转型提质，围绕补链条、强链条、延链条，扩大先进产能、提升工艺装备、推进智能制造、加快绿色改造，累计推进 2196 家企业实施技术改造项目 2869 个，完成投资 1026 亿元，工业发展迎来爆发期，现代产业体系不断健全完善。

## （三）互联互通水平提升，基础设施建设跨越发展

建设完善的基础设施体系，既是全面建成小康社会的硬指标，也是满足人民群众幸福感的硬要求。广西加快构建现代综合交通运输体系，加强邮电通信基础设施建设，形成了较为完善的陆海空全方位立体大交通体系和多元化现代化邮电通信服务网络。

### 1. 交通运输高速先行，外联内畅格局形成

广西以高起点规划、高标准建设，大力推进铁路网融通、高等级公路网联通、内河水运网贯通、民用航空网互通、县乡公路网畅通，构筑起外联内畅的现代综合交通运输体系，为经济社会的高质量发展构筑了更加坚实的跑道，铺就了广西儿女奔向幸福的小康之路。

铁路从“路网末梢”到“区域枢纽”。曾经，广西铁路处于全国路网末梢，基础差、技术等级低、运营里程少。2013 年 12 月，作为全国首个开通运营高铁的少数民族自治区，广西迎来铁路飞速发展时期。有了高铁的运营，广西北部湾四市——南宁、钦州、北海、防城港之间形成“1 小时经济圈”，八桂大地开启“同城时代”。2014 年 4 月，桂东南地区迈进“高铁时代”；同年 12 月，横跨黔、桂、粤三省区的贵广客专开通运营，连接粤桂最便捷的快速通道南广铁路全线开通，广西境内体量最大、现代化程度最高的火车站南宁东站开站迎客，打通了中国西北、西南地区连接珠三角、粤港澳地区的快速铁路通道；2015 年 12 月，云桂铁路南宁至百色段开通运营，百色革命老区也迎来“高铁时代”；2016 年 12 月，全国首个高铁无轨站——凌云高铁无轨站开通运营，实现了国家级

广西开行首趟“中国—哈萨克斯坦”的中欧班列（黄维业 摄）

贫困县、民族地区到珠三角城市群的人员快速流动。2019 年 7 月，南宁东站至香港西九龙站 G417 次高速动车正式开行，为推动广西全面对接粤港澳大湾区建设提供了重要的交通基础保障，连接粤港澳大湾区的快速骨干交通网逐步形成。截至 2020 年末，广西的高铁列车已与全国 21 个省、自治区、直辖市、特别行政区实现直连直通“当日达”，动车覆盖全区除河池、崇左以外的 12 个设区市，广西主要城市间和往返广州方向实现动车公交化。以铁路为代表的基础设施日益完善，铁路网密度为全国的 1.6 倍。与此同时，跨境物流通道能力明显增强，货运量持续增长。2017 年 11 月，广西开行了首趟中国南宁至越南河内的中欧班列，2021 年，“柳州—莫斯科”“中国—哈萨克斯坦”的中欧班列陆续开通，为扩大跨境物流合作开辟了新的便捷运输通道。

公路从打通“主动脉”到畅通“微循环”。广西高速公路建设速度、推进力度、通达能力都实现了大跨越。高速公路三大主通道已全线贯通，基本建成高速公路网主骨架，形成了以南宁为中心，对外多通道辐射西南、中南、华南地区和便捷连通东盟国家，对内连通各地市、有效沟通西江经济带和北部湾经济区的高速公路网络。高速公路里程接连实现突破，2017年末突破5000公里，2019年末突破6000公里，2021年末达到7339公里。此外，广西坚持抓大不放小，聚焦农村地区特别是贫困地区的交通发展需求，建设一批旅游路、资源路、产业路，打通乡村发展“经脉”。路通，百业兴；路畅，百业旺。截至2021年底，县县通高速公路通达率为97%，已实现所有建制村全部通硬化路，建制村客车通达率达100%。

民航从“蹒跚起步”到“展翅腾飞”。广西民航事业发生了日新月异的变化，修建新机场、扩建旧机场的热潮在各地兴起，民用

被誉为“中国最美边关高速公路”的合那高速公路（周军 摄）

机场数量由1978年的2个增至2020年的8个，一座座现代化航空港拔地而起，广西机场体系逐步完善，成为民航中南地区运输机场最多的省（区）之一，打开了广西腾飞的大门。机场建设稳步推进的同时，客运航线培育拓展也得到进一步增强，基本形成了以南宁、桂林两大干线机场为核心，北海、柳州、梧州、百色、河池支线机场为辅助的“双轮驱动”“并驾齐驱”“干支协同”的航空发展格局。截至2021年10月底，广西机场管理集团及南宁机场、桂林机场航班放行正常率分别达87%、88%、86%，均高于中国民航局85%的要求，满足了人民群众日益增长的出行需求。

水运从“默默无闻”到“风生水起”。广西全力加快以西江黄金水道和北部湾港为重点的水运基础设施建设，取得了突飞猛进的进展。在内河航运发展上提速，广西相继建成了国内通过能力最大、总通过能力超亿吨的长洲水利枢纽船闸以及桂平3000吨级船

南宁吴圩国际机场（周军 摄）

闸、老口航运枢纽船闸、大藤峡水利枢纽船闸等一批重点枢纽船闸项目。

## 2. 邮电通信迅猛发展，信息服务水平持续提升

通信让距离消失，无时无刻不在影响着人们的衣食住行，改变着人们的生活方式。改革开放以来，广西邮电通信事业飞速发展，基础设施建设与技术升级使新的产品和服务层出不穷。特别是党的十八大以来，随着“宽带中国”建设实施，高速、移动、安全的新一代信息基础设施加快建设，广西立足国家战略，结合自身发展定位，优化服务网络布局，通信网络承载能力、网络质量及服务水平持续提升，覆盖的区域和消费人群快速增加，真正让数字化的发展成果惠及广西人民。

邮政服务能力不断增强。广西不断加大邮电通信基础设施建设力度，构筑沟通城乡、覆盖全区的基础性邮政网络。邮政业功能进一步强化，服务经济社会发展的基础性作用进一步凸显。2017 年，广西实现乡镇设有邮政局所、行政村通邮全覆盖；2020 年末，全区共有邮政行业各类营业网点 10311 个，服务半径缩小至 31.3 平方公里 / 网点，服务网点布局日趋合理，邮政通信能力明显增强。“十三五”时期，广西邮政业务总量和业务收入大幅增加。2016—2020 年，广西邮政业务总量和业务收入年均增长率分别达到 37.6%、22.9%，年均增速分别高于全国平均水平 2.6 个百分点和 0.94 个百分点。2021 年，广西邮政业务总量比上年增长 18.3%，增速之快令人瞩目。快递业异军突起，市场规模不断扩张。

随着快递业异军突起和交通运输的蓬勃发展，为快递业崛起创造了前所未有的机遇和条件。2020 年末，广西共有快递法人及分

支机构3333个，其中法人企业633个，分支机构2700个，全面实现乡镇快递网点全覆盖，快递服务用户逐年增加。2021年，广西快递业务量再创新高，同比增长31.9%。

通信建设扎实推进，用户规模发展壮大。党的十八大以来，广西移动互联网、物联网、云计算、大数据等新一代信息技术建设步伐加快，信息通信服务水平显著提升，网络信息安全保障能力不断增强。截至2021年8月底，全区移动电话基站达28.8万个，其中4G基站18.5万个、5G基站3.3万个，实现14个设区市主城区连续覆盖、县市区重点覆盖、农村地区按需覆盖5G网络信号；全区20户以上自然村4G网络覆盖率达100%，全部自然村4G网络覆盖率为97.5%。全区光缆线路长度达到234万公里，高水平全光网络初步建成，实现100%行政村、85.7%自然村通达光纤网络。互联网省际出口带宽3644万兆，居全国第四位。随着"互联网+"战略的深入推进，广西互联网主体规模不断扩大，互联网用户迅猛增长，移动上网业务井喷式增长。据统计，"十三五"期间广西固定互联网宽带接入用户数年均增长18.2%，移动互联网接入流量年均增长1.26倍，电信业务和电信业务收入分别年均增长51.3%和3.9%。

## （四）统筹协调稳步推进，城乡融合发展态势向好

努力缩小城乡区域发展差距，是全面建成小康社会的一项重要任务。广西坚持城乡统筹协调发展，均衡发力、补齐短板的同时，让"长板"更长，努力实现差异互补的共赢。

### 1.“量”向“质”迈进：城镇化水平不断提升

城乡居民生活水平稳步提升。2021 年，广西城镇居民人均可支配收入为 38530 元、农村居民人均可支配收入达到 16363 元，与 2012 年城镇居民人均可支配收入 21243 元、农村居民人均纯收入 6008 元相比分别增加 17287 元、10355 元，分别年均增长 6.8% 和 11.8%；2012 年广西城乡居民人均可支配收入比达到 3.54，2021 年广西城乡居民人均可支配收入比为 2.35，同比缩小 1.19。数据显示，农村居民人均可支配收入增速明显快于城镇居民，收入差距缩小的趋势一直在持续。

广西坚持推进“以人为核心”的新型城镇化，立足实际，积极作为，全区新型城镇化水平迈上新台阶。广西常住人口城镇化率在 2017 年突破 50%，2021 年末全区城镇化率达到 55.08%。“十三五”期间，全区 14 个设区市中，有 11 个市的城镇化率年均增长幅度超过 1 个百分点，城镇化率达到 50% 的市由 5 个增加到 7 个；全区 111 个县（市、区）中，城镇化率达到 50% 的县（市、区）共有 42 个，比 2015 年的数量增加 11 个。户籍、公共服务、土地等重点领域改革持续推进，有力保障了农业转移人口市民化，推动了城镇常住人口基本公共服务全覆盖。

### 2.“城”与“乡”融合：宜居指数显著提高

广西不断完善城乡环境，提升宜居指数和人民幸福感。从城、镇、村三个层面统筹推进城乡发展，促进经济繁荣，加快建设新时代中国特色社会主义壮美广西，建设宜居宜业八桂。

打造现代化宜居城市。城市发展是经济发展的重要增长点，承载着人民群众对美好生活的期许。广西以“宜居城市”创建活动为抓手，统筹推进“369”“163”计划，包括城市规划提升、城市承载力提升、城市管理提升三大行动和多规合一、海绵城市、街区制、宜居小区、智慧城市、建筑产业现代化六项试点以及深入实施城乡风貌特色等九大工程在内的行动计划，具体通过开展“美丽广西·宜居城市”建设活动，建立一套宜居城市指标体系，紧紧围绕绿色、便捷、和谐、特色、智慧、创新六个维度，以三类奖项的评选活动，调动各方推动城市发展的积极性。全区城市建设如火如荼，城市面貌日新月异，一座座凸显桂风壮韵的现代化宜居城市正在崛起。

推动小城镇发展。广西充分挖掘城镇产业特色、人文底蕴和生态禀赋，以市场为主体，发挥政府引导作用，推进产业集聚、产业创新和产业升级，建设了一批生态环境优美、文化底蕴彰显、宜居宜业宜游、综合实力较强的中心镇或特色较突出的小城镇，形成以中心城区为龙头、县城为支撑、重点镇和特色镇为基础的现代城镇体系。

建设幸福乡村。2013 年，广西在全区部署开展“美丽广西”乡村建设活动，用 8 年时间，分“清洁乡村”“生态乡村”“宜居乡村”“幸福乡村”4 个阶段集中推进。通过开展垃圾治理、污水处理、传统村落保护、乡土特色建设等行动，进一步改善农村的生产生活条件和生存生态环境，走出了一条后发展欠发达地区改善农村人居环境的新路子。“十三五”期间，广西积极开展“环境秀美”“生活甜美”“乡村和美”3 个专项活动，深入开展村屯整治提升建设，打造村庄秀美的田园环境；深入开展文明创建活动，培育乡村文明和谐新风尚，全面提升农村物质、精神、生态文明水平，促进农村地区与全国同步全面建成小康社会、人民生活幸福和谐目标的实现。

### 3.“供”与“需”对应：城乡居民消费结构优化升级

城镇居民生活质量进一步提高。居民调整饮食结构，追求合理膳食搭配，饮食消费更加丰富多样。“十三五”期间，购房和装修成为居民消费的热点，住房条件不断改善，配套设施更加个性完善。人均自有住房面积由 2015 年的 38.6 平方米上升为 2020 年的 42.3 平方米，增长 9.6%，人均居住消费支出年均增长 5.1%。城镇居民家庭购买商品房比重达 32.6%，自有房拥有率达 90.8%。家庭耐用消费品更新换代提速，时尚化、个性化成为消费潮流。2020 年广西城镇居民生活用品及服务支出 1233 元，比 2015 年的 952 元

广西守好“菜篮子”，为城镇居民提供更优质、更丰富的食用农产品。图为整洁有序的南宁市华园菜市（李军 摄）

增长 29.5%，年均增长 5.3%。与此同时，随着物质增多带来的幸福感呈现边际递减效应，城镇居民尤其是中等收入群体更加注重丰富多彩、具有品质的精神生活。娱乐健身、参观游览、休闲度假等已经融入日常生活，极大带动了文化娱乐消费持续增长。“互联网 +”突破了时空局限，通过提高居民线上文化娱乐体验感，满足文化需求多元化，为消费需求的扩大带来持久性拉动力。

农村居民八大类消费支出占比结构呈现“三增五降”态势，发展型消费支出增长较快，主要表现在：食品、衣着和居住、生活用品消费支出占比下降，生活水平稳步上升；与生活质量密切相关的消费支出占总消费支出的比重持续上升。同时，农村居民在衣食、居住基本得到保障的条件下，对于社会交往和人际关系的需求日渐提升，成为日常生活的一项重要消费支出，有关人际交往的交通和通信消费支出进一步增加。此外，对于精神文化等深层次的消费需求也逐渐提高，教育、文化、娱乐消费支出持续增长。“十三五”期间，广西农村居民交通通信、医疗保健和教育文化娱乐消费支出增幅年均增速分别为 15.4%、11.6% 和 10.8%。农村居民消费结构优化和消费升级呈现长期趋势。

## （五）新动能加速蓄势聚力，创新驱动发展成效突出

2017 年 4 月，习近平总书记在广西视察时指出，“创新是引领发展的第一动力”。2021 年 4 月，习近平总书记再次来广西视察时又强调，“只有创新才能自强、才能争先，要坚定不移走自主创新道路，把创新发展主动权牢牢掌握在自己手中”。在全面建成小康

社会的历程中，广西始终坚持抓住创新发展这条主线，深入实施创新驱动发展战略，以科技创新支撑产业高质量发展，培育壮大发展新动能，加快建设新时代中国特色社会主义壮美广西。创新广西，正从“追赶者”阔步奔向“并行者”乃至“领跑者”，生动勾勒出小康历程的鲜活图景。

## 1. 补短板，创新引领新发展

2016年，自治区党委、政府把握新形势，出台《关于实施创新驱动发展战略的决定》及8个配套文件，明确“三个坚持、五大突破、七项任务、九张名片”的创新发展思路，发出深入实施创新驱动发展战略的动员令。2017—2020年，自治区本级财政安排50亿元设立创新驱动发展专项资金，打造创新发展新引擎。2018年

广西形成了较为完整的铝产业链，南南铝加工等一批龙头企业主动抢占创新发展制高点，为“广西智造”走向全国、走向世界贡献强大动力。图为广西南南铝加工有限公司生产车间一角（关秀群 摄）

11 月，全区启动实施“三百二千”科技创新工程（突破 100 项以上重大技术、创建 100 个国家级创新平台、引育 100 个高层次创新人才和团队、新增 1000 家高新技术企业、转化 1000 项重大科技成果），仅两年多时间就提前超额完成任务。该工程获得 521 个专利，开发出 293 个新产品，新增产值 530 亿元，科技产出量质不断提升。此外，广西构建形成五大类自治区高层次人才认定体系，持续推进广西院士后备人选培养工程、八桂学者制度和特聘专家制度建设。2021 年，广西科技领军人才引育工作取得突破，1 名广西院士后备培养工程人选成功当选中国工程院院士，打破了广西近 22 年来没有新当选院士的困境。

### 2. 强主体，构建创新型企业新梯队

广西启动高企倍增行动计划、瞪羚企业培育计划，建立科技型企业培育梯度链，助力企业挺起创新脊梁。2021 年，全区科技型中小企业入库培育企业 3207 家，同比增长 22%；高新技术企业备案 1491 家，同比增长 46%，高新技术企业保有量预期达到 3200 家以上；瞪羚企业培育库入库企业 188 家，是 2020 年的 1.9 倍，实现了从无到有、由少到多。为了撬动企业的创新活力，广西设置激励企业加大研发经费投入财政奖补专项、技术先进型服务企业培育专项等，实行高企再倍增计划，科技投入力度持续增强。2021 年，全区完成科技成果登记 5825 项，居全国前三位；实现技术合同交易 10005 项，合同成交额 680 亿元；完成重大科技成果转化项目核验 920 项；新增 4 家国家级科技企业孵化器和 1 家国家火炬特色产业基地。通过加强企业与科研院所合作，不断推进创新型企业梯队建设，为广西经济发展提供持续动能。据 2021 年广西高新技术企

2019 年 1 月，国内首台气垫式直排泥水——土压双模式盾构机在南宁中铁广发轨道装备有限公司车间顺利下线，标志着“南宁造”盾构机全面迈向高端化时代（黄达琪 摄）

业百强、创新能力十强、创新活力十强、广西瞪羚企业活力十强四大榜单数据显示，广西高企百强群体集中于南宁、柳州、桂林，主要分布在新材料、先进制造和自动化领域，广西玉柴、广西交科、广西柳工、上汽通用五菱、广西博世科环保、广西南南铝等 100 多家创新发展成效突出、创新投入力度强、创新产出高的企业榜上有名。高新技术百强企业虽然仅占全区高企总数的 3.56%，但其营业收入、实缴税额分别占高企群体的 41.27%、47.61%，科技支撑社会经济发展能力进一步凸显。

### 3. 改体制，革故鼎新释放新动能

2016 年，广西成立自治区科技领导小组，强化对科技创新工

作的统筹协调，探索实施财政科研项目“揭榜制”、科研薪酬激励等方面的改革，赋予科研机构和科研人员更大的创新自主权。2017年，广西科技计划项目申报由原来每年一次改为常年接受申报，每年进行4次评审并逐步过渡到常态化，“放管服”模式迎来科研人员投身科研活动的新热潮。建立统一的科技管理平台，整合形成广西自然科学基金、广西科技重大专项、广西重点研发计划等五大类科技计划，建立全程“嵌入式”新型科技监督和评估体系。广西在高校和科研院所开展薪酬改革试点工作，出台横向经费相关政策，完善以增加知识价值为导向的激励机制，明确有关项目经费的细化管理制度，研究制定科技成果转化收益分配激励办法，优化经费管理方式，提高财政科技资金的整体效能，不断完善激励科研人员创新的机制。2020年5月，自治区出台《关于进一步深化科技体制改革推动科技创新促进广西高质量发展的若干措施》，近90个政策点全方位推进自主创新。2021年，自治区先后印发实施《科技强桂三年行动方案（2021—2023年）》《广西科技创新“十四五”规划》，以体制机制改革为动力，组织实施科技创新能力提升工程、产业链创新链融合工程、千企科技创新工程、科技强农工程、科技惠民工程、创新功能区提升工程等六大科技创新工程，施行重大科技“揭榜挂帅”攻关制、经费包干制、定向研发委托制等政策。一系列改革举措的实施、一项项改革政策的落地，激发了广西创新发展的活力。

# 三、构建小康广西的开放格局

进入新时代，面对错综复杂的国内外形势和艰巨繁重的改革发展稳定任务，广西不断发挥独特的区位优势，实施更加积极主动的开放带动战略，以海纳百川的胸襟，敞开大门谋发展，积极构建“南向、北联、东融、西合”全方位开放发展新格局，在危机中育先机、于变局中开新局，以敢冲善拼的勇气和韧劲描绘开放发展奔小康的壮美画卷。

## （一）拓“南宁渠道”新路，助力中国—东盟命运共同体

中国—东盟博览会促进形成的“南宁渠道”成为中国—东盟合作的重要平台。自2004年起，中国—东盟博览会每年在南宁举办。截至2021年，中国—东盟博览会、中国—东盟商务与投资峰会已成功举办18届，有效推动了中国—东盟多领域交流合作，形成了东盟各国十分重视的“南宁渠道”。截至2020年，泛北部湾经济合作论坛连续举办11届，是中国—东盟合作框架下推动“一带一

路”建设的重要国际交流合作平台之一。此外，广西积极参与大湄公河次区域经济合作、澜沧江—湄公河合作等，与东盟的机制化合作日益深化。

### 1.“一轴两翼”联东盟

中国—东盟“一轴两翼”区域经济合作战略，体现和承载了国家战略的总体导向。它推动中国—东盟区域经贸合作由单一的次区域合作向多层次的次区域合作发展，引导中国—东盟经济合作从传统的“路桥型经济”向现代的“临海型经济”转型，深化和延伸了中越两国领导人提出的“两廊一圈”战略意图，具有多重战略意义。这一战略的实施，有利于区域内的资源共享，扩大“一轴两翼”区域市场和经济发展的空间，促进产业转移、合理分工与合作，能创造出更多新的经济增长点，共同吸纳与更合理地运用国际资本和外部资源，促进区域内各国各地在更高水平、更深层次上的国际经贸合作，推进广西在更高层次上全面开放、开发，为广西参与中国—东盟自由贸易区的建设开创新的局面，为“南宁渠道”注入了新的内容，拓展了新的发展空间，带来了新的发展机遇，增添了新的活力，有力地带动了广西经济社会的发展。中国和东盟风雨同舟、砥砺前行，“一轴两翼”战略构想的落地实施，为各国以及地区稳定发展繁荣作出重要贡献。2013 年 10 月，习近平主席在印度尼西亚国会发表重要演讲，提出愿同东盟国家共建 21 世纪海上丝绸之路，携手共建更为紧密的中国—东盟命运共同体。自中国—东盟博览会、中国—东盟商务与投资峰会举办以来，共有 97 位中外国家领导人、3400 多位部长级贵宾出席，92.6 万名中外客商参展参会，共举办 282 个高层会议论坛，涵盖 40 多个领域，形成全方位合作机制。中国—东盟博览会立足于中国—东盟合作、面向全球开放，是中国境内由多国政府共办且长期在一地举办的展会之一，是汇聚共识、对接发展战略的高端平台，吸引了越来越多的区域外企业参展参会，推动中国和东盟作为一个整体参与国际经济合作，提高了其在世界的影响力。中国—东盟博览会推动中国与东盟的全面经济合作、推动中国—东盟自由贸易区的建设，围绕中国—东盟自由贸易区建设进程及中国和东盟国家的经济发展水平、资源禀赋、产业结构、行业特点设置展览内容，高度集中各国企业、商品、项目、资金等方面信息，积极搭建中国与东盟各国政府宣传经贸政策的平台，将中国—东盟自由贸易区的投资贸易便利化从政府层面推进到企业层面，让企业直接享受降税、通关便利化等各种便利化措施，并在国际产能合作、跨境园区建设、跨境金融创新、跨境电子商务等方面不断获得商机。2020 年 11 月，习近平主席在第 17 届中国—东盟博览会和中国—东盟商务与投资峰会开幕式上致

中国—东盟博览会会址——南宁国际会展中心（周军 摄）

辞时表示，中国—东盟关系成为亚太区域合作中最为成功和最具活力的典范，成为推动构建人类命运共同体的生动例证。

## 2. 经贸引领成果丰硕

在“南宁渠道”的推动下，中国—东盟经贸合作不断迈上新台阶。自中国—东盟自由贸易区建立以来，中国—东盟构建了贸易关税新机制，中国对东盟的平均关税从之前的 9.8% 降至 0.1%，东盟的 6 个老成员国（文莱、印度尼西亚、马来西亚、菲律宾、新加坡、泰国）对中国的平均关税从 12.8% 降到 0.6%，东盟 4 个新成员国（越南、老挝、柬埔寨和缅甸）也逐步降低关税并于 2015 年实现 90% 以上商品零关税的目标。双边经贸关系持续增强，中国—东盟自由贸易区建成以来，孵化了中国—东盟技术转移中心、中马“两国双园”等重大项目，2021 年中国—东盟博览会上就签约合作项目 86 个，总投资比上届增长 67.8%，成为中国—东盟自由贸易区内最受商界欢迎、东盟企业参与程度最高的展会。自 2009 年起，中国即保持东盟第一大贸易伙伴地位。2010 年，中国—东盟自由贸易区全面建成，截至 2020 年，中国—东盟自由贸易区走过了蓬勃发展的“黄金十年”，取得了一系列标志性成果。10 年来，中国—东盟双边货物、服务贸易高速增长，产业链、价值链深度融合，在资金融通、产能合作等多个领域取得丰硕成果。中国—东盟自由贸易区用“黄金十年”真正惠及 19 亿人口，给世界经济提供新的强大推动力，成为区域经济一体化典范。2022 年《区域全面经济伙伴关系协定》（RCEP）正式实施以来，广西抢抓 RCEP 生效实施和中国东盟自由贸易区 3.0 版加快建设历史性机遇，持续推动深化以东盟为重点的 RCEP 区域合作，跑出了“加速度”。着力把服务国家自贸区提升战略、服务构建更为紧密的中国—东盟命运共同体和亚太命运共同体与建设壮美广西的“1+1+4+3+N”目标任务体系相融发展，下先手棋、打主动仗，抢先部署高质量对接实施RCEP。广西还积极深化以东盟为重点的RCEP跨境产业链合作。中马“两国双园”建设成绩亮眼，中马钦州产业园累计投资超1000亿元，先进制造业加快发展，建成慧宝源生物医药产业基地、中马国际科技园、电子信息产业园、智慧物联产业园等一批产业配套项目，构建了全国首条中国—东盟燕窝跨境产业链。近年来，广西充分以市场为细分，以项目为抓手，围绕欧洲线、非洲线、日韩线和网上丝路行“三线一行”路线图，通过展示和推介广西名特优产品，提高“桂品”知名度，扩大桂企“商务圈”，大力促进“一带一路”贸易畅通，引导和帮助广西企业更好地参与“一带一路”建设。

### 3. 教育合作日益深化

近年来，广西着力建设面向东盟的教育国际交流与合作高地，打造“留学广西”品牌，成为东盟国家留学生赴中国留学的热门省区之一。广西共有近40所高校招收留学生，9个中国—东盟教育培训中心（基地）落户广西。广西为东盟国家培训卫生、旅游、农业、法律、财税等领域专业人才逾万人。中国已与泰国、越南、马来西亚、菲律宾签订学历学位互认条例，与老挝、柬埔寨、新加坡、印度尼西亚签订教育合作协议。在此基础上，自2004年起，广西每年组织高校在东盟国家举办广西教育展，推介广西高等教育。东盟国家也开始在广西举办东盟教育展。在教育展加深彼此了解的基础上，广西每年向东盟国家派出5000多名留学生，广西与东盟国家的留学生交流人数达到双向超过万人。广西已经有28所

广西已成为东盟国家留学生赴中国留学的热门省区之一。图为在广西留学的东盟各国留学生与中国学生在一起（陈峰 摄）

高校获得招收外国留学生资格，在校留学生总人数超过万人，其中东盟国家留学生占到来广西留学的留学生总数的 80% 以上，广西已成为全国东盟国家留学生最多的省区之一。近年来，我国设立国家政府奖学金，自治区政府设立广西政府东盟国家留学生奖学金，广西部分高校设立留学生学校奖学金，形成了国家、自治区和高校 3 个层次的留学生奖学金布局，极大地促进了东盟国家留学生来广西学习的积极性。随着来华东盟国家留学生和派往东盟国家的广西留学生规模的逐渐扩大，广西高校在国内国外的知名度和影响力逐渐扩大。广西高校近年来以东盟为重点，大力培养“一带一路”建设所需的各类技术技能复合型人才。近 5 年来，广西高校通过各类面向东盟的人才培训中心（基地）以及在境外开办的分校、建立的技术技能培训基地等，帮助驻外中资企业和东盟国家培养和培训医学、农业、汽车、科研、铁路运输等领域技术技能型人才 1.3 万多人次。2020 年，广西建成面向东盟的教育国际交流与合作高地，成为中国最大的面向东盟国家的区域国际学生流动中心。

## （二）绘“三大定位”蓝图，起航时代新征程

广西全面贯彻落实中央赋予的“三大定位”新使命，深入实施开放带动战略，提升开放型经济水平，构建“四维支撑、四沿联动”的全方位开放发展新格局。由广西出海的中新互联互通南向通道，连接中国西南西北腹地和东南亚国家，有效衔接了“一带”和“一路”。南向通道建设的阶段性成果，是广西正在形成开放发展新格局的缩影。开放促发展，广西的战略地位显著提升，实现了由西南边陲向对东盟开放合作前沿和窗口的转变。对外开放不断扩大，全方位、宽领域、多层次的对外开放格局已经形成。“一带一路”扎实推进，区域合作日益深化，中国—东盟命运共同体逐步构建。

### 1. 面向东盟的国际大通道建设取得显著成效

广西以北部湾港为依托，积极推进与东盟的港口合作，已初步形成以钦州为基地，覆盖47个东盟国家港口的中国—东盟港口城市合作网络。2020年末，广西北部湾港已与世界100多个国家和地区的200多个港口通航，开通定期国际集装箱班轮航线39条，与马来西亚、新加坡、印度尼西亚、越南、文莱等7个东盟国家建立了海上运输航线，形成内陆腹地走向海上丝绸之路沿线的海上大通道。2020年，北部湾港货物吞吐量近3亿吨，集装箱吞吐量达505万标箱，增速排全国沿海主要港口第一位；2021年，北部湾港集装箱吞吐量突破600万标箱。经过北部湾港直达新加坡的海铁联运班列实行常态化运行，进出口货物涉及35个国家、58个港口，海运网络覆盖全球，北部湾港成为我国与东盟海上互联互通、开放

合作的前沿。海铁联运班列开行数量实现连年翻番，达到 4607 列；中越跨境班列（经凭祥铁路口岸）开行 1264 列。在中国—东盟信息港建设方面，联通东盟国家的 3 条海缆、12 条国际陆地光缆已全部开通；空中国际大通道运输水平持续提升，形成以南宁、桂林机场为核心的“两干六支”8 个民用运输机场，实现东盟国家航线全覆盖。与此同时，口岸开放和通关便利化水平不断提升，在全国率先建成陆路口岸“单一窗口”。2020 年，全区口岸进口整体通关时间压缩到 5.56 小时，排名全国第一。随着“一带一路”建设的加快，广西东盟航线发展迅猛，已初步形成以东盟为主的“一带一路”国际航空大通道，基本实现东盟国家航线全联通，东盟航线数量、通航城市数量均在全国保持前列，成为中国—东盟政治、经贸、文化交流的主通道。2021 年，南宁吴圩国际机场国际航空货邮吞吐量首次突破 2 万吨，在飞国际货运航线 9 条、通达东盟等国家和地区 6 个，有力促进了广西与海外国家和地区的经贸合作，为广西对外开放及经济社会发展架起空中桥梁。

贵港港作为全国内河主要港口，是珠江—西江经济带和广西全面对接粤港澳大湾区的重要交通枢纽。图为贵港港罗泊湾作业区集装箱码头（周军 摄）

## 2. 西南中南地区开放发展新的战略支点建设成效显著

沿海、沿江、沿边，独具优势的广西开始担负起历史赋予的重大使命，一个新的战略支点悄然崛起。产业支点作用不断强化，广西从内外两方面加强产业支点建设，对内大力推动传统制造业“二次创业”，大力发展战略性新兴产业，推动农业接二连三发展，着力构建现代产业体系。2020 年，全区已形成汽车、机械、电力等 10 个千亿元产业集群，其中汽车、冶金、食品等 3 个产业产值突破 2000 亿元。对外加快打造合作支点，粤桂合作特别试验区、粤桂黔滇高铁经济带、广西东融先行示范区等重点平台加快建设。同时，依托西部陆海新通道等国家重大战略平台，加快建设北部湾国际门户港及其连接西部的大能力铁路运输通道。完善联通边境口岸的高速公路网，加快建设南宁至深圳时速 350 公里的高铁、钦州港 20 万吨级集装箱码头和防城港 30 万吨级码头及配套港航设施。加强通道物流组织模式创新，大力发展以海铁联运为主的多式联运体系，积极推进通关便利化，打造高品质陆海联动经济走廊。此外，城镇支点作用不断完善，北部湾城市群规划获得国家批复，强首府战略加快实施，北部湾城市群、桂中城镇群、桂东南城镇群、桂北城镇群等城镇空间不断优化；生态支点有效打造，全区生态环境质量持续改善、总体保持优良，多项指标位居全国前列。

## 3.“一带一路”有机衔接的重要门户建设成效显著

为更好地服务“一带一路”建设，加快建设有机衔接的重要门户，中国—东盟博览会从服务“10+1”向服务“10+6”和“一带一路”拓展。中国—东盟博览会、中国—东盟商务与投资峰会加快升级，成为“一带一路”共建国家进入中国和东盟大市场最便捷、最有效的合作平台。2017年，广西积极打造双边和多边合作平台，丰富中国—东盟博览会、中国—东盟商务与投资峰会等服务平台，助力政策沟通。第14届中国—东盟博览会和中国—东盟商务与投资峰会成功举办，参会国家首次延伸至哈萨克斯坦等丝绸之路经济带国家，促进了“一带一路”有机衔接，助推中国—东盟自由贸易区升级版建设。2017年12月28日，在马来西亚的关丹市，马中关丹产业园首个入园项目——年产350万吨联合钢铁项目试产成功，标志着马中关丹产业园从发展建设阶段步入了收获阶段，广西企业在践行“一带一路”倡议中交出了一份漂亮答卷。中马钦州产业园区和马中关丹产业园区共同开创的“两国双园”国际产能合作新模式，成为“一带一路”建设的先行探索和积极实践，现阶段其示范作用更加凸显。在完成“三年打基础”之后，中马钦州产业园进入“五年见成效”的新阶段。开放型园区体系建设成效显著，积极建设和推进的园区有20多个，基本实现东盟国家合作园区全覆盖，并逐步扩大到非洲等“一带一路”其他参与地区和国家。在“一带一路”建设中，基础设施联通和国际产能合作是经贸合作的两大重要引擎。在这两大引擎的带动下，广西对“一带一路”沿线国家投资贸易持续增长。2017年，广西外贸进出口总额为3866.3亿元，增长22.6%，其中对“一带一路”沿线国家进出口达2100.2亿元，增长5.2%。随着中国（广西）自由贸易试验区建设的持续推进，自贸区取得多项集成改革试点经验，累计入驻企业超过3.9万家，在深化面向东盟合作方面形成了一批新经验；面向东盟的金融开放门户加快建设，形成全国首创可复制可推广经验15项，中国—东盟金融城引进金融机构总数达162家。防城港国际医学开放试验区加快建设，获批设

在中马两国政府大力支持下，中马钦州产业园区与马中关丹产业园区共同开创“两国双园”国际产能合作新模式，成为“一带一路”倡议的先行探索和积极实践。图为中马钦州产业园区（周军 摄）

立中国—东盟传统医药交流合作中心（广西），引进 10 多个医学实验室项目，相关医药产业基地加快建设。广西与东盟在教育、医疗、体育、科技等人文交流领域也取得了多项合作共赢成果。

## （三）搭“西部陆海新通道”快车，赋能开放新引擎

推进西部陆海新通道建设，是广西落实国家对外开放战略的重要抓手，是落实“三大定位”新使命的务实行动，是加快“南向”开放发展的关键举措，对于构建全方位开放发展新格局、推进高水平开放和高质量发展具有重大意义。

### 1. 陆海主干线物流规模持续扩大

北部湾港海铁联运主干线从渝桂班列 1 条线路拓展至连通西部

6个省（区、市）的5条常态化运行线路。北部湾港海铁联运班列从2017年的48列增长到2018年的1154列。2017—2021年，北部湾港集装箱吞吐量从228万标箱增长到601万标箱，年均增长27.4%，近4年增速均排全国沿海主要港口第1位，货物吞吐量在全国沿海主要港口排名由第16名提升到第9名；西部陆海新通道海铁联运班列线路覆盖省（区、市）由4个扩大到14个，并与中欧班列有效衔接，班列年开行量从178列增长到6117列，年均增长142%；中越跨境直通班列年开行量由922列增长到1904列，年均增长19.9%。截至2021年，北部湾港已开通外贸航线24条，成功开通北部湾港至南美东远洋集装箱航线。北部湾港至香港班轮实现“天天班”，至新加坡实现每周2班常态化运行。在西部陆海新通道海铁联动的推动下，北部湾港货物吞吐量快速增长，增幅在全国排名前列。2022年，全球新冠肺炎疫情防控形势依然严峻，我国在坚持人民至上、生命至上理念，坚持“动态清零”总方针不动摇的前提下，积极参与抗疫全球合作，高质量建设物流快捷通道，为世界人民连接起战“疫”的“生命线”与“供给线”。新冠肺炎疫情暴发以来，西部陆海新通道作为我国内陆向南的便捷出海口，持续向老挝万象、印度尼西亚雅加达、越南河内等城市运送各类生活生产物资，有力地维护沿线地区人民基本生活和供应链稳定，支援了东盟国家抗疫，架起了中国与东盟人民命运共同体的“连心桥”，也见证了广西始终坚持开放包容、合作共赢的信心与行动。

### 2. 重大基础设施项目建设取得积极进展

广西加快基础设施项目建设步伐，以重大基础设施项目为抓手，助力构建对外开放新格局。自2019年《西部陆海新通道总体规划》印发以来，广西积极推进交通基础设施建设，初步建成以铁路、高速公路多通道共担，从北部湾港出海，连接黔、渝、川、陕、甘等省（区、市），面向东盟的西部陆海新通道。高速公路全力增线扩能，广西相继完成G69乐业至百色、G75南宁经钦州至防城港、G72柳州至南宁八车道改扩建等高速公路重点项目建设，高速公路三大主通道广西段均已全线贯通，运输能力不断提升。铁路三大通道部分实现提质升级。2019年完成南防铁路南钦段电气化改造，2020年完成焦柳铁路怀化至柳州段电气化改造，大幅提升后方骨干通道运输能力。建成北海铁山港进港铁路专用线，彻底打通铁山港进港铁路“最后一公里”，北部湾港疏港铁路设施进一步完善。港口航道建设全面铺开。2020年建成钦州港东航道扩建（一期、二期）工程、防城港渔沥港区第四作业区401号泊位工程等项目。稳步推进钦州港集装箱自动化泊位，防城港企沙港区赤沙作业区1、2号泊位等19个项目建设。截至2020年，北部湾港有泊位272个，其中万吨级泊位99个，港口年吞吐量超过3亿吨。2021年，钦州铁路集装箱中心站投入使用，铁路集装箱年装卸能力由15万标箱跃升至105万标箱，装卸车由每天4列提升至20列以上，有效解决海铁联运“最后一公里”问题。南宁国际铁路港一期工程完成验收，钦州港东航道扩建一期工程于2019年6月交工验收，国家发展改革委同意将黄桶至百色铁路、南昆铁路百色至威舍段增建二线、黔桂铁路增建二线等3个项目列为近期实施项目。中新南宁国际物流园已引入万纬物流、复星国药、太古冷链等一批知名企业，保税仓、保税加工厂房、冷链物流仓储中心等基础设施全面开工。除此之外，钦州市依托西部陆海新通道和中国（广西）自贸试验区建设，积极推进多区域合作，全力加快国际门户港建

随着贵广高铁、柳南高铁、衡柳高铁、南昆高铁南宁至百色段、沿海高铁、玉铁铁路等项目建成投产，广西已形成接内地、通港口、连越南的出区、出海、出国铁路运输网络（李品祥 摄）

设，西部陆海新通道主要出海口地位日益稳固。随着 2022 年 1 月 1 日 RCEP 正式生效实施，河南等中部地区省份将目光投向了通往东盟最近的西部陆海新通道，投向了新通道出海口钦州，开通了 RCEP—北部湾港—河南海铁联运双向班列，是中部地区借助西部陆海新通道走向东盟的首次尝试，对推动西部陆海新通道建设进入新发展阶段具有重大意义，有利于促进中西部地区互联互通，有利于推动沿海与内陆优势互补，有利于共享 RCEP 发展新机遇。

### 3. 口岸开放和通关便利化水平不断提升

2019 年 3 月，中国东兴—越南芒街口岸北仑河二桥、中国浦寨—越南新清货运专用通道顺利开通，防城港口岸扩大开放通过国家验收。南宁海关联合重庆、贵阳、兰州等沿线各地海关大力推进通关一体化，实现“一次报关，异地验放”。西部陆海新通道海关互联互通信息平台已正式上线应用，初步实现南宁、重庆、贵阳、兰州、成都等 5 地海关监管物流、通关互联互通。广西“单一窗口”主要业务应用已覆盖所有口岸，“单一窗口”关检融合统一申报率和海港口岸运输工具申报率均达到100%。2019年海关实行6项政务保障及14项综合业务重点项目改革，在水口、东兴、龙邦、友谊关等广西陆路口岸全面推行“提前审结、卡口验放”模式，车辆通过卡口由3—5分钟缩短至10秒。友谊关口岸货物放行时间由2—3小时缩短至10分钟，日均出入境车辆从800辆次提升至1600辆次。2021年，中国—东盟凭祥国际物流园升级改造完成，接入电子地磅、车牌识别等智能化装备，口岸通关效率进一步提升。

#### 4. 通道综合物流成本下降明显

西部陆海新通道建设积极推行“一口价、一票制”。重庆经北部湾港至新加坡海铁联运“一口价”3800元/标箱，比分段运输成本下降38%。铁路部门给予运价下浮优惠，中国铁路总公司取消广西沿海铁路集装箱运费固定基价，广西沿海铁路集装箱运价降幅达20%。在此基础上，南宁、成都等地的铁路局集团对西部陆海新通道集装箱运价进行了调整。截至2020年，广西往重庆、成都方向集装箱运价下调30%，昆明、贵阳方向集装箱运价下调10%。持续开展北部湾港降费提效优服专项行动，北部湾港海港口岸集装箱进出口环节合规成本降幅分别达43.5%和28.6%。近年来，通过政府给予补贴、铁路给予运价下浮、北部湾港给予减免或降低港口操作费、新加坡国际港务集团减免西部陆海新通道二程船装卸费等支持，西部陆海新通道总体费用下降26%。同时，借助西部陆海新通道，货源货类不断增加。借助西部陆海新通道海铁联运班列，川渝、柳州地区的汽车、摩托车以及化工产品源源不断地出口至世界各大港口，除以上传统货类，冷链等特色货品成为通道“新宠”，已实现进口冷冻海运原箱货柜经北部湾港直达内陆城市，极大地节约了资金和时间成本。

### 5. 通道合作伙伴不断增加

近年来，广西以国家印发实施《西部陆海新通道总体规划》为契机，大力推动与沿线国家和地区共建共享新通道，促进对外开放合作不断取得新成效。2019 年 10 月 13 日，西部 12 个省（区、市）和海南省、广东省湛江市在重庆共同签署《合作共建西部陆海新通道框架协议》。广西与四川、贵州、甘肃、海南、云南、湖南等省份已分别签署合作框架协议，就共同推动西部陆海新通道建设达成合作协议。一方面，与通道沿线地区基础设施互联互通水平不断提升。铁路方面，加强与四川、贵州省对接；南昆铁路百色至威舍段增建二线、黔桂铁路增建二线等项目前期工作加快推进。高速公路方面，建成 G69 银百高速乐业至百色高速公路，开工建设贵阳经天峨至南宁高速公路。另一方面，通道沿线通关一体化进程不断加快。2019 年 4 月，陆海新通道海关互联互通信息平台正式上线应用，已实现南宁、重庆、贵阳、兰州、成都等五地海关数据互联互通。2020 年 1—11 月广西口岸进口整体通关时间 5.85 小时、出口整体通关时间 0.63 小时，整体通关时间在全国处于领先水平。企业充分发挥主体作用，沿线企业参与共建西部陆海新通道力度不断增强，2020 年以来，分别与大型物流企业签订战略合作协议，大力推进航线拓展、多式联运基地建设。同时，各方共同参与北部湾港建设运营力度不断加大。2020 年 10 月，钦州国际集装箱码头运营仪式在南宁启动，该项目致力打造中国首个海铁联运自动化码头，各方企业共商共建共享通道共识不断转化为实际成果。

## （四）乘“自由贸易试验区”东风，构筑改革新高地

2019年8月30日，中国（广西）自由贸易试验区揭牌成立。这是国家批准的第五批自由贸易试验区之一。建设中国（广西）自由贸易试验区是党中央、国务院作出的重大决策，是新形势下全面深化我国与东盟开放合作、加快西部大开发和推进“一带一路”建设的重要举措。中国（广西）自由贸易试验区获批建设以来，在以习近平同志为核心的党中央领导下，在国家各部委的大力支持下，在自贸试验区建设指挥部、3个片区和各职能部门的共同努力下，坚持以建设特色鲜明、引领中国—东盟开放合作的高标准、高质量自由贸易园区为发展目标，以制度创新为核心任务，以可复制推广为基本要求，把防范风险作为重要底线，把企业作为重要主体，大胆试、大胆闯、自主改，努力打造国际一流营商环境，深入推进行政管理职能与流程优化，深化投资领域改革。深化金融领域开放创新，在制度创新方面探索形成一批好经验、好做法，充分发挥自贸试验区“试验田”的作用。

### 1. 制度创新引领改革

中国（广西）自由贸易试验区首批44项制度创新成果共分两大类，改革试点经验27项，最佳实践案例17项，涉及六大工作领域，成果丰硕，亮点突出，成效明显。其中，政府职能转变方面，推行“证照联办”审批改革模式，将22个领域41类证件一窗受理、联合办理、一窗出证，大幅提升了审批效率。土地征收“净地交付”新模式，将土地平整前期工作时间由90天减少到12天，优化

中国（广西）自由贸易试验区涵盖南宁、钦州港、崇左 3 个片区，总面积 119.99 平方公里。图为中国（广西）自由贸易试验区南宁片区一景（周军 摄）

了审批流程、缩短了办事时限。投资领域改革方面，推行中国（广西）自由贸易试验区政策兑现综合服务平台，实现“人找政策”向“政策找人”转变。贸易转型升级和通关方面，推行“边境陆路口岸全信息化智能通关创新模式”，率先在全国沿边口岸实行海关、边检等部门共用一个卡口，实现“多卡合一”作业、一站式通关等。金融开放创新方面，推行“广西国际贸易‘单一窗口’‘跨境贷’助力进出口企业融资新模式”，为进出口小微企业提供纯信用融资服务，有效解决了企业资金问题。现代服务业创新方面，搭建自贸区国际商事纠纷解决平台，为域内外商事主体提供纠纷化解服务，进一步提升自贸试验区营商环境国际化水平。通道门户开放创新方面，在陆海新通道海铁联运系统集成改革创新中，实现与重庆、四川等 14 个省（区、市）建立战略合作机制；多方合作建立铁路集装箱与海运集装箱互认机制；在陆海新通道公共服务平台公示“一口价”菜单式产品多式联运优质服务；推动西部陆海新通道信息数据互联互通，并通过连通中欧班列，打造西部陆海新通道海铁联运核心成本优势，有机衔接“一带一路”，促进陆海内外联动、东西双向互济，实现了西部陆海新通道海铁联运逆势增长。

### 2. 面向东盟的跨境金融创新彰显改革成效

广西牢牢把握战略机遇，以加快建设面向东盟的金融开放门户为抓手，推动面向东盟的跨境金融创新取得显著成效。2020 年，广西跨境人民币结算量为 1557 亿元，占广西本外币跨境收支的 41%，其中，与东盟跨境人民币结算量为 681 亿元，占广西与东盟本外币跨境收支的 60%。广西跨境人民币结算累计总量在西部 12 个省（区、市）和 9 个边境省（区、市）排名第一。搭建全国首个边境口岸互市贸易结算信息系统，完成全国首例以人民币结算的民营企业铁矿石交易。建成人民币对东盟国家货币银行间市场区域交易平台，推出人民币对越南盾和柬埔寨瑞尔两个货币的直接挂牌交易，在全国 4 个区域货币交易市场中境外参与行最多、交易最活跃。发挥中国—东盟金融合作与发展领袖论坛、中国—东盟金融合作学院等平台作用，推动形成面向东盟的多边金融交流合作机制。在体制机制上，出台《广西推进跨境金融创新实施方案》《广西稳步推进跨境人民币业务的实施方案》，形成扩大人民币跨境使用的工作合力；加快推动本外币合一银行结算账户体系试点，为全国构建本外币合一银行结算账户体系积累经验。在业务准入上，着力扩大中马钦州产业园区金融创新试点政策应用，积极争取试点项目、范围进一步拓宽，让更多的金融机构和企业分享改革红利；加快推动贸易外汇收支便利化和外国人才薪酬购付汇便利化试点实施；持续加大经常项目外汇轧差净额结算试点推广力度，为涉外加工贸易企业降本增效。在产品服务上，推动跨境金融区块链服务平台增量扩面；推进国际贸易“单一窗口”金融服务平台建设，加强与金融机构数据信息共享，为涉外企业提供安全、高效、便捷的线上金融服务；争取合格境内有限合伙人试点在广西落地，支持私募股权投资基金在广西开展跨境产业投资。在市场建设上，支持优质交易场所做大业务规模、丰富业务品种、树立品牌形象、提高核心竞争力和行业影响力。争取在广西增设大宗商品交割仓，进一步推动农业、林业、有色金属等产业发展。探索开展“期现联动”业务，推动广西特色优势商品在期货交易平台开展仓单交易，利用期货市场进一步带动现货市场，推动广西大宗商品资源走向大市场。在实体打造上，加快建设中国—东盟金融城，争取银行保险机构到广西设立中后台基地、面向东盟的区域总部或业务中心；打造中国—东盟金融城基金大厦，将其建设成为面向东盟的创业投资中心重要物理载体；设立中国—东盟跨境金融服务中心，提供跨境金融对外宣传、业务咨询、业务办理、业务创新的一站式服务。

中国—东盟金融城（黄维业 摄）

### 3. 政府职能转变改革创新走在前列

鼓励各部门将亟待解决的相关行业发展的痛点、堵点在自由贸易试验区进行“压力测试”，形成了一批可复制推广事项和创新案例。政务服务创新提升审批便利化。在全国创新实施工程建设项目“分阶段审批+提前介入监督”改革模式，针对过去审批程序复杂、耗时长等堵点，实现工程建设项目“拿地即开工”。推进外籍人员外籍驾驶证“验真快办”，在全国首创“外籍驾驶证换证助手”系统，采集132个国家和地区的驾照信息，可完成930个车型的翻译、解读、验真；实现77%以上的外籍驾驶人免提供翻译解读资料即可办理临时入境人员驾驶许可。政务服务创新促进投资便利化。公共资源交易“降低成本+创新制度+信用管理”改革模式，取消政府采购项目各类保证金，实行保证金计息退还，强化制度创新和信用管理，有效降低交易成本，提升公共资源配置的效率和效益。片区综合服务大厅开展“政银合作”一站开户模式，全流程线上登记，线下“一号通、一表办”，2个小时领取“照、章、票”及开立银行结算账户。政务服务创新优化营商新环境。打造“信用+智慧”电子诚信卡场景应用，全国首创以电子卡的形式加载至城市公共服务平台使用，采用“信用评价+诚信贡献”认定诚信卡授予对象，搭建科学客观的新型城市信用体系平台，营造优良信用环境；全国首创援企惠企补贴“免申即办”兑现服务模式，以人社政务信息平台大整合为基础，综合运用发展改革、财政、市场监管等政务数据，智能筛选符合条件的企业，主动推送就业、社保、人才等补贴确认信息，实现企业一键领补贴，形成援企惠企政策“一出台、即落地”、企业群众“对条件、就享受”的服务新生态。

## （五）扬“向海图强”高帆，勇闯海丝新路

海洋是广西的资源优势所在、发展潜力所在。2021 年 11 月，自治区第十二次党代会强调了向海而兴、向海图强的重要性，对向海经济发展作出了重要部署，提出建设北海向海经济发展示范城市、钦州西部陆海新通道战略枢纽、防城港现代化临港工业城市等目标任务。未来 5 年，广西坚持向海而兴、向海图强，充分发挥“海”的优势、释放“海”的潜力，推动向海经济取得长足进步，加快建设海洋强区。当前，广西正在认真谋划向海经济，不断推进海洋高质量发展。加快与东南亚国家携手共进，通过加强互联互通建设共创依海繁荣之路，通过推动区域海洋保护共走绿色发展之路，通过大力增进人文交流共建智慧创新之路，不断促进广西与东南亚国家海洋合作迈上新台阶。

### 1. 产业集聚向海兴

广西是中国西部地区唯一的沿海省区，是中国距离东盟最近的出海口，海岸线 1600 多公里，海域面积 4 万多平方公里，向海经济发展潜力得天独厚。良好的产业基础是“向海发展”的重要支撑。广西海洋部门通过“强龙头、补链条、聚集群”，抓好向海产业布局。近年来，广西不断优化海洋产业布局，北海、钦州、防城港等沿海三市协同发展新一代信息技术、粮油加工、化工新材料等产业，引进华谊、惠科等行业龙头，打造一批具有较强竞争力的千亿级临港产业集群。当前广西沿海已成为中国重要的有色金属、高端石化、电子信息、轻工食品产业和先进装备制造基地。2021 年，

广西向海经济生产总值达到 4090 亿元，同比增长约 10.5%。同时，在沿海地区规划建设了钦州港经济技术开发区、中马钦州产业园、北海工业园、北海市铁山港临海工业园、合浦工业园等 11 个向海经济产业园区，先后布局建成了钦州 1000 万吨炼油、防城港红沙核电、北海斯道拉恩索林浆纸等一大批重大产业项目，钦州华谊新材料、防城港钢铁基地、北海信义玻璃产业园等一批重大项目有序推进，初步形成以电子信息、石油化工、轻工食品、木材加工和造纸、能源、装备制造、生物医药和健康为主的八大千亿级向海经济产业集群。

### 2. 对外开放向海强

广西海洋部门深度参与“一带一路”建设，促进向海经济开放合作，率先引导和支持企业“请进来”“走出去”，建设产业合作的“多园多基地”，进一步融入国际产业链、供应链、价值链。北部湾港联通至《区域全面经济伙伴关系协定》（RCEP）成员国港口的航线共有 28 条，未来将打通“中亚—北部湾—东南亚”南北纵向大通道，促进中国与 RCEP 成员国物资流通。作为西部陆海新通道的重要节点，广西开工建设平陆运河，为中国西部开辟一条经济便捷的出海大通道，密切中国西部与 RCEP 成员国关系，并有力支撑向海经济发展。自 2019 年获批建设中国（广西）自由贸易试验区以来，试验区建设起步良好，获批试点任务 120 项，居全国 6 个新设自贸试验区之首，首批 55 项试点任务全面铺开。截至 2019 年底，新设企业 4724 家，新增内资注册资本 476 亿元，其中外资企业 35 家，新增外资合同金额 7.9 亿美元，共引入世界五百强企业 6 家、中国五百强企业 16 家，产业集聚效应初步呈现。广西涉海企业与越南、柬埔寨、泰国、孟加拉国等20多个国家和地区广泛开展海洋和渔业产业合作，合作内容从远洋捕捞作业拓展到海洋养殖、渔业科研、生物保护、补给服务等更广阔、更深层次领域。海世通深海渔业养殖作为文莱—广西经济走廊重点项目建成使用，广西帮助文莱首次实现鱼苗本土化供给，文莱生产的深海养殖产品出口多国。40多个“桂字号”海产品出口60多个国家和地区，“深耕东盟、拓展南亚、面向世界”的向海经济开放新格局业已成型。2019年，广西与东盟7个国家、47个港口建立了密切的运输往来，开通定期集装箱班轮航线46条，其中外贸25条、内贸21条，航线网络实现东盟和国内主要港口全覆盖。继续保持与世界近100个国家和地区的200多个港口开展贸易运输合作，充分发挥了广西作为我国与东盟地区海上互联互通、开放合作的前沿作用。

防城港是我国沿海主要港口之一，是国家综合运输体系重要枢纽和西部陆海新通道南端出口。图为防城港码头（周军 摄）

# 四、凝聚小康广西的社会力量

“治国有常，而利民为本。”中国共产党是矢志不渝为人民谋幸福、为民族谋复兴的政党。实现好、维护好、发展好最广大人民的根本利益，是中国共产党砥砺前行的初心使命和走向未来的不变承诺。自治区党委、政府牢记领袖嘱托、倾听人民心声、顺应群众期盼、回应社会关切，在建设新时代中国特色社会主义壮美广西进程中，团结全区各族人民砥砺奋进、勇毅前行。

## （一）夯实社会就业保障

就业是最大的民生工程、民心工程、根基工程，而人才队伍的规模与质量则与社会就业稳定息息相关。党的十八大以来，广西勇于担当、改革创新，积极作为、稳中求进，从6个方面着力推进人才队伍的建设与发展：一是围绕提高自主创新能力，加强高层次创新创业人才和高技能人才队伍建设；二是适应发展现代产业体系需要，加强重点工业产业、现代服务业和特色农业人才开发；三是按照区域协调发展的总体部署，合理调整人才布局，统筹推进区域人才协调发展；四是适应社会事业不断发展的需要，推进社会发展重点领域人才开发；五是实施互利共赢的开放战略，深化区域人才交流与合作；六是加快改革攻坚步伐，积极推进人才发展体制机制创新。此外，广西还从7个方面着力统筹推进城乡就业和社会保障工作：一是实施经济发展与促进就业并举的就业发展战略，千方百计扩大就业；二是健全覆盖城乡居民的社会保障体系；三是继续推进工资收入分配制度改革；四是健全劳动关系协调机制，促进劳动关系和谐稳定；五是全面做好农民工就业和社会保障工作；六是加强劳动就业和社会保障法治建设；七是加强劳动就业和社会保障基础能力建设。通过一系列有力措施，广西就业形势保持稳定，连续5年城镇新增就业人数在44万以上，累计城镇新增就业人数超过250.71万，失业人员再就业人数超过49.64万。覆盖城乡居民的社会保障体系基本建成，截至2015年底，全区参加基本养老、基本医疗、失业、工伤、生育保险人数分别达到2410.83万、1077.58万、273.18万、360.45万、307.86万。

2016年，结合我国经济发展进入新常态，经济下行压力增大、部分企业经营困难、劳动关系矛盾有所凸显的社会现状，广西先后印发了《关于贯彻〈中共中央、国务院关于构建和谐劳动关系的意见〉的实施意见》《关于进一步做好就业困难人员就业帮扶有关问题的通知》《关于进一步规范农民工创业专项扶持资金使用管理有关问题的通知》等重要文件，推进构建和谐劳动关系。2016—2017年，自治区党委、政府又集中出台了一系列人才政策，包括《关于实施创新驱动发展战略的决定》《关于深化人才发展体制机制改革的实施意见》《广西壮族自治区高层次人才认定办法（试行）》等6个配套文件，全面部署人才体制机制改革，并且明确了改革路径和

2021 年 8 月，柳州市融水苗族自治县妇联等单位在白云乡瑶口村举办居家妇女女红技艺培训班，50 多名农家妇女通过参加手工饰品制作技艺订单式培训，实现就业增收（龙涛 摄）

步骤。同时，自治区党委、政府坚持以人民为中心，不断优化服务，从严管理，大胆创新，着力保障和改善民生。截至 2017 年底，全区参加基本养老、基本医疗、失业、工伤、生育保险人数分别为 2582.89 万、5172.33 万、302.13 万、388.78 万、338.58 万，社会保障卡持卡人数达 3344.89 万。

2018 年 1 月，广西壮族自治区第十三届人民代表大会第一次会议召开，明确提出要继续提高就业质量和完善社会保障。下一步将重点抓好高校毕业生、农民工、就业困难人员等群体就业，做好退役军人转业安置，加强技能培训、创业扶持和就业援助，全面实施全民参保计划，强化对低收入群体的生活兜底保障，全区农村低保人均保障标准提高到 3400 元以上，同时强化养老服务保障。同年，为贯彻落实《关于进一步加强劳动人事争议调解仲裁完善多元处理机制的意见》精神，促进社会公平正义、维护劳动人事关系和谐与社会稳定，自治区人力资源社会保障厅等八部门提出了《关于进一步加强劳动人事争议调解仲裁完善多元处理机制的实施意见》，以此推动乡镇（街道）普遍成立劳动人事争议调解组织，推动300人以上已建立工会的企业普遍建立劳动争议调解组织，推动“互联网＋调解仲裁”工作，实现设区市劳动人事争议仲裁机构调解仲裁办案系统全覆盖，县级劳动人事争议仲裁机构调解仲裁办案系统覆盖率超过93%。劳动人事争议协商解决机制逐步完善，调解基础性作用充分发挥，仲裁制度优势显著增强，司法保障作用不断提升，协商、调解、仲裁、诉讼相互协调、有序衔接的劳动人事争议多元处理格局更加健全，劳动人事争议处理工作服务社会能力明显提高。2021年，为深入贯彻落实党中央、国务院决策部署，维护新就业形态劳动者劳动保障权益，促进平台经济规范健康持续发展，自治区人力资源社会保障厅等八部门结合广西近年来外卖骑手、快递员、网约车司机等新就业形态劳动者数量大幅增加的社会现状，制定《关于维护新就业形态劳动者劳动保障权益的实施意见》，除推动行业明确劳动定员定额标准、放开灵活就业人员参保户籍限制外，在优化提升劳动者权益保障服务方面还明确提出优化城市建设综合服务，扩展公共就业服务、公共文化服务等，力求为劳动者设服务站解决吃喝等难题。

为应对新冠肺炎疫情影响，广西还积极推出各项稳岗扩就业举措。2020年，广西围绕抓好“六稳”工作，落实“六保”任务，用足用好促进就业各项补贴政策，多渠道多形式支持稳岗扩就业。其中，广西人社部门对大型企业、民办非企业单位、社会团体等各类社会组织，以及以用人单位身份参保缴费的个体工商户等，实施社保减免优惠。截至2020年7月底，已减免企业社保费105.88亿元，全年约减免企业社保费199.64亿元。与此同时，还发放稳岗返还资金20.1亿元，支出就业补助资金10.17亿元。对不裁员、少裁员的参保企业，全面放宽享受政策的条件要求，并提高补助标准，鼓励企业吸纳高校毕业生、就业困难人员、登记失业人员等重点群体就业。此外，为促进高校毕业生就业，广西还将就业见习补贴标准由原来每人每月1200元提高至1500元。截至2020年7月底，自治区认定为大学生创业就业的众创空间和创业孵化基地345个，发放创业补贴6762万元，直接带动大学生等创业就业近7万人。2021年，广西继续实施失业保险减负稳岗扩就业政策，为支持广西的企业、社会团体、社会服务机构等用人单位减负稳岗扩就业，继续推出“三项纾困政策”，主要有继续实施普惠性失业保险稳岗返还、继续实施失业保险保障扩围，以及继续放宽技能提升补贴申领条件。高校毕业生是就业工作的重中之重，做好高校毕业生就业工作关乎毕业生个人的成长、社会价值的实现，关乎千万毕业生家庭福祉，更关乎社会和谐稳定大局，广西各高校持续提升重点群体就业帮扶援助力度，实施低收入家庭、少数民族、残疾等重点群体毕业生就业创业能力提升行动，开展重点群体毕业生就业创业能力培训，并将重点群体帮扶行动纳入学校年度就业工作目标和考核指标。2021年，广西高校毕业生初次就业率84.66%，同比提高3.35个百分点。农民工规模总量达到1440万人，失业人员再就业15.52万人，就业困难人员实现就业6.62万人。建设退役军人创业孵化（实训）基地80家。开展补贴性职业技能培训65.51万人次。

## （二）优化收入分配制度

在发展中保障和改善民生，广西尽力而为、量力而行，抓住群众最关心的收入分配问题，不断推出新的优化举措。2013 年，广西正式出台《广西城镇居民人均可支配收入倍增计划》，提出了 7 个方面的增收措施：一是加快推进经济结构转型升级，提高企业经营质量和效益。做大做强做优工业，推进十大战略性新兴产业发展，优化发展 14 个千亿元产业；加快发展现代服务业；深入实施“抓大壮小扶微”工程，到 2015 年发展微型企业 10 万家以上；支持引导非公经济健康发展。二是进一步提高企业职工工资收入。通过全面推行工资集体协商制度，建立企业职工工资正常增长机制；全面落实最低工资保障制度，到 2015 年力争城镇单位从业人员月最低工资 1000 元以上；加大劳动保障执法力度，减少拖欠职工特别是农民工工资情况的发生；健全企业劳动标准管理体系。三是推动实现更高质量的就业。扩大就业规模，促进城镇劳动者充分就业，力争每年实现城镇新增就业 30 万人以上，城镇登记失业率控制在 5% 以内，全区城镇就业人数到 2020 年底达到 1305 万人；将高校毕业生就业放在就业工作首位；对就业困难人员实行优先扶持和重点援助；加强职业技能培训，提高劳动者的就业能力。四是统筹推进城乡社会保障体系建设。到 2015 年全区城镇参加基本养老保险 540 万人、失业保险 240 万人、工伤保险 250 万人、生育保险 225 万人，城镇居民基本医疗保险覆盖率 95% 以上。建立健全城镇职工和居民养老保险制度，适时调整城镇企业职工基本养老保险待遇；完善失业保险待遇与最低工资标准同步调整机制；提高城市最低生活保障水平。五是努力增加居民转移性收入。加强城镇保障性安居工程建设，努力解决中低收入居民住房困难问题；加大文化教育卫生体育惠民力度。六是强化制度改革和政策调节，增加居民财产性收入。引导居民从存款保值向投资生财转变；充分发挥税收政策和转移支付政策的作用，加大对低收入群体的补贴力度。七是加强组织领导等工作。

根据 2013 年广西农村居民人均纯收入仅相当于全国平均水平 75% 的现状，正式出台《广西农民人均纯收入倍增计划》。该计划提出：加大资金筹措力度，发展特色产业，加强培训；全力推动全区乡村旅游的加快发展，力争到 2015 年全区乡村接待游客 8000 万人次，乡村旅游收入 250 亿元，从事乡村旅游的农民人均增收 5% 以上；统筹城乡劳务输出，加大劳动力转移就业，“十二五”期间，

桂林市龙胜各族自治县充分发挥地方特色优势，推出“旅游入股分红”的模式，全力推进旅游扶贫发展。图为村民喜领分红（吴倩茜 摄）

逐步实现农村劳动力转移就业新增300万人次的目标任务；进一步放宽中、小城镇落户条件，坚持自愿原则，对失地农民、无地安置移民及进城就业、创业、务工的农民给予办理城镇居民户籍手续。在出台《广西农民人均纯收入倍增计划》的同时，自治区政府有关部门还专门制定了提高城乡居民收入水平配套工作方案，从提高收入，提高保险、补助、补偿水平，住房建设，基础设施建设，医疗卫生及其他5个方面制定具体的实施方案，涉及农民收入倍增的配套文件分5大类共37个，其中提高收入类有5个，提高保险、补助、补偿水平类有11个，住房建设类有3个，基础设施建设类有12个，医疗卫生及其他类有6个。

2015年，广西城镇居民人均可支配收入26416元，在全国31个省（区、市）中排在第17位。从收入结构看，工资、经营、财产和转移四大项收入全面增加。从14个设区市看，南宁、柳州、桂林、北海、防城港、钦州、玉林和来宾等地的城镇居民人均可支配收入均高于全区水平。从增长速度看，有8个设区市城镇居民人均可支配收入同比名义增速高于全区水平，其中，玉林、柳州和南宁增幅排前3名，分别比2014年增长8.1%、7.6%和7.5%。与此同时，广西各地农民收入渠道不断拓展，收入水平稳步提高。2015年，广西农民人均可支配收入为9467元，同比名义增长9%，扣除物价因素，实际增长7.4%。广西农民人均可支配收入的四大项收入均实现不同程度的增长。其中，人均工资性收入为2549元，人均家庭经营净收入为4360元，人均财产净收入为116元，人均转移净收入为2442元。在广西14个设区市中，共有4个设区市的农民人均纯收入超过万元，分别为防城港、桂林、玉林和贵港，排在第1位的防城港达到10429元，南宁以9408元排在第8位。此外，

南宁市隆安县易地扶贫搬迁震东集中安置区就业服务站内，社区工作人员正为群众提供就业帮扶（徐天保 摄）

收入增长较快的3个设区市为玉林、百色和桂林，分别比2014年增长10.5%、10.1%和9.9%。

有了前面5年的良好基础，2016年，广西再接再厉，在优化收入分配上再出新招。2016年2月22日，《广西壮族自治区国民经济和社会发展第十三个五年规划纲要》正式发布，为未来5年广西实现“两个建成”目标（与全国同步全面建成小康社会，基本建成国际通道、战略支点、重要门户）绘就了宏伟蓝图。2016年11月，自治区第十一次党代会召开，明确提出千方百计扩大就业增加收入，继续实施城乡居民收入倍增计划，规范收入分配秩序，扩大中等收入群体，缩小收入差距，形成合理有序的收入分配格局。2017年9月8日，自治区人民政府印发了《广西激发重点群体活力带动城乡居民增收实施方案》。通过落实系列政策措施，全区围绕加快实施创新驱动发展战略、推动大众创业万众创新、培育发展新动能、改造提升传统动能，着力推进供给侧结构性改革，进一步深化收入分配制度改革，千方百计增加全区城乡居民收入，形成合理有序的收入分配格局，营造激励奋发向上的公平环境，拓宽就业渠道，促进各类社会群体依靠自身努力和智慧，创造社会财富，共享发展红利。2021 年，全区居民收入比上年增长 8.8%，其中城镇居民收入增长 7.4%，农村居民收入增长 10.4%；新增就业 40.7 万人，城镇登记失业率 2.49%；保障农民工工资支付工作获得国家考核 A 等等次。

## （三）创新住房城乡建设

党的十八大以来，自治区党委、政府高度重视住房城乡的建设规划，把人民群众对美好生活的向往作为奋斗目标，不断推动人居环境的改善，力求在更广范围、更深层次上进一步释放改革红利，全方位满足人民群众的新期待，使改革发展成果更多惠及全体人民。

2017 年，广西出台的《广西住房城乡建设事业发展“十三五”规划》，给人民群众勾画了一幅清晰可见、美丽宜居的住房、城市和乡村发展图景。其中，与民生福祉关系密切的城市路网、海绵城市、污水垃圾处理、百镇建设、住房制度改革、装配式建筑等成为“十三五”期间广西住房城乡建设的关键词。“十三五”期间，广西坚持以人民为中心的发展理念，强化城乡建设管理，加强住房保障和改善民生，大力发展建设行业经济，推动城乡风貌巨变：其一，建设行业经济为全区经济高质量发展作出新贡献。“十三五”期间，全区住房城乡建设行业占全区生产总值的比重从2016年的11.9%提升至2020年的17.3%；税收收入占全区税收收入的比重从24.5%提升至28.8%，有效发挥了全区经济发展主力军的作用。其二，脱贫攻坚住房安全保障任务全面完成，乡村振兴开启新征程。“十三五”期间，全区推动48万户农村危房改造，顺利实现全区156.31万户建档立卡贫困户住房安全有保障；2018年启动农村人居环境改造以来，截至2020年底，全区共完成5.43万个基本整治型、811个设施完善型、175个精品示范型村庄建设以及1.83万栋农房改造；全区对生活垃圾进行处理的行政村比例达95%以上，有587个行政村获评国家级“绿色村庄”。其三，住房市场和住房保障体

百色市凌云县伶站瑶族乡岩流瑶寨危房改造前后对比图（自治区乡村振兴局 供图）

系不断完善，住有所居创造新局面。“十三五”期间，全区城镇居民人均住房建筑面积从“十二五”期末的 38.6 平方米提高至 2020 年的 44.2 平方米；城镇保障性安居工程新开工 70.16 万套，基本建成 57.07 万套，累计解决 600 多万城镇中低收入群体住房困难问题；累计改造城镇老旧小区 21.87 万套，惠及城镇居民 65.8 万人；共为 31.8 万户家庭发放住房公积金贷款 1085.87 亿元，帮助缴存人实现“安居梦”。其四，城市环境品质提档升级，城市更新掀开新篇章。全区城镇布局不断优化，城镇化率由“十二五”期末的 47.99% 提高至 2020 年的 54.20% ；城市燃气普及率、城镇生活垃圾无害化处理率等多项指标位居全国前 10 名；累计建成市县污水处理厂 124 座、镇级污水处理厂 723 座，广西成为全国第 7 个、西部第 2 个“镇镇建成污水处理厂”的省（区、市）；全区 70 段城市黑臭水体基本消除黑臭，2020 年建设改造地下管网 5200 公里。其五，建筑业转型升级，“广西建造”实现新突破。“十三五”期间，全区建筑业产值平均增速为 14.7%，高于全国 6.8 个百分点，平均增速位列全国第 5 位；2020 年，广西召开全区建筑业高质量发展大会，推动建筑业实现工业化、数字化、信息化和工程建设组织模式、建筑业用工模式转变；城镇绿色建筑占新建建筑的比重从“十二五”期末的 17.46% 提高至 2020 年的 57.62%。其六，改革创新多点突破，激发行业发展新动能。持续深化“放管服”改革，实现群众办事“一次不用跑”；大力推动工程建设项目审批制度改革，广西工程建设项目审批便利度和满意度总体评估结果位列全国第 9 位；在全国率先上线首个省级消防设计审查验收备案管理信息平台，建设工程消防验收模式获得全国推广。

经过几年的建设发展，至 2020 年，“十三五”时期广西住房城乡建设事业发展总体目标基本实现。在广西，人们可以看到城乡规划日渐科学、布局日趋合理、建设有序推进、功能不断完善，综合竞争力持续增强，宜居指数和人民幸福感大幅提升。广西的城市朝着建成面向东盟的绿色生态、开放创新、活力迸发、管理高效、桂风壮韵鲜明的现代化宜居城市和“一带一路”沿线的魅力之城、活力之城、文明之城目标大步迈进；广西的村镇迎着产业发展特色突出、环境优美生活低碳、设施完善服务全面、管理民主乡风和谐的目标，不断散发出活力、绿色、宜居、文明、幸福的独特村镇风采。在住房城乡建设事业发展“十三五”规划实施取得良好成效的基础上，2021 年，广西住房城乡建设系统强化稳增长、调结构，惠民生、防风险，优生态、促改革，抓党建、强队伍，实现了“经济更加强劲”“群众更加满意”“环境更加美好”“基础更加牢固”4 个目标，奋力夺取疫情防控和住房城乡建设事业发展双胜利，实现“十四五”良好开局。当前，广西住房城乡建设系统重点抓好 9 个方面工作：一是聚焦挖潜增效，推进以人为核心的新型城镇化战略；二是聚焦住有所居，完善住房保障体系；三是聚焦房住不炒，促进房地产业良性循环和健康发展；四是聚焦转型升级，推动建筑业高质量发展；五是聚焦生态环保，推动绿色低碳发展；六是聚焦乡村振兴，实施乡村建设行动；七是聚焦转变职能，优化营商环境；八是聚焦风险防控，守住安全稳定底线；九是聚焦强基固本，全面加强党的建设，为推动住房城乡建设事业高质量发展提供根本保障。自治区党委、政府努力通过实施上述 9 项举措，进一步助力住房城乡建设事业高质量发展。

## （四）深化医疗卫生改革

基层医疗卫生机构和公立医院的改革是全社会关注的焦点，也是群众关注的热点。2010 年 2 月，广西在部分基层医疗卫生机构启动了首批实施国家基本药物制度综合改革试点工作。经过一年的努力，广西有超过 60% 的政府办基层医疗卫生机构全面实施国家基本药物制度，并实行药品“零差率”销售，广大群众得到了实惠，医疗费用负担逐步减轻。2010 年，广西还在柳州、玉林两市推行公立医院改革试点工作。医改试点工作一启动，柳州随即印发市属公立医院绩效评价办法，加强政府监管，积极推进市属 11 家公立医院人事制度改革；柳州市三级医院推广临床路径试点工作，使诊疗流程标准化、规范化，得到了患者认可；试点医院实施床旁结账，病人办理出院手续平均时间由 2 小时缩短至 20 分钟。玉林调整公立医院布局，有效利用医疗资源，市第一人民医院与 55 家基层医疗卫生单位建立起了分工协作机制，以集团模式批量采购设备。柳州、玉林两市公立医院还优先使用基本药物，使“新农合”病人使用基本药物比例达 30% 以上。此外，广西一批试点公立医院还推行预约诊疗、叫号服务、电子病历等便民惠民措施，改善了就医环境，得到患者好评。在推进医改的过程中，广西坚决贯彻国家“保基本，强基层，建机制”的要求，多管齐下，出台了多项系列配套政策和措施。至 2011 年，广西实施国家基本药物制度和综合改革的基层医疗卫生机构已达 970 个，全区覆盖率超过 60%，在全国排第 12 位，并取得了“三升两降”的初步成效，即人均门诊费用、住院费用、基本药品价格下降，门诊量、业务收入上升，人民群众得到了实实在在的实惠。

2014 年，广西全面深化医改取得了新进展。在公立医院综合改革方面，广西县级公立医院综合改革试点工作取得阶段性成效。各试点县在统筹推进破除以药补医、完善补偿机制及人事分配制度、控制医药费用和成本等方面进行了综合改革，在分级诊疗试点、支付制度改革、绩效考核、县乡一体化管理等方面进行了大胆探索。县级公立医院综合改革试点县（市）已达到 40 个，占全区县（市）总数的 50% 以上，试点医院达到 119 家。全区 40 个试点县（市） 2014 年公立医院药占比 30.2%，较改革前下降 7.3 个百分点，门诊和住院次均费用增幅明显放缓，住院人均费用增幅仅为 2.5%。截至 2014 年底，自治区政府办基层医疗卫生机构国家基本药物制度覆盖率 100%，国家基本药物配备率、使用率均达到

广西进一步完善医疗保险政策，减轻患者医疗费用负担。图为乡镇卫生院工作人员现场办理门诊特殊慢性病卡（吴倩茜 摄）

100%，政府投入建成的标准化村卫生室中，有 85.75% 实施基本药物制度。二级及以上医院基本药物配备使用率、药品收入的基本药物占比达到 30% 以上（县级公立医院改革试点医院基本药物配备率达 60%）。这在一定程度上缓解了人民群众“看病贵”的难题。此外，通过狠抓基础设施建设、完善基层医疗卫生服务网，狠抓加强人才队伍建设、提高基层卫生人员服务能力，加快医疗卫生信息化建设、方便基层群众就近就医，广西还进一步促进了优质医疗资源共享和医疗服务均等化，有效提升基层医疗卫生机构疑难重症救治水平，强化了基层医疗卫生机构的服务能力。

2019 年是广西深化医改 10 周年，通过不断扩大改革试点，加大改革力度，多措并举、综合施策，人民群众健康水平进一步提高。广西城乡居民基本医疗保险参保率至 2018 年底稳定在 97% 以上。全区政府办基层医疗卫生机构和 96% 的行政村卫生室实施国家基本药物制度。参加 14 个省（区）药品采购联盟，对进口抗癌药品实行联合议价，47 个抗癌药品价格平均降幅达到 11.3%，医疗费用上涨势头得到有效控制。此外，自治区投入 164.71 亿元，为 1288 个基层医疗卫生机构改善业务用房和配置医疗设备。全区共建立县域医共体、三二医联体 494 个，其中紧密型 147 个，县域医共体乡镇卫生院参与率 58%，385 家医疗机构开展了远程医疗服务。全区组建家庭医生团队 13649 个，基本实现常住建档立卡贫困人口应签尽签。县级医疗卫生机构诊疗水平有了较大的提升，县域内就诊率接近 90%，群众就医获得感不断增强。除了国家综合医改的规定动作，广西特色的医改自选动作也取得显著成效。妇幼健康水平持续提升，全区孕产妇死亡率、婴儿死亡率等妇幼健康主要指标长期优于全国平均水平，位居西部省（区、市）先进行列。

在推进医改的过程中，广西坚决贯彻国家“保基本，强基层，建机制”的要求，多管齐下，出台了多项系列配套政策和措施。图为广西国际壮医医院（梁健启 雷鹏 摄）

2021 年全区医疗服务能力持续提升。实施公共卫生防控救治能力建设项目 351 个。广西儿童医疗中心等加快建设，自治区人民医院东院建成使用。药品、医用耗材集中带量采购品种数量居全国前列，325 个药品和 8 类医用耗材平均降价 56%。

## （五）深化行政体制改革

党的十八大以来，全面深化改革进程不断推进。2013 年，党的十八届三中全会后，自治区党委迅速召开十届四次全会，认真贯彻《中共中央关于全面深化改革若干重大问题的决定》，对自治区深化改革作出了系统而全面的部署，深化行政体制改革成为重点内容。

2013年，广西取消、下放和调整了380项行政审批事项，大力推动简政放权。2014年3月1日，广西与全国同步启动工商登记制度改革，在全区范围实施“先照后证”，取消和下放618项审批事项，对201项登记事项实施后置审批，精简了85%的前置审批事项。2014年10月21日，广西正式印发实施自治区发展改革委等45个部门职能转变方案，自治区本级取消职能153项，下放职能150项，减少资质资格认可和认定11项；同时通过门户网站，公开了自治区实施的1159项行政审批事项汇总清单，62个区直部门公开行政审批权力清单。2016年，广西又取消、下放和调整700项行政审批事项，自治区政府部门权力清单和责任清单实现“两单融合”，明确43个部门或单位的权力事项2499项、责任事项1.88万项。2013年以来，广西重点围绕投资、生产经营、市场准入、资质资格等领域，共取消、下放和调整2064项行政审批事项，全面清理589项非行政许可事项，清理规范252项行政审批中介服务事项。同时，广西大力推行“阳光审批”，积极探索建立广西行政审批制度改革示范区，南宁、柳州、梧州、北海、防城港、钦州等6个设区市开展相对集中行政许可权改革试点，不断为区域发展注入新活力。

2018年1月14日，自治区党委办公厅、自治区人民政府办公厅印发《全区优化营商环境大行动工作方案》；1月15日，自治区人民政府召开全区优化营商环境大行动动员部署电视电话会议；1月16日，自治区统一组织开展大调研大走访行动。在对标先进的基础上，自治区初步考虑制定出台“1+N+1”系列文件，即1个主文件、若干个配套政策文件和1套考评办法，做好“放管服”改革的5个“为”（为促进就业创业降门槛、为各类市场主体减负担、

南宁市民中心业务办理大厅（黄维业 摄）

为激发有效投资拓空间、为公平营商创条件、为群众办事生活增便利），全面优化广西营商环境，为持续激发市场活力和社会创造力，建设现代化经济体系，促进经济高质量发展提供强大支撑。

2020年之后，广西更是加大力度，进一步深化简政放权，把该“放”的放开、该“减”的减掉、该“清”的清除；进一步强化事中事后监管，营造更加公平有序的市场环境；进一步优化审批服务，深化政务服务“简易办”改革，提升政务服务效能，持续优化营商环境。深入推进广西政务服务“简易办”，全区依申请政务服务事项承诺提速率达到74.95%、“最多跑一次”比例达到99.75%。全区14个设区市分别与全国12个省（区）的40个市开展点对点“跨省通办”合作；建成网上中介服务超市，健全“好差评”评价体系，2021年1—8月，全区“好差评”满意度达到99.99%。推进政务服务“网上办”“指尖办”，政务服务事项网上办理率达

75.14%。同时，在简政放权方面，2020 年以来，广西共取消 16 项行政许可事项、承接 4 项行政许可事项。支持中国（广西）自由贸易试验区高质量发展，分两批向自贸试验区下放自治区级行政权力事项 162 项。助力重点区域发展，支持强首府战略、东融先行示范区以及百色重点开发开放试验区建设，向南宁、贺州、百色分别下放 29 项、11 项和 50 项自治区级行政权力事项。全力推进“证照分离”改革全覆盖，532 项涉企经营许可事项实现“照后减证”和简化审批。此外，在优化营商环境方面，广西实现企业设立登记全类型、全流程“足不出户”“一网办结”，2021 年 1—8 月，全区新增市场主体 43.74 万户，新登记企业同比增长 14.11%。2021 年 1—7 月，广西进口整体通关时间 5.09 小时，较 2020 年压缩 8.45%，连续 6 个季度排名全国第一；出口整体通关时间 0.16 小时，较 2020 年压缩 79.22%。

## （六）抓紧抓好民族团结进步事业

2017 年 4 月，习近平总书记视察广西时指出：“作为全国少数民族人口最多的自治区，广西各族人民长期以来亲如一家，民族关系十分融洽。希望你们总结好、运用好、发展好民族团结进步的成功经验，深入开展民族团结进步创建活动，像爱护自己的眼睛一样爱护民族团结，使各民族心连心、手拉手的好传统代代相传。”党的十八大以来，习近平总书记始终深情牵挂广西各族人民，高度重视广西各项事业建设发展，多次就事关广西全局和长远发展的重要工作作出指示批示，为做好新时代广西民族工作指明了前进方向，提供了根本遵循。自治区党委、政府牢记领袖嘱托，勇担历史使命，始终坚持以人民为中心的发展思想，积极顺应各族群众对美好生活的向往，把增进人民福祉、促进人的全面发展作为一切工作的出发点和落脚点，以铸牢中华民族共同体意识为主线，带领各族人民齐心奋斗、互助发展，凝心聚力守护八桂大地民族团结进步的优良传统和良好态势。

### 1. 共同创造各族人民美好幸福新生活

推进民族团结进步，最深厚的源泉在人民，最根本的归宿也在人民。一直以来，自治区党委、政府坚持以人民为中心的发展思想，把推进经济社会发展与持续改善民生有机统一起来，千方百计解决好人民群众最关心、最直接、最现实的利益问题，确保发展前进一步，民生改善就跟进一步，在幼有所育、学有所教、劳有所得、病有所医、老有所养、住有所居、弱有所扶上持续取得新进展，不断满足各族人民日益增长的美好生活需要。

人民生活水平大幅度提高。自治区党委、政府坚持把富民作为发展的价值取向和工作导向，多渠道促进城乡居民收入稳步增长，2017 年城镇和农村居民人均可支配收入分别达到 30502 元、11325 元，是 1978 年的 105 倍和 94 倍。各族群众消费能力明显升级，消费结构发生巨大变化，空调、移动电话、家用电脑等已经普及，汽车等高档耐用消费品拥有量大幅度提高，旅游、体育、文化娱乐、医疗保健等消费成为时尚。2017 年，全区城镇居民家庭恩格尔系数降至 33.2%，比 1980 年下降 24.1 个百分点；农村居民家庭恩格尔系数降至 32.2%，比 1980 年下降 31.3 个百分点。全区城镇居民人均居住面积由 1978 年的 3.65 平方米增加到 2017 年的 31.8 平方米，居住条件明显改善。2021 年，全区累计新增农村劳动力转移就业 373.5 万人次，城镇新增就业超过 200 万人，学前教育毛入园率、九年义务教育巩固率、基本医保参保率超过全国平均水平，社会保障基本实现应保尽保。同时，文化、体育事业蓬勃发展，公共文化服务网络覆盖城乡，文化产业发展壮大，“壮族三月三”等文化品牌影响力进一步提升。主流思想舆论宣传阵地不断壮大，群众性精神文明创建活动扎实开展，人民精神文化生活更加丰富多样。

决战脱贫攻坚取得全面胜利。广西集“老、少、边、山、库”于一身，是我国脱贫攻坚的主战场之一。改革开放以来，自治区党委、政府坚持从解决温饱问题入手，以集中连片特困地区和贫困村为主战场，以解决饮水难、行路难、用电难等问题为突破口，相继开展一系列基础设施建设大会战，加大人财物专项投入，动员全社

河池市都安瑶族自治县粤桂扶贫协作八仙产业园内，工人正在忙碌地生产玩具（刘峥 摄）

会合力扶贫攻坚，贫困地区群众的生活质量明显改善。党的十八大以来，自治区党委、政府更是把打赢脱贫攻坚战作为最大的政治责任和第一民生工程，坚持精准扶贫、精准脱贫基本方略，全面打响“攻坚五年、圆梦小康”脱贫攻坚战，扎实推进“八个一批”“十大行动”，脱贫攻坚成效显著。2012—2017 年，全区累计减少贫困人口 709 万人，年均减贫 118 万人，农村贫困发生率从 2012 年底的 18% 降至 2017 年底的 5.7%，实现 1999 个贫困村、11 个贫困县脱贫摘帽。兴边富民工作在全国亦实现“两项率先”，即率先开展兴边富民示范创建工作，率先推动兴边富民工作纳入绩效考评。此外，人口较少的民族京族率先实现整族脱贫，成为全国最富裕的少数民族之一；毛南族实现整族脱贫，习近平总书记作出重要批示；深度贫困瑶族聚居区贫困状况明显改善，脱贫攻坚有力推进；三江侗族自治县成为全国少数民族自治县、国家级贫困县中首个开行始发动车的县份。截至 2020 年底，全区 634 万建档立卡贫困人口全部脱贫、5379 个贫困村全部出列、54 个贫困县全部脱贫摘帽，义务教育巩固率达到 95% 以上，建档立卡贫困户家庭人均纯收入达到 11529 元，农村低保平均标准达到每人每年 5297 元，比 2015 年底增长 107%。2020 年，全区特色产业对贫困户覆盖率达到 97.04% ；累计建成建制村硬化路 2066.4 公里、自然村（屯）通屯路 7.1 万公里，实现建制村 100% 通硬化路；所有贫困村全部通动力电、贫困人口全部通生活用电，所有行政村 100% 通光纤并覆盖 4G 网络。这意味着，全国少数民族人口最多的省份，历史性地告别了延续千百年的绝对贫困。同时，广西的精准识别经验、黄文秀同志先进事迹、毛南族实现整族脱贫得到了习近平总书记的充分肯定，广西在国家扶贫开发工作成效考核中实现“五连好”，如期兑

世界著名长寿之乡河池市巴马瑶族自治县（邱纪宪 摄）

现了向党中央立下的军令状和向全区各族人民作出的庄严承诺，书写了中国减贫奇迹的八桂华章。

各项社会事业全面发展进步。多年来，广西深入实施就业优先战略和积极就业政策，城镇登记失业率多年保持在3.5%以内。优先发展教育事业，在民族自治区中率先实现国家“两基”目标、率先普及九年义务教育，在西部地区率先实施职业教育攻坚工程，在全国首创多元普惠性幼儿园机制。同时，全面推进健康广西建设，医疗卫生服务体系日益完善，医院（卫生院）、病床数、卫生技术人员成倍增加，全区居民人均预期寿命从1963年的60岁提高到2020年的77.52岁，巴马等长寿之乡世界闻名。此外，广西还切实加强社保工作，实现城镇基本医疗保险异地就医直接结算、城乡居民大病保险全覆盖，城镇居民社会养老保险和新型农村社会养老保险同步全覆盖。

### 2. 坚持推进民族团结进步模范区建设

中华民族是一个血肉相连的命运共同体，民族团结是各族人民的生命线。一直以来，广西坚持把学习贯彻习近平总书记关于加强和改进民族工作的重要思想以及中央民族工作会议精神作为重大政治任务，深刻领会其核心要义、丰富内涵、精神实质和实践要求，把维护民族团结作为重大政治责任来坚守，深入贯彻民族区域自治制度，持续推进民族团结进步模范区和铸牢中华民族共同体意识示范区建设，不断深化各民族交往交流交融，在推进新时代民族工作高质量发展上走在前列、作出示范，凝聚起共同建设新时代中国特色社会主义壮美广西的磅礴力量，形成各民族和睦相处、和衷共济、和谐发展的生动局面。

坚持构建铸牢中华民族共同体意识“大宣教”格局，全面推进中华民族共有精神家园建设。近年来，广西加强对铸牢中华民族共同体意识研究基地的指导和支持，积极建立铸牢中华民族共同体意识理论研究体系。依托国家四部委命名的广西民族大学铸牢中华民族共同体意识研究基地和自治区民宗委命名的首批 10 家研究基地，辐射带动自治区有关高校和研究机构，深入开展《中华民族交往交流交融史料汇编·广西篇》编撰工作等学术研究，创新民族理论政策的话语体系。充分发挥铸牢中华民族共同体意识广西教育传播中心的“中央厨房”作用，搞好铸牢中华民族共同体意识宣传教育。深入实施中华优秀传统文化传承发展工程、红色基因传承工程、文化惠民工程、文化精品创作工程、重点文物保护工程等五大工程，全面推广普及国家通用语言文字，办好少数民族文艺会演、少数民族传统体育运动会、民族题材文学影视评奖等活动，增强广西各族群众对中华文化的认同。积极推进广西民族工作大调研，全面总结广西作为全国民族团结进步示范区的成就和经验，讲好民族团结进步的“广西故事”，进一步擦亮全国民族团结进步示范区的亮丽品牌。

坚持“一个民族都不能少”，积极推动边疆民族聚居区高质量发展。自治区党委、政府准确把握广西在全国发展大局中的“四个突出特点”，深入融入国内国际双循环，主动对接长江经济带发展、粤港澳大湾区建设等国家战略，努力在边疆民族地区高质量发展上闯出新路子。及时编制广西贯彻落实民族团结进步事业规划（2021—2025年）和兴边富民行动规划（2021—2025年）实施意见。以帮扶脱贫自治县为重点，在资金分配上继续向脱贫县倾斜，健全完善有利于自治县、民族乡和边境县高质量发展的差别化区域支持政策，深化粤桂产业协作和定点帮扶工作，做好巩固拓展脱贫攻坚成果同乡村振兴有效衔接。补齐就业、教育、医疗、文化等社会事业发展短板，提升民族地区基本公共服务水平。加强新时代安边兴

在庆祝自治区成立六十周年文艺晚会上，民族服饰秀《壮美广西》展现广西多姿多彩的民族文化魅力（李军 摄）

边固边工作，打造边海防一线“民族团结进步模范长廊”，加快建设全国兴边富民典范和强边固边示范区。

坚持以铸牢中华民族共同体意识为主线，促进各民族交往交流交融。习近平总书记称赞广西是“全国民族团结进步示范区”，是“民族团结、民族交融最成功的地方”。做好民族工作，最关键的是搞好民族团结。党的十八大以来，自治区党委、政府守正创新，厚植优势，巩固发展中华民族一家亲的生动局面，积极推动和促进各民族在理想、信念、情感、文化上的团结统一、守望相助、手足情深。制定实施民族市县开展民族工作的工作导则、民族工作宣教展示工作导则，筹备成立铸牢中华民族共同体意识广西促进会。研究完善有利于各民族共居共学、共建共享、共事共乐的体制机制、政策举措和评价体系，完善各民族平等进入市场、融入城市的政策导向和制度保障，做好城市民族工作，探索建立广西与广东有关部门的协调联系机制，有序推进各族群众跨区域双向流动。推动民族团结进步创建工作提质扩面，持续开展民族团结进步创建“十百千”工程，力争到2025年全区14个设区市全部建成全国民族团结进步示范市，111个县（市、区）基本达到全国民族团结进步示范县（市、区）标准。稳步开展铸牢中华民族共同体意识示范创建试点工作，研究制定相关评价指标体系，推动建立西部陆海新通道沿线兄弟省（区、市）的省际合作机制，携手打造“西部陆海新通道铸牢中华民族共同体意识示范长廊”。2021年10月，广西在全国率先制定实施了新时代民族关系促进导则和评价指标，以“八共八有”对各设区市民族关系情况进行促进和评价，取得显著成效。各民族长期亲如一家，朋友圈、社交圈、生活圈不断扩大，全区有130万个家庭由两个以上民族组成，各族人民同饮一江水、同耕一垌田、同住一个村、同组一个家、同读一个班、同过一个节的和谐景象随处可见，如同石榴籽一样紧紧抱在一起，平等团结互助和谐的社会主义民族关系不断巩固发展。

坚持依法治理民族事务，完善民族事务治理体系和提升治理能力现代化水平。一直以来，广西坚持统一和自治相结合、民族因素和区域因素相结合，在确保国家法制统一和政令畅通的基础上，依法保障民族自治地方行使自治权。慎重稳进调整相关政策，完善事前调查研究、事中宣传解读和事后评估检查的工作制度。推进民族事务治理现代化，坚持是什么问题就按什么问题处理，不把涉及少数民族群众的一般性社会事务工作简单归结为民族工作，不把涉及少数民族群众的民事和刑事问题简单归结为民族问题，不把发生在民族地区的一般矛盾纠纷简单归结为民族矛盾。把民族事务纳入共建共治共享的社会治理格局，提高基层治理能力水平，将涉民族因素的矛盾纠纷化解在基层、化解在萌芽状态。围绕贯彻民族区域自治法的重要任务，完善配套法规，先后制定（修订）实施 12 个自治县自治条例和 25 个单行条例、67 件涉及民族事务的政府规章和规范性文件，出台一系列地方性法规，切实保障少数民族群众当家作主的权利，提高运用法治思维和法治方式治理民族事务的能力。

坚持把维护国家统一和民族团结作为各民族最高利益，防范化解民族领域重大风险隐患。党的十八大以来，广西进一步牢固树立总体国家安全观，严密防范和有效应对境内外敌对势力各种渗透颠覆破坏活动、暴力恐怖活动、民族分裂活动、宗教极端活动。扎实推进社会和谐稳定模范区创建活动，加强平安广西建设，完善立体化社会治安防控体系，推进基层管理服务网格化智能化社会化。加强边境管控和社会治理，坚持线上监测和线下排查有机结合、监测预警和分析研判有机衔接、隐患排查和风险处置有机融合，防范民族领域发生“黑天鹅”“灰犀牛”事件，坚决守住不发生区域性、系统性风险的底线，依法坚决打击“三股势力”和敌对势力渗透颠覆破坏活动，严厉打击涉毒、涉枪、走私及拐卖人口等严重跨境违法犯罪活动，维护了祖国南疆的和谐稳定和长治久安。同时，落实意识形态工作责任制，正确区分政治原则、思想认识、学术观点，积极稳妥处理涉民族因素的意识形态问题。加强文化戍边，加大对天琴文化、铜鼓文化等民族文化生态保护力度，推动铜鼓文化申报世界级非物质文化遗产。

坚持创新推进体制机制建设，加强和完善党对民族工作的全面领导。习近平总书记强调，把党的领导贯穿民族工作全过程，形成党委统一领导、政府依法管理、统战部门牵头协调、民族工作部门履职尽责、各部门通力合作、全社会共同参与的新时代党的民族工作格局。据此，广西在 2007 年就成立了自治区民族工作委员会，2019 年起又将民族团结进步纳入专项工作绩效考评奖励，有力促进了广西民族工作创新发展。自治区党委深入贯彻落实统一战线工作条例，充分发挥各级统一战线工作领导小组和民族工作委员会的协作机制和优势作用，加强民族工作委员会办公室建设，加强协调服务，充分发挥民族团结进步专项绩效考评“指挥棒”作用，进一步形成做好民族工作的强大合力。进一步强化抓党建促民族团结进步工作，努力把基层党组织建设成为铸牢中华民族共同体意识、带领群众致富、维护社会稳定、守卫边疆领土、开展反分裂斗争的坚强战斗堡垒。加强民宗委系统自身建设，围绕铸牢中华民族共同体意识及时调整转变职责职能，优化调整内设机构，充分发挥民宗委作为党委和政府做民族工作的具体职能部门的参谋助手作用。

# 五、展示小康广西的文化风采

习近平总书记指出："文化是一个国家、一个民族的灵魂。文化兴国运兴，文化强民族强。"广西各族人民始终坚持以习近平新时代中国特色社会主义思想为指导，按照"举旗帜、聚民心、育新人、兴文化、展形象"的使命任务，兴起文化建设新高潮，朝着民族文化强区的奋斗目标阔步前进，奋力谱写新时代广西文化建设的华彩篇章。

## （一）文化事业繁荣兴盛

为深入贯彻实施"文化强国"建设宏伟蓝图，2012年，广西出台《广西壮族自治区建设民族文化强区实施纲要（2012—2020年）》，明确提出建设民族文化强区的宏伟目标。全区以建设民族文化强区为契机，大力推进精神文明建设，繁荣发展社会主义文艺、全面深化文化体制改革、大力发展公共文化服务体系，深入实施中华优秀传统文化发展传承工程，各项文化事业取得瞩目成就，形成了具有广西气派、广西风格、时代特征、开放包容的和谐文化，以及特色鲜明的八桂文化，建立了现代开放型文化体系。

### 1. 宣传思想文化建设扎实推进

伟大的时代，必有伟大思想领航。以习近平同志为核心的党中央以巨大的政治勇气和强烈的历史担当，团结带领全党全国各族人民进行伟大斗争、建设伟大工程、推进伟大事业、实现伟大梦想，开创了中国特色社会主义新时代，创立了习近平新时代中国特色社会主义思想，推动宣传思想工作取得历史性成就，发生历史性变革。

自治区各级党委（党组）和宣传思想文化系统坚持以习近平新时代中国特色社会主义思想为指导，不断增强“四个意识”、坚定“四个自信”、做到“两个维护”，紧紧围绕贯彻落实“三大定位”新使命、“五个扎实”新要求和“四个新”总要求，以“九个坚持”

广西举办各种群众性文化活动庆祝中国共产党成立 100 周年。图为党员群众深情演唱红色经典歌曲（吴生斌　秦榛 摄）

(坚持党对意识形态工作的领导权；坚持思想工作“两个巩固”的根本任务；坚持用习近平新时代中国特色社会主义思想武装全党、教育人民；坚持培育和践行社会主义核心价值观；坚持文化自信是更基础、更广泛、更深厚的自信，是更基本、更深沉、更持久的力量；坚持提高新闻舆论传播力、引导力、影响力、公信力；坚持以人民为中心的创作导向；坚持营造风清气正的网络空间；坚持讲好中国故事、传播好中国声音）为根本遵循，自觉承担“举旗帜、聚民心、育新人、兴文化、展形象”的使命任务，结合广西实际，扎实做好广西宣传思想文化工作，内塑精神、外树形象，为奋力谱写新时代广西发展新篇章提供更有力的精神力量、舆论支持和思想保证。

重大主题宣传浓墨重彩、有声有色。党的十八大、十九大和十九届历次全会，改革开放40周年、广西壮族自治区成立60周年、新中国成立70周年、中国共产党成立100周年等，对重大主题、重大会议、重大活动，全区各地一轮轮宣传同声相和、精彩不断；统筹推进新冠肺炎疫情防控和经济社会发展、决胜全面小康决战脱贫攻坚、“六稳”、“六保”、扫黑除恶、乡村振兴、优化营商环境，对于重大主题宣传，广西始终高扬主旋律，展现新作为。

铭记革命历史，传承红色基因。2018年11月，习近平总书记就湘江战役烈士纪念设施建设保护和红军遗骸收殓保护工作作出重要批示。广西如期完成68个湘江战役烈士纪念设施建设保护项目和红军遗骸收殓保护工作。截至2021年6月，赴湘江战役“一园三馆”参观的干部群众已达820多万人次，大家以坚定的信心、昂扬的斗志，奋力走好新时代的长征路。

铸魂育人，竖起八桂文明风向标。“十三五”时期，广西建成各级新时代文明实践中心138个、新时代文明实践所（站）2.2万个，

桂林市全州县红军长征湘江战役纪念园已成为党员干部和广大群众学习党史的“活教材”（黄克　梁凯昌 摄）

开展文明实践活动 31 万余场次，推动社会主义核心价值观如春风化雨，广润百姓心田。开展“德行天下·微影故事”——广西践行社会主义核心价值观主题微电影征集展示活动。“十三五”时期，广西共征集微电影作品 1961 部，评选出优秀作品 155 部，在全国微电影征集展示活动中屡获佳绩。

大力深化文明城市、文明村镇、文明单位、文明家庭、文明校园“五大创建”工作，着力提高人民思想觉悟、道德水准、文明素养和全社会文明程度。桂林市、北流市入选第六届全国文明城市。“十三五”时期，全区有 161 个全国文明村镇，1188 个自治区文明村镇，县级以上文明村镇占比达 68%；有 264 个全国文明单位，1940 个自治区文明单位；共寻找出 1.7 万户各级“最美家庭”，22 户家庭获评全国文明家庭，98 户家庭获评自治区文明家庭；全区 52 所大中小学获评全国文明校园；来宾市、北海市先后获评全国未成年人思想道德建设工作先进城市；广西民族师范学院附属小学、南丹县里湖瑶族乡中心小学等12家单位和9名个人先后分别获评全国未成年人思想道德建设工作先进单位、先进工作者。

### 2. 文化惠民走深务实

现代公共文化服务体系效能凸显。丰富的精神文化生活是全民小康的应有之义。自治区党委、政府以“国家公共文化服务体系示范区”创建为抓手，加快构建现代公共文化服务体系，不断满足人民群众日益增长的精神文化需求。打造了融体育活动、宣传教育、文化娱乐、信息服务、科学普及、卫生保健、计生咨询于一体的村级公共服务中心，创造了西部欠发达地区基层公共服务体系建设的成功经验。每个乡村一个文艺舞台、一个灯光球场、一个综合活动室、一支文艺队、一支篮球队的文化惠农“五个一”模式不断拓

2018年，广西文化艺术中心投入使用，为市民提供更多、更优质的文化艺术服务（周家志 摄）

展，群众的业余文化生活更加丰富。全区成立了基层演出队、山歌队、舞狮队等各类业余文艺队2万多个，民族民间文化生活极为丰富。截至2020年底，全区建成村级公共服务中心14295个，行政村覆盖率达99%，直接惠及农村群众3800多万人。全区所有行政村实现广播电视光缆“村村通”，在全国率先建成五级贯通的广播电视有线网络，将党的声音传遍八桂大地。全区图书馆、文化馆、乡镇综合文化站、博物馆（纪念馆）、美术馆全部向社会免费开放，极大丰富了人民群众的精神文化生活。在全区农家书屋建设“广西数字网络图书馆”，群众足不出户便可共享海量数字文化大餐。

以“国门文化大院工程”为抓手，国家公共文化服务体系示范区创建取得新进展。防城港市、柳州市柳南区积极开展第三批国家公共文化服务体系示范区（项目）创建工作。在原文化部中期督查中，防城港市共有7项指标获得优秀评价，特别是原自治区文化厅扶持的“国门文化大院工程”项目，以“五缘促五化”和“边山海湾民”为特点打造的5个公共文化服务示范带得到督查组的高度肯定。一是打造防城港市边境“文化睦邻”示范带。在东兴市、防城区实施边境“文化睦邻”示范带建设，实施“国门文化大院工程”。以距边境线20公里以内的乡镇和行政村为基础，启动“国门文化大院工程”，按照“一栋文化综合楼、一个舞台、一间书屋、一个篮球场、一条宣传长廊、一套不少于10件的健身设施、一批数字化服务设备、一名文化专管员、一支国门文艺队、一支体育队”的标准进行建设，突出边境地区公共文化服务固边、安边、兴边的作用。二是打造临海“文化惠民”公共文化示范带。在港口区实施沿海地区文化惠民示范工程，分类实施以“文化进企业、进移民社区、进自然屯”为抓手的文化惠民示范项目建设，打造一批文化惠

群众编、群众演、群众看，全区基层群众文艺会演深受百姓喜爱。图为全区首届基层群众文艺会演现场（秦雯 摄）

民示范村、屯和文化惠民示范企业。三是打造山区“文化扶贫”公共文化服务示范带。在上思县实施“十万大山文化家园”文化扶贫示范工程，培育一批文化示范户、壮（瑶）文化志愿服务队和乡土文化人才，满足山区、贫困地区人民群众文化需求，形成山区、贫困地区公共文化服务体系建设中可推广、可复制的有效工作经验和做法。四是打造环西湾文化体育休闲服务示范带。在防城港城区以北部湾文化广场、西岸公园、龙马广场、伏波文化广场和环西湾步道为依托，建设国学文化长廊等一批文化服务设施，建成环西湾文化体育休闲为主的公共文化服务场所，满足城镇居民不断增长的文化活动场地需求。五是打造中越边境非遗保护惠民富民示范带。以中越沿边公路为纽带，把东兴、防城、宁明、龙州、凭祥、大新、靖西、那坡连成一线，以国家级名录为核心，以自治区级名录为重点，以市、县级名录为基础，以传习基地为抓手，以村级公共文化服务中心为载体，构建非物质文化遗产传承展示基地，由东向西、由点成线，建成一条非物质文化遗产传承展示长廊。示范带设立京族文化生态保护示范区、壮剧艺术生态保护示范区、天琴艺术生态保护示范区等，保护其所拥有的全部内容和形式，实行区域整体性有效保护。此外，对一些民族传统习俗节庆活动，如靖西端午药市、东兴京族哈节、金龙侬垌节、那坡彝族跳弓节、大连城武圣宫庙会、高林村瑶族阿宝节、宁明花炮节、硕龙与下埌中越歌圩等，通过资助传承人开展传承活动、保护服装和道具、收集资料等多种形式，促使边民把保护非物质文化遗产的内容融入求知、求技、求乐、求和的具体行为中，让群众在保护、传承的过程中受益。

塑造品牌，丰富文化产品服务供给。广西充分利用民族文化资源，大力打造“壮族三月三·八桂嘉年华”民族节庆品牌，取得显著成效。农历三月三是壮、瑶、苗、侗等民族的重要传统节日。从2014年起，“壮族三月三”被设为全区法定假日。“壮族三月三·八桂嘉年华”活动在广西各地热烈开展，举办了丰富多彩的山歌擂台赛、民族文艺表演、非物质文化遗产展示、民族美食展示等活动，展现了桂风壮韵新风采，现已发展成为广西重要的民族特色文化品牌和亮丽名片。

2017年，广西在全国率先打造“5·23全民艺术普及日”，致力构建“一个核心、四方驱动”的全区群众性文化活动格局。以全民艺术普及为核心，相继推出和打造桂东地区“粤剧节”、桂西地区“民歌湖百姓大舞台”、桂北地区“三月三鱼峰歌圩”、桂南地区“魅力北部湾”等具有地域特色的群众文化活动品牌。“5·23全民艺术普及日”期间，全区各地市的文化场馆开展惠民演出、公益培训、交流讲座、艺术展览、成果展演、普法宣传等各类活动，各族群众共享丰富的精神文化生活。

坚持文化惠民利民，持续开展文艺进校园下基层活动。积极发挥文艺惠民作用，全区送文艺精品进校园演出活动有声有色。2017年，自治区文化厅在全区启动地方戏曲进校园活动，组织区市两级戏曲院团开展活动近千场，彩调剧《新刘三姐》、壮剧《第一书记》、桂剧《打棍出箱》、粤剧《北上》、邕剧《牧虎关》等广西地方剧种的经典剧目走进校园。各级政府和文化教育部门积极创新活动方式，带动地方戏曲进校园活动持续深入开展。河池学院与宜州共同建立刘三姐艺术学院，排演大学生版彩调剧《新刘三姐》并赴区外巡演。南宁市打造“一场演出、一个课堂、一项培训、一项展览、一套教材”的“五个一”模式。柳州市打造“艺术课堂平台＋校园展演平台＋数字教育平台”集成教育模式，通过课堂讲台、演出舞台、网络平台“三台”联动，广西地方戏曲进校园活动受到了广大师生的热烈欢迎，戏曲艺术传承文化、涵养道德的独特作用得到了充分发挥。

“文艺下乡”情暖八桂。在乡村的大舞台，在脱贫攻坚的战场，

百色市乐业县幼平乡各族群众欢聚一堂，欢庆“壮族三月三”（王功道 摄）

随处可见“文艺轻骑兵”的活跃身影，他们将文化火种播撒在田间地头，点燃乡村星星之火。广西在全国首创“千村万户文艺惠民工程”，推动实现基层公共文化服务建设由送文化到种文化再到创文化的转变。实施“农村公益电影放映工程”，广西八桂同映电影院线打造电影“十进”品牌，农村电影公共服务扎实推进，不断丰富人民群众的文化生活。全区基层群众文艺会演、广西艺术作品展览、广西戏剧展演、“我邀明月诵中华”爱国诗词诵读大赛、广西全民阅读月等文艺活动辐射效应不断提升。

### 3. 文艺精品创作硕果累累

习近平总书记指出：“衡量一个时代的文艺成就最终要看作品。推动文艺繁荣发展，最根本的是要创作生产出无愧于我们这个伟大民族、伟大时代的优秀作品。”党的十八大以来，自治区出台《中共广西壮族自治区委员会关于繁荣发展社会主义文艺的实施意见》《关于实施广西当代文学艺术创作工程三年规划的通知》等文件，以高度的文化自觉、文化自信和文化担当，回应时代呼唤和人民期盼。广西各级文化部门和广大文艺工作者以习近平总书记在文艺工作座谈会上的重要讲话精神为指导，坚持以人民为中心的创作导向，围绕中国梦、弘扬社会主义核心价值观，立足于优秀传统民族文化，讲好中国故事、传播好广西声音，创作了一大批富有民族性、地域性、时代性的桂风壮韵文艺精品，用优秀作品彰显广西山美、水美、人美、风情美和建设成就美，打响了“文学桂军”“漓江画派”“八桂书风”“美丽南方”等文化品牌，进一步树立了广西文化新形象，大大提升了广西文化软实力和影响力。

歌唱壮美新广西，讴歌伟大新时代。广西成功举办自治区成立

60 周年庆祝大会群众文艺表演、60 周年成就展等，文艺晚会“壮志飞扬”在南宁取得圆满成功。承办中国戏剧梅花奖现场竞演及曹禺剧本奖颁奖晚会、全国杂技展演等国家级文艺盛事。2020 年 10 月至 11 月，“走向我们的小康生活”广西优秀舞台艺术剧目晋京展演活动“声”动京华。歌剧《血色湘江》、彩调剧《新刘三姐》、民族歌剧《扶贫路上》和壮剧《我家住在铜鼓岭》《第一书记》在国家大剧院、二七剧场等亮相，得到中央部委领导和各界观众的高度评价。

“艺”心向党，礼赞百年。2021 年 5 月，“永远跟党走”庆祝中国共产党成立 100 周年广西优秀舞台艺术作品展演暨第十一届广西剧展盛大开幕。65 台参展剧目汇聚广西当代文学艺术创作工程的优秀成果，展现广西儿女听党话、感党恩、跟党走的满怀赤诚。《血色湘江》《百色起义》《英雄虎胆》《苍梧之约》《鸡毛信》等剧目回望建党百年的辉煌历程，展示红色基因在八桂大地薪火相传、生生不息；《黄文秀》《新刘三姐》《致青春》等剧目聚焦党领导下广西各族人民追梦圆梦的奋斗历程，展现八桂大地新颜新貌。

围绕“中国梦”主题，推出现代壮剧《第一书记》、杂技剧《百鸟衣》、动漫音乐剧《跟斗小子》、音乐舞蹈剧《花山》、音乐剧《幸福不等待》、儿童剧《魔豆》、京剧《独钓寒江雪》、桂剧《冯子材》等一批主题鲜明、题材广泛、风格多样的优秀剧目。在全区组织开展以“中国梦”为主题的“三个 30 部”文艺创作系列活动，即创作征集评选出 30 部优秀纪录片、30 部优秀微电影、30 部优秀广播剧，并进行集中展播。电视剧《幸福请你等等我》《农民篮球队》被列入原国家新闻出版广电总局“中国梦”主题电视剧展播。广西原创动漫剧《可可小爱》社会主义核心价值观系列公益

现代彩调剧《新刘三姐》剧照（谢江波 摄）

剧入选原文化部“弘扬社会主义核心价值观动漫扶持计划”。微电影《天堂的小说》获原国家新闻出版广电总局2014“中国梦”优秀原创网络视听节目奖。《海知道》等3部歌曲入选“中国梦”主题新创作歌曲宣传推广活动。

推出一批弘扬优秀传统文化、讴歌时代精神的精品力作。广西深入实施文艺精品战略，通过项目扶持、采风制作、评论评奖、宣传推介等方式，加大对精品创作的指导和扶持力度。为营造“出精品、出人才”的良好氛围，自治区党委宣传部积极探索文艺精品创作激励长效机制，先后出台《广西壮族自治区重大文化精品项目资助暂行办法》《广西重大文艺奖项优秀文化作品奖励细则》《广西当代文学艺术创作工程三年规划（2019—2021）》，共投入经费1500多万元，用于扶持文学、音乐、舞蹈、篆刻、山歌等门类作品创作，设立“八桂学者”文学岗、文艺人才小高地项目，进一步激发广大文艺工作者的创作热情，推出了一批无愧于历史、无愧于时代、无愧于人民的文艺精品。2020 年 6 月，广西当代文学艺术创作工程首批 40 个扶持项目阶段性成果亮相，180 多件优秀作品深情讲述了恢宏大气的家国故事、感人肺腑的广西故事、奋发进取的当代故事。

文学园地百花齐放。文学桂军集结吹响冲锋号，向文学高地发起冲锋，主攻长篇小说取得可喜成绩。东西、凡一平、李约热、朱山坡、映川、红日等广西作家推出一批书写家国情怀、展现时代精神风貌的长篇小说新作，在全国文坛引起强烈反响。红日、李约热、莫景春、陶丽群 4 位少数民族作家荣获全国少数民族文学创作“骏马奖”，展示了不可小觑的创作实力。瑶族作家红日的长篇小说《驻村笔记》以作者驻村担任第一书记的亲身经历，真实记录了脱贫攻坚波澜壮阔的伟大征程，生动反映了扎根基层的扶贫干部勇于担当、攻坚克难、一心为民的光辉形象；壮族作家李约热同样有过一段驻村担任第一书记的扶贫工作经历，小说集《人间消息》以

品种丰富的桂版图书在每年的广西书展上都受到广大读者欢迎。图为在广西书展上展示的桂版图书（秦雯 摄）

乡村的新人新事深刻反映了新农村奋发向上、欣欣向荣的精神风貌；毛南族作家莫景春的散文集《被风吹过的村庄》以毛南族文化为底色，生动书写了毛南族日新月异的山乡巨变；壮族女作家陶丽群的小说集《母亲的岛》聚焦农村、土地、女性，深情描写了女性向阳而长、向善而行的人性光辉。作家们用优秀的文学作品践行了为人民抒写、为人民抒怀、为人民抒情的初心使命。

舞台艺术好戏连台。广西倾力打造具有桂风壮韵、广西气派的舞台艺术精品，艺术精品创作亮点纷呈，优秀作品数量和质量均达到新高峰。继民族音画《八桂大歌》、壮族舞剧《妈勒访天边》、桂剧《大儒还乡》创造国家舞台艺术精品“三连冠”后，壮剧《天上恋曲》、桂剧《七步吟》、音乐剧《桂花雨》、舞剧《碧海丝路》、壮族歌剧《壮锦》、壮剧《百色起义》等再创佳绩，连获大奖。根据作家东西的小说《没有语言的生活》改编的壮剧《天上恋曲》成功入选国家舞台艺术精品工程重点资助项目。桂剧《七步吟》入选国家舞台艺术精品工程重点资助项目，获得第十四届“文华奖”优秀剧目奖、中宣部精神文明建设“五个一工程”奖等多个奖项，再次唱响广西气派舞台艺术凯歌。音乐剧《桂花雨》获中宣部精神文明建设“五个一工程”奖、第四届全国少数民族文艺会演剧目金奖，并囊括了最佳导演奖等 7 个奖项。以古代海上丝绸之路为题材的大型历史舞台剧《碧海丝路》，是集历史文化、海洋文化、亚洲风情为一体的舞台艺术精品，也是广西乃至我国舞剧艺术的创新制作，一经上演就一炮打响，荣获第十四届“文华奖”优秀剧目奖、中宣部精神文明建设“五个一工程”奖等多个奖项。群舞《仫佬仫佬背背抱抱》获第九届中国舞蹈“荷花奖”金奖和第十届“文华奖”舞蹈节目创作二等奖。群舞《绣缘》获第十届“文华奖”优秀表演奖。民间舞蹈《大酬雷》《平安芭蕉龙》摘取中国民间文艺“山花奖”的桂冠。《老街》《幸福不等待》获话剧“金狮奖”。历经几年精心打磨的壮剧《牵云崖》代表广西戏剧角逐中国戏剧“梅花奖”，演员哈丹以一人饰两角的精湛表演脱颖而出，摘取“梅花奖”表演奖桂冠，以精益求精的不懈追求展现了广西文艺工作者勇攀艺术高峰的精神风采。

影视剧作再创佳绩。广西推出《夜莺》《冯子材》《沧海丝路》《碧罗雪山》《再见，在也不见》《海上新丝路》《海上丝路之南珠宝宝》《战昆仑》《北部湾人家》等一批有分量的影视精品力作。电影《夜莺》影像制品成为国家领导人的外交国礼。《阿佤山》在第五届英国万像国际华语电影节获“最佳民族电影奖”和“优秀原创故事片奖”。电影《黄大年》获中宣部精神文明建设“五个一工程”奖优秀作品奖。广西民间故事系列动漫片《达稼与达伦》等制作播出，实现了广西电视原创动漫零的突破。好看又叫座的影视作品演绎着伟大战略构想下的广西精彩表达。

### 4. 文化保护和传承成效显著

广西深入贯彻习近平总书记关于传承弘扬中华优秀传统文化的重要讲话精神，坚持“保护为主、抢救第一、合理利用、加强管理”的工作方针，加强文化遗产保护与利用，着力推动中华优秀传统文化创造性转化和创新性发展，基本形成系统完备、地域特色鲜明的优秀传统文化传承体系。

申遗工作取得重大突破。左江花山岩画文化景观入选世界文化遗产名录，填补了中国岩画类世界文化遗产的空白。左江花山岩画文化景观位于广西壮族自治区崇左市宁明县、龙州县、江州区及扶绥县境内，由岩画密集分布的、最具代表性的 3 个文化景观区域组成，包含 38 个岩画点（共 107 处岩画，3816 个图像），岩画所在的山体和对面的台地，以及约 105 公里左江、明江河段，面积总计 6112 公顷。左江花山岩画是中国南方乃至亚洲东南部区域内规模最大、图像数量最多、分布最密集的岩画群，是世界岩画艺术的代表作之一，被称为“无字天书”“断崖上的敦煌”。灵渠入选世界灌溉工程遗产名录，成为广西首个世界灌溉工程遗产项目。被誉为“世界古代水利建筑明珠”的灵渠始建于公元前 214 年，全长 37.4 公里，其工程主体包括铧嘴、南北渠、秦堤、陡门等，是当今世界最古老、保存最完整的人工运河之一。它与都江堰、郑国渠并称为“中国古代三大水利工程”。历经 2000 多年，灵渠至今仍发挥着灌溉、排洪、补水等作用，功能价值还在延续。因此，灵渠也被专家们称为“活态的遗产”。壮族霜降节作为中国二十四节气扩展项目之一入选联合国教科文组织人类非物质文化遗产代表作名录，广西

左江花山岩画文化景观（黄佩强 摄）

天等县成为该项世界非物质文化遗产在中国的10个保护单位之一。此外，海上丝绸之路·北海史迹、三江侗族村寨已被列入中国世界文化遗产预备名单，正在积极推进各项申遗前期准备工作。

文化遗产保护全方位开展。广西持续加大全面保护文物力度，实现文物保护对象的全覆盖。深入实施广西文物保护重点项目，完善世界文化遗产左江花山岩画文化景观的检测体系。开展全国重点文物保护单位、国家大遗址、自治区级文物保护单位和国家历史文化名城名镇名村、中国传统村落、民族传统建筑的文物保护工作。截至2018年，广西共有登记在册不可移动文物10599处，其中全国重点文物保护单位66处、自治区级文物保护单位568处；国家历史文化名城3个、名镇7个、名村9个、历史街区1个，中国传统村落161个；甑皮岩遗址被公布为华南地区唯一的国家考古遗址公园，4处文物保护单位被列入国家大遗址名录。登记国有可移动文物961951件（套），其中珍贵文物40705件（套）。进一步加大对古籍的保护和修复，有5部古籍入选国家珍贵古籍名录，一批古籍拥有了身份认证，一批古籍得到修复。深化考古发掘等基础研究，开展海上丝绸之路沿线北部湾海域和骆越文化、“那”文化等考古调查、课题研究、水下考古基地建设和考古挖掘工作，提高广西乃至我国在国际上的话语权和影响力，维护国家文化安全。

全面推进非物质文化遗产保护。实施广西文化生态保护工程，分期启动5个文化生态保护试验区建设，铜鼓文化（河池）生态保护实验区成为广西第一个国家级文化生态保护实验区。建设了50个广西非物质文化遗产展示传习基地，完成了10个自治区级非物质文化遗产生产性保护示范基地建设、8个自治区级非物质文化遗产传承基地建设。非物质文化遗产保护体系日趋完善，初步建立起国家、自治区、市、县四级非物质文化遗产名录体系。截至2021年底，全区共有国家级非物质文化遗产代表性项目70项，自治区级非物质文化遗产代表性项目914项，实现非物质文化遗产可持续传承发展。

中华优秀传统文化传承发展工程扎实推进。广西积极搭建民族节庆活动交流平台，成功打造“壮族三月三”等民族特色文化品牌，传承弘扬民族优秀传统文化。南宁国际民歌艺术节、河池铜鼓山歌艺术节等民俗节庆活动常办常新，展示了广西独有而丰厚的民族文化内涵。深入实施地方戏曲振兴工程和传统工艺振兴工程，推动地方戏曲、传统工艺传承和发展。推动桂剧、彩调剧、采茶剧、仫佬戏等广西地方戏曲艺术下基层、进校园，传播和弘扬优秀传统文化。通过“文化和自然遗产日”主题活动、“壮族三月三”系列文化活动、中秋节文化惠民活动等大型文化活动对全区非物质文化遗产进行集中展示、展演，向广大民众展现非物质文化遗产的魅力，提高民众的非物质文化遗产保护意识。

博物馆建设特色鲜明。广西博物馆类型更加丰富，行业和区域分布更加合理，基本形成以自治区级博物馆为龙头、设区市级博物馆为骨干、县级博物馆为基础，国有博物馆为主体、非国有博物馆为补充的主体多元、特色鲜明、富有活力的特色博物馆体系。建设了南宁博物馆、桂林博物馆、柳州工业博物馆、北部湾海洋文化博物馆等20多个大中型博物馆。建成28个县级博物馆、52个非国有博物馆。博物馆管理逐步提升，服务水平大幅度提高，公共服务覆盖率逐年提高。截至2018年，全区博物馆数量达到251个，其中国家一级、二级、三级博物馆达到24个。全区共有235个博物馆、纪念馆对观众免费开放。博物馆日渐成为广西彰显文化力量、满足

广西民族博物馆（周军 摄）

群众精神文化生活的重要场所，成为弘扬优秀传统文化、传播先进文明的重要阵地，成为构建现代公共文化服务体系的重要载体。

## （二）文化产业蓬勃发展

广西文化产业坚持以创新发展为主线，贯彻创新、协调、绿色、开放、共享的发展理念，实施重点文化产业项目建设，进一步发挥骨干企业引领、重点项目带动的战略作用，做大做强文化产业。2016 年，自治区出台《促进文化产业发展若干政策措施》，提出了在新常态下广西加快文化产业发展的目标要求，并从加大扶持力度、完善用地政策、放宽市场准入条件、拓宽投融资渠道、完善奖励政策、加大人才引进和培育、加强组织领导 7 个方面推进文化产业发展。截至 2021 年 9 月底，全区文化企业达到 3.2 万家，规模以上文化企业 756 家。规模以上文化企业营业收入 739 亿元，两年平均增速比全国高 20.4 个百分点，比西部地区高 20.8 个百分点。

### 1. 深化文化体制改革，推动文化产业转型升级

自治区党委、政府按照中央全面深化改革的总体部署，进一步深化文化体制改革，先后出台了《广西深化文化体制改革工作方案》《关于支持广西文化产业高质量发展的若干措施》等系列改革举措，统筹推进 80 余项文化体制改革任务，文化领域各项改革举措走实走深，使得文化事业更繁荣、文化产业链更完备，发展动力更足。

深化文化管理体制改革，提升文化领域治理能力。广西加强党对宣传工作的全面领导，持续巩固深化宣传机构改革，强化党委宣传部门归口领导管理，理顺文化和旅游、广播电视、新闻出版、电影等方面管理体制。自治区党委网络安全和信息化委员会统筹协调全区各领域网络安全和信息化重大问题，基本形成自治区、市、县三级网络安全和信息化机构体系。

健全国有文化资产管理体制机制。3 家自治区直属文化企业划归自治区党委宣传部管理，会同自治区国资委按照职责分工共同管好企业党建工作，确保企业党委把方向、管大局、保落实，推动企业党建与生产经营融合发展，实现管人管事管资产管导向管党建相统一。

改善和优化文化市场秩序。深化文化市场综合行政执法改革，整合文化市场执法权，实现跨部门、跨行业综合执法，有力有效维护文化市场秩序，自治区、市、县三级文化市场综合执法改革基本完成。持续优化文化市场发展环境，进一步明晰权责清单，完善“先照后证”审批机制，推进行政审批数据化、流程标准化、信息公开化。

坚持社会效益与经济效益相统一，推进文化事业单位改革。博物馆、文化馆、图书馆理事会制度全面铺开，9个市级图书馆完成法人治理结构改革。广西出版传媒集团有限公司荣获第十一届“全国文化企业30强”提名奖。广西文化产业集团引入战略投资者，实现现金增资3亿元。全力推动国有文化事业改革，坚持把社会效益放在首位，全面开展自治区直属文化企业、新华书店、国有文艺院团、图书出版单位、报刊出版单位等国有文化单位社会效益考核，将“两个效益”相统一的原则要求转化为具体制度设计。加快国有文化企业市场化改革步伐，推动国有文化企业逐步建立现代企业制度。

深化国有文艺院团改革。2012年对全区117个国有文艺院团进行体制改革，改革后保留事业体制“8+1”个（8个少数民族自治县文艺团体，加1个新成立的广西戏剧院），转企改制22个，划转到非遗等其他文化机构69个，撤销17个。改制后，涌现出一批成功典型，如柳州市艺术剧院在原四团一中心合并重组的基础上，既保留公益二类事业单位，又加挂柳州市演艺集团的牌子进行市场运作，在剧目生产、演出交流、文化公共服务等方面发展得有声有色。推进文化事业单位内部改革，激发公益性文化事业单位活力。推动新闻单位清理整顿“僵尸企业”，实现“瘦身健体”，轻装上阵。广西日报社、当代广西杂志社、广西广播电视台全部实行采编与经营分开，广西广播电视台基本实现制播分离，电视生产按公司化、企业化、市场化运作。

推动媒体深度融合发展，全区111个县（市）级融媒体中心全部建成运行。纵深推进传统媒体和新兴媒体融合发展，广西新闻网等重点新闻网站快速发展，“广西云”融媒体生态系统上线运行并实现升级迭代，赋能全区媒体深度融合。推动新时代广播电视播出机构做强做优，深化广播电视播出机构改革，加快向新型主流媒体转型发展。

### 2. 建立健全现代文化产业体系

坚持以人民为中心，在文化供给侧改革上着力。广西坚持以人民为中心的创作方向，促使优秀作品不断涌现，带来文化市场活跃繁荣，文化产业发展迈上新台阶。培育壮大文化市场主体，推进文化创意和设计服务与相关产业融合发展。规范文化产业龙头企业申报和认定管理，奖励新上规文化企业。

完善文化产业管理体制。深化文化市场行政审批制度改革，不断推进“阳光、平安、健康”文化市场建设，文化市场日益繁荣安全稳定。由娱乐、演出、音像、网络文化、艺术品等门类组成的统一、开放、竞争、有序的文化市场体系逐渐形成。文化娱乐行业阳光健康、业态多元的经营模式得到社会各界的广泛好评。建立了以综合行政执法、社会监督、行业自律、技术监控为主要内容的文化市场监管体系。互联网上网服务行业专项升级试点工作有序推进，网络文化市场新兴业态快速壮大。建立健全文化市场监管体系，推进文化市场“黑名单”管理，开展专项治理整顿和安全生产大排查活动，文化市场经营活动繁荣有序。建立文化产业信息化管理平台，推进广西文化产业网、文化重点项目库、文化企业数据库“一网两库”建设，实施动态化管理。

建立健全现代文化市场体系。广西印发《广西壮族自治区人民政府关于加快文化产业发展的实施意见》，通过加强文化产品市场渠道建设、加快建设覆盖城乡的全区出版物发行网络体系、大力发展文化生产要素市场、加快建设和完善各类文化协会和文化商会、加强文化市场监管五个方面建设现代文化市场体系。《广西壮族自治区文化发展“十二五”规划》提出：“重塑市场主体，培育市场要素，拓展市场传播渠道，创新文化产品和文化服务，构建统一开放、竞争有序、健康繁荣的现代文化市场体系。”同时，提出通过建立健全知识产权保护机制、加强文化市场诚信建设、鼓励发展适应市场经济的新型文化行业组织、开展文化市场企业信用等级评定和统筹城乡文化市场布局五个方面来健全现代文化市场体系。

进一步激发文化市场主体活力。为支持文化企业做大做强，广西制定《广西壮族自治区文化产业龙头企业申报和认定管理办法》《广西壮族自治区新上规文化企业奖励暂行办法》《广西壮族自治区文化“双创”示范企业及孵化示范基地遴选管理办法（试行）》等配套政策。2021 年，评选认定 10 家文化产业龙头企业，共奖励 500 万元。对 2020 年符合条件的 94 家新上规企业予以奖励，共奖励 940 万元。在利好政策的刺激下，各类文化市场主体活跃。截至 2021 年 9 月底，全区投资 1 亿元以上的文化旅游产业重大项目 262 个，总投资 9220 亿元，累计完成投资 1113 亿元。万有（南宁）国际旅游度假区、北海银基国际滨海旅游度假中心一期项目、防城港白浪滩航洋都市里等在内的重大文旅项目稳步推进，桂林融创国际旅游度假区投入运营。

### 3.“文化 +”融合不断深化

广西出台《关于加快推进文化科技融合发展的实施方案》，提出实施“文化 + 科技”融合的七大工程、六大措施、五大保障体系，走在全国前列。在“文化 + 旅游”方面，制定出台《广西

“十四五”文化和旅游发展规划》，整合文化旅游资源、优化资源市场配置，贯彻新发展理念，按照“三地两带一中心”（“三地”即桂林国际旅游胜地、北部湾国际滨海度假胜地、巴马国际长寿养生旅游胜地，“两带”即中越边关风情旅游带、西江生态旅游带，“一中心”即南宁区域性国际旅游中心城市）的文化和旅游发展新格局，建立三大体系、打造六大品牌、推进十大工程，唱响“秀甲天下　壮美广西”文化和旅游整体形象，推进文化和旅游高质量发展。

## 4. 文化产业园区、特色文化产业发展势头强劲

广西积极发挥文化产业园区产业集聚效应发展文化市场主体，以文化园区核心带动、基地多点支撑、各具特色、协调发展的文化产业园区及基地发展格局正在形成。截至 2021 年底，广西共有 1 家国家级文化产业示范园区创建单位、8 家国家级文化产业示范基地、17 家自治区级文化产业示范园区、146 家自治区级文化产业示范基地，覆盖全区 14 个设区市。这些文化园区的集聚效应，带动了广西文化产业的持续发展。优化文化产业结构和产业布局，将文化旅游、民族服饰、民族演绎、人造宝石、坭兴陶、珍珠饰品、编织工艺品、壮锦绣球、铜鼓制造等列为广西特色文化产业发展的重点内容或重点领域。原自治区文化厅、自治区财政厅印发《关于推动特色文化产业发展的指导意见》，积极推进特色文化产业示范县建设。大型山水实景演出《印象·刘三姐》开创了全国山水实景演出先河，通过市场运作带动了旅游、演出、艺术教育等行业发展，有力推动了当地经济增长、人民群众增收。全区培育了 38 个特色文化产业（项目）示范县（市、区），靖西旧州绣球、临桂五通农

《印象·刘三姐》剧照（邓华 摄）

民画、钦州坭兴陶、北海珍珠、凭祥红木等一批民族文化产业品牌的影响力逐步扩大，成为县域经济发展的新引擎。

## （三）文化交流成果丰硕

建设“一带一路”，坚持文化先行。广西立足区位优势和地缘优势，积极服务和配合国家对外文化交流大局，充分发挥自身优势，将“走出去”和“请进来”相结合，主动融入“一带一路”文化建设，推动与东盟区域文化交流合作在更高的层次和更宽的领域深入开展，谱写了新世纪海上丝路的文化新篇章。

### 1. 积极搭建文化交流合作平台

中国—东盟文化论坛自 2006 年以来已经在广西成功举办 16 届，论坛先后围绕文化产业、图书馆、博物馆、非物质文化遗产保护、国际性艺术节、艺术教育、文化创意产业等多个领域展开文化交流与对话，成为中国与东盟文化领域对话与合作的重要平台和文化交流的重要品牌。至2021年，中国—东盟智库战略对话论坛已连续举办13届，形成了诸多重要共识，为深化双边交流、走向互利共赢发挥了重要作用。搭建中国—东盟博览会文化展、中国—东盟博览会动漫游戏展、中国—东盟（南宁）戏剧周、中国—东盟（南宁）戏曲演唱会等文化交流合作平台，形成了中国与世界各国（特别是东盟国家）开展文化交流合作的新机制。通过“请进来”，让国外友人亲身感受广西经济文化建设新成就，加深了解，促进民心相通。

积极参与海外中国文化中心合作共建工作。先后与首尔中国文化中心、曼谷中国文化中心、悉尼中国文化中心等开展合作共建工作。海外中国文化中心合作共建以“美丽中国·心仪广西”为核心品牌，通过持续不断地推介广西的自然山水生态美、绚丽多彩文化美、民族团结和谐美，让当地民众能够全方位、多层面、立体形象地认识广西，扩大广西文化的国际影响力。积极配合国家整体外交大局，广西多次承接国家对外重大建交展演活动，赴印度尼西亚、新加坡、马来西亚等多个国家开展文化交流活动，在高规格交流活动中彰显广西文化的外交魅力。

### 2. 推动中华优秀文化“走出去”

积极参与“一带一路”建设，推动中华优秀文化“走出去”。广西以“南宁渠道”为载体，努力推动中华优秀文化“走出去”，已形成“美丽中国·心仪广西”、“文化走亲东盟行”、“三月三文化丝路行”、“春天的旋律”跨国春晚等系列文化交流品牌，扩大了中国与东盟各国的“朋友圈”。“春天的旋律”跨国春晚是南宁市重点打造的对外宣传和文化交流品牌，从2007年至今已举办14届，入选“丝绸之路影视桥”工程13个扶持项目之一，获得东盟各国政要、国内外主流媒体和广大观众的好评，在东盟国家的影响力和美誉度不断提高。

2016年12月3—10日，由南宁市政府和自治区文化厅联合主办的2016年“文化走亲东盟行”活动走进新加坡、柬埔寨，其间举办了5场文化交流活动、4场戏剧交流展演、3场友好会谈，成为近年来广西非遗传统文化“走出去”规模较大、影响较广的一次交流活动。活动集中展示了粤剧《罗摩衍那》、南派粤剧《目连救母》、原创儿童舞剧《夜莺》等优秀剧目，以及壮绣、壮医、渡河公、壮女赛巧等广西非遗瑰宝，凸显文化亲缘，在当地掀起“中华文化风”。此外，广西已成立中国—东盟青少年培养基地文化艺术交流中心，设立中国—东盟文化交流培训中心并开展系列活动，南宁国际中国象棋邀请赛、中国—东盟南宁国际桥牌邀请赛等赛事亦

“春天的旋律·2019”跨国春节晚会上，来自13个国家和地区的420多名演员同台欢聚，把来自广西首府的新春美好祝福传到海内外（潘浩 摄）

频繁举办。

广西主要新闻媒体纷纷通过在境外建点设站的形式，探索实施境外“本土化”传播。广西人民广播电台与境外媒体合办《中国剧场》《中国动漫》等栏目，推动中国优秀文化作品在东盟落地，受到中央有关领导充分肯定。原广西电视台与中央电视台联合推出的《海上新丝路》电视专题片，被译成英、法、德等10国语言在境外推送，有效提升了中国特色社会主义理论体系的“软”吸引力。《广西日报》联合海外23家媒体共同推出中国—东盟博览会、中国—东盟商务与投资峰会“海外专版”，向世界展示了一个更加立体、丰富、生动的现代广西。

在南宁连续举办的3届中国—东盟电视周活动成为广西对外宣传的一个窗口。依托中国—东盟电视周，落地柬埔寨、泰国、越南、印度尼西亚、马来西亚等国家的《中国剧场》《中国动漫》《多彩中国》等栏目，每年译制播出上千集中国优秀影视剧、动漫、纪录片，已成为中国与东盟国家人文交流的品牌。2019年，广西广播电视台和缅甸国家广播电视台联合译制中国电视剧1987版《红楼梦》，缅甸语版《红楼梦》在缅甸播出后，引发观剧热潮。加强与东盟国家合作拍摄纪录片，《一个医院的战疫》《光阴的故事》《家在青山绿水间》《南溪河畔》等一批优秀合拍纪录片，向东盟各国观众讲述了中国人民抗击新冠肺炎疫情、医务工作者救死扶伤、脱贫攻坚、生态文明建设的感人故事，传递中国精神。广西广播电视台国际频道精心拍摄制作反映中国—东盟30年合作历程的专题片《三十而立》，展示了中国与东盟30年来在农业与减贫、经贸往来、携手抗疫、产能合作、互联互通、媒体交流等领域亲如一家、携手同行的合作与进步，从不同维度生动诠释了共建中国—东盟命运共同体的重要理念。

广西人民广播电台的“北部湾在线”网站是中国面向东盟的外宣新媒体代表。该网站开设汉语、英语、越南语、泰语等多语种门户子网，向东盟用户提供新闻、文化和经济类信息，推出中越共同编辑发行的《荷花》杂志电子版，制作中越双语视频化节目《荷花开》，实现电子杂志视频可视化服务，并积极利用国际化移动社区平台宣传中国文化。“北部湾在线”网站访问者来自泰国、越南、新加坡等东盟国家和地区，每月来自东盟国家的独立 IP 访问量近 2 万个，成为东盟国家了解中国、了解广西的重要平台。

### 3. 对外文化贸易渐入佳境

广西文化在面向东盟“走出去”的过程中，形成了中国—东盟博览会、南博网、广西文化舟新闻媒体联合采访活动以及版权贸易等多平台、多渠道的交流模式，并呈现出合作主体多样化、表现形式多样化等特点。在广播影视和图书出版方面，原广西人民广播电台与缅甸国家广播电视台合办《中国电视剧》栏目，开创了中国媒体与“一带一路”沿线国家合作传播的新模式。原广西电视台译制的影视作品《西藏天空》《超级工程》《魔幻仙踪》《北京青年》《小虎还乡》《三国演义》销往越南、泰国、柬埔寨等国家，受到了当地民众的欢迎。原广西电视台国际频道项目入选“丝绸之路影视桥”工程。广西师范大学出版社集团、接力出版社、广西美术出版社分别在澳大利亚、埃及等 6 个国家成立境外分社。广西出版企业面向东盟等国家展销优秀图书近 3 万种，广西对外输出图书版权 2362 种，覆盖 50 个国家和地区。2020 年，全区文化贸易进出口总额 49.27 亿元，同比增长 156%。

# 六、织牢小康广西的生态网络

习近平总书记指出，广西生态优势金不换。这既是对广西优良生态环境的赞誉，更是习近平总书记对广西加大生态文明建设力度的要求。党的十八大以来，广西牢记习近平总书记的嘱托，扎实推进生态文明建设，坚持生态立区、生态惠民，统筹山水林田湖草湿地系统治理，坚决打好大气、水、土壤污染防治三大攻坚战，持续推进“美丽广西”乡村建设和宜居城市建设，深入实施生态经济“十大工程”，加快建立以治理体系和治理能力现代化为保障的生态文明制度体系，以改善生态环境质量为核心的目标责任体系，健全以产业生态化和生态产业化为主体的生态经济体系，让“绿水青山就是金山银山”的绿色发展理念在八桂大地落地生根，守护良好生态环境这个最普惠的民生福祉。

## （一）擦亮绿色生态金字招牌

党的十八大以来，广西深入贯彻习近平生态文明思想，自觉把生态文明建设和经济社会发展统筹起来，成功打造了一批深入践行

“两山”理念的示范样板，走出了具有广西特色的绿色崛起之路，“山清水秀生态美”这块金字招牌越擦越亮。

### 1. 健全生态文明制度体系

用制度保护生态环境，是广西生态文明建设的一大亮点。党的十八大以来，广西生态立区战略思路逐渐明晰。2015 年 6 月，广西绿色产业投资洽谈活动在南宁举行，提出把生态经济作为广西发展战略的重点选项，推动实现“123410”绿色化发展，努力走出一条广西科学发展、绿色崛起的发展新路。“1”是实施“生态立区、生态兴区、生态强区”战略；“2”是推进产业发展生态化和生态建设产业化“两化”融合；“3”是到 2020 年实现生态经济规模发展、资源环境约束性目标任务全面完成、生态环境质量位居全国前列“三大目标”；“4”是突出发展生态产业、加强生态基础、推进生态治理、建设生态城乡“四大任务”；“10”是重点实施新兴生态产业发展、资源型产业生态化改造提升、产业园区生态化建设、生态养殖发展、生态旅游发展、大气环境治理建设、水环境改善建设、土壤修复与改善、固体废弃物处置、生态城镇建设“十大工程”。2015 年 7 月，全区生态经济工作会议召开，会议强调，大力发展生态经济，深入推进生态文明建设，努力把生态优势转变为发展优势，走出一条具有广西特色的产业强、百姓富、生态美的绿色转型绿色崛起之路。随后，自治区陆续出台《关于大力发展生态经济深入推进生态文明建设的意见》和《广西生态经济发展规划（2015—2020 年）》等文件，提出到 2020 年广西要实现生态经济发展壮大、资源环境约束性目标任务全面完成、生态环境质量位居全国前列“三大目标”。

“十三五”时期，广西下足功夫构建特色生态文明制度体系。自治区部分市县实行生态环境保护和治理的差异化考核机制，在生态文明制度建设上开展有益探索，初步建立起系统的生态补偿机制，包括自治区森林生态效益补偿基金制度和水资源生态补偿机制、水土保持补偿措施、矿山地质环境恢复保证金制度等。2016年，自治区在财政、金融、土地、产业、环境、科技等方面提出诸多创新性政策，将生态经济发展、生态文明建设纳入制度化轨道。2016年11月，自治区第十一次党代会进一步提出了继续巩固发展山清水秀的自然生态。2017年2月，自治区政府办公厅下发《关于营造山清水秀的自然生态实施金山银山工程的意见》，提出要将“绿水青山”打造为“金山银山”，加快建设生态美、产业强、百姓富的现代林业强区。2017年8月，自治区党委、政府印发《广

在各级党委、政府的帮扶下，百色市田阳区五村镇巴某村从一个深度贫困村，发展成为“产业兴旺红旗村”和“生态宜居红旗村”（周军 摄）

西生态文明体制改革实施方案》，提出到2020年构建自然资源资产产权制度、国土空间开发保护制度、空间规划体系、资源总量管理和全面节约制度、资源有偿使用和生态补偿制度、环境治理体系、环境治理和生态保护市场体系、生态文明绩效评价考核和责任追究制度等8项制度，为生态文明建设提供有力的制度保障。

现代治理体系稳步确立。自治区组建成立生态环境保护委员会，加强生态环境保护工作的组织领导和统筹协调。实施《广西壮族自治区有关部门生态环境保护责任清单》《广西壮族自治区贯彻落实〈党政领导干部生态环境损害责任追究办法（试行）〉的实施细则》《广西污染防治攻坚战成效考核实施方案》，基本完成生态环境机构管理体制调整和自治区以下环保机构监测监察执法垂直管理制度改革，完成乡镇“四所合一”改革。引导各级党政领导干部树立正确的政绩观。2020年，《关于构建广西现代环境治理体系的实施意见》出台，提出要建立健全自治区环境治理的领导责任体系、企业责任体系、全民行动体系、监管体系、风险防控体系、市场体系、信用体系、法规规章体系和能力保障体系。

规章规范体系逐步完善。自治区在认真贯彻国家环境保护法律法规和各项政策的基础上，结合实际，制定并颁发了一系列地方环保法规规章和规范性文件，包括保护和改善环境质量的《广西壮族自治区环境保护条例》《广西壮族自治区饮用水水源保护条例》《广西壮族自治区大气污染防治条例》，规范自然资源开发的《广西壮族自治区矿产资源管理条例》等。统筹推进山水林田湖草湿地的系统保护、系统治理，成为各级各部门开展环境保护工作、维护全区良好生态的制度指引。与此同时，各级政法机关积极引导群众提高生态环境保护意识，加大对破坏生态行为惩处力度，强化公共利益

北海市金海湾红树林（邓华 摄）

维护，在八桂大地上构建起一道生态保护的法治屏障。

生态空间管控体系初步建成。广西坚持“守底线、优格局、提质量、保安全”的总体思路，建立覆盖全区的“生态保护红线、环境质量底线、资源利用上线和生态环境准入清单”分区管控体系，加强生态环境分区管控、差别准入，全力做好在政策制定、规划编制、园区管理、招商引资、产业布局优化、转型升级等方面的应用落实工作，推动生态环境高水平保护，促进经济社会高质量发展。

此外，《广西生态环境保护基础设施建设三年作战方案（2018—2020年）》《“十三五”城镇污水处理及再生利用设施建设规划》《“十三五”城镇生活垃圾无害化处理设施建设规划》《广西农村垃圾专项治理两年攻坚实施方案》《广西壮族自治区农村人居环境整治三年行动实施方案（2018—2020年）》等系列文件，为大力推进生态基础设施建设提供了政策依据和基本遵循。

### 2. 提升生态保护建设水平

全面提升自然生态系统稳定性和生态服务功能。森林、河流、湖泊、湿地、海洋等自然生态保护取得积极成效，山水林田湖草湿地生态修复提升工程深入实施，先后投入24亿元开展漓江流域山水林田湖草生态保护修复，投入115.40亿元开展左右江流域革命老区山水林田湖草生态保护修复；实施“蓝色海湾”整治行动，北海市成为国家级海洋生态文明示范区。国土绿化和石漠化综合治理成效显著，全区森林覆盖率稳居全国第三位；人工林面积超过1.36亿亩，居全国第一；广西石漠化土地减少率及植被生态质量和植被生态改善程度均居全国第一。红树林面积实现逐年增加，山口红树林湿地、北仑河口红树林湿地、澄碧河水库湿地被列入国家重要湿地名录。

生态文明示范区建设迈上新台阶。广大群众对优美生态的满意度和获得感逐年提高。全区涌现一批绿色发展样板，每年均有地区成功创建“国家生态文明建设示范市县”。2017年9月21日，南宁市上林县获得首批“国家生态文明建设示范县”命名；12月25日，临桂、阳朔、灵川、全州、资源、恭城、蒙山、扶绥、凭祥等9个县（市、区）成为首批“自治区级生态县”，广西先后实现了“国家生态文明建设示范县”和“自治区级生态县”零的突破。“十三五”时期，全区44个县、521个乡镇、2763个村获得自治区级“生态县”“生态乡镇”“生态村”称号；首府南宁连续3年获评“美丽山水城市”，那考河生态综合整治项目获“中国人居环境奖”范例奖；桂林国际旅游胜地、北部湾国际滨海度假胜地、巴马国际长寿养生旅游胜地和防城港国际医学开放试验区等建设深入推进，

边陲明珠防城港，是北部湾畔唯一的全海景生态海湾城市（周军 摄）

成为国际知名的宜居康养胜地和世界文化旅游重要目的地，柳州融安石门仙湖旅游景区、钦州浦北石祖禅茶园、梧州蒙山天书峡谷生态旅游区、百色平果芦仙湖景区、桂林全州安和龙井生态旅游区、钟山百里水墨画廊生态旅游示范区、贺州富川秀水生态旅游区、南丹丹炉山生态旅游区等一批旅游景区被评定为“广西生态旅游示范区”。

保护区建设规模新发展。经过多年努力，广西已建成布局合理、类型齐全、功能完备、覆盖面广的自然保护区网络，2017—2020 年连续开展“绿盾”自然保护地监督检查专项行动，广西典型森林生态系统、自然湿地、沿海红树林和野生动植物种群及高等植物群落得到有效保护。截至 2020 年，广西共建成自然保护区 78 处，包括广西银竹老山资源冷杉自然保护区等国家级自然保护区 23 处、自治区级自然保护区 46 处、市级自然保护区 3 处、县级自然保护区 6 处，保护区总面积 125 万公顷；建成地质公园 24 处，包括世界地质公园 1 处、国家地质公园 11 处，世界自然遗产地 2 处；建成国家森林公园 23 处，国家湿地公园 24 处，国家风景名胜区 3 处，国家海洋公园 2 处，国家石漠公园 2 处。

国土绿化行动屡结硕果。自治区党委、政府高度重视造林绿化工作，“咬定青山不放松”，一代接着一代干。通过实施绿色工程、退耕还林工程、珠江和沿海防护林工程、石漠化综合治理、村屯绿化专项行动等一系列举措，大力发展森林生态建设，人工造林面积居全国第一。2021 年底，自治区 111 个县（市、区）中有 65 个县（市、区）的森林覆盖率超过 60%。森林碳汇能力居全国前列，植被总碳储量超 4 亿吨，活立木蓄积量为 9.3 亿立方米，草地综合植被盖度为 82.8%，植被生态质量正常以上区域占 98.5%，均呈逐年提高趋势。现有公益林面积 545.2 万公顷，红树林面积居全国第二

广西是全国较早建立自然保护区和自然保护区数量较多的省区之一，生物多样性保护和管理工作成效显著，生物多样性居全国第三位。图为广西猫儿山国家级自然保护区内的铁杉林景观（马红专 摄）

位，共 9330.3 公顷。广西在造林绿化上持续投入。据统计，2010—2015 年广西累计投入“绿满八桂”工程建设资金 90 多亿元；2015—2016 年开展“美丽广西 生态乡村”建设活动，投入 20 多亿元；2017 年开始实施“金山银山”工程，自治区财政每年投入 5 亿元。推进人工造林使广西坡耕地泥沙流失量在“十三五”期间减少近五成，石漠化土地面积净减 20%，治理成效稳居全国第一位。越来越多的山区摆脱了石漠化这一“地球癌症”。南宁市马山县弄拉屯还探索出“竹子 + 任豆”“任豆 + 金银花”等 10 多种混交造林模式，建设 100 多个石漠化综合治理示范点，林下经济、生态农业等发展势头正劲。

### 3. 污染防治攻坚成就斐然

污染防治是决胜全面建成小康社会的三大攻坚战之一。广西以改善生态环境质量为核心，以达标排放和污染减排为抓手，以保障人民群众生态环境健康和防范环境风险为落脚点，开启全面治污新征程，守护好八桂大地的绿水青山，让人民群众有更多的获得感和幸福感。

实施水环境改善、大气环境治理、土壤修复与改善和固体废弃物处置等生态经济四大重点工程，全力以赴打好污染防治攻坚战。深入实施大气、水、土壤污染防治行动计划，坚决打好蓝天碧水净土保卫战。强化冬春季大气污染防治，开展挥发性有机物治理、城市扬尘治理、秸秆禁烧和综合利用等专项行动；推进漓江、南流江、九洲江、钦江等重点流域生态保护和环境治理，抓好黑臭水体、饮用水水源地、农村生活污水、北部湾近岸海域等综合整治。持续加强土壤污染源头控制，全面实施农用地分类管理，加快土壤污染综合防治先行区建设。

蓝天保卫战协同发力。2016年以来，统筹开展大气污染防治攻坚战，根据不同季节大气污染防治特点，开展城市工地和道路扬尘、秸秆焚烧污染、烟花爆竹燃放污染、餐饮油烟排放等专项治理行动，全力打好污染天气应对、臭氧污染防治、柴油货车污染治理等3场标志性战役，PM2.5和臭氧协同控制、氮氧化物和挥发性有机物协同治理初见成效。突出抓好秸秆禁烧“1号工程”，做到问题精准、时间精准、区位精准、对象精准、措施精准，建成天空卫星遥感监测、地面铁塔实时视频监控、无人机自动巡查、网格员分片包干的“天地人”综合立体秸秆禁烧监控网，探索“秸秆焚烧指数”预报工作，推进科学焚烧，不断提升大气污染应对成效。坚持“以禁促用、疏堵结合”，以“技控＋人防”织密立体监控网，出台露天违法焚烧行为有奖举报办法。

碧水保卫战系统施策。广西对漓江、南流江、九洲江、钦江等重点流域实施“一江一策”工作方案。持续推进“河长巡河”“河长治污”“清四乱”“河湖划界”“岸线规划”“美丽幸福河湖建设”，各级河湖长在“十三五”期间累计巡河巡湖120万人次，整治销号非法占用河道岸线、拆除违法建筑、清除非法网箱养殖、清理非法采砂点等河湖问题超2000个，基本实现“动态清零”。广西全面完成流域面积50平方公里以上河湖管理范围划定和4条自治区河长河流水域岸线保护与利用规划。在推进“美丽幸福河湖建设”中，基本建成40条美丽幸福河湖，还完成了西江、柳江、郁江、桂江等4条干流水域岸线保护与利用规划编制。“十三五”时期，桂林在漓江投入10亿元分三期实施漓江截污治污工程，使城市污水集中处理率提高到99%，100多家污染企业关停并转迁，高端制造等新型产业集群逐步形成。2021年，推进漓江、南流江、九洲江、钦江等重点流域综合治理，地表水国考断面水质优良率为98.2%以上，劣Ⅴ类水质断面占比为0；14个设区市35个集中式饮用水水源地水源达标率为97.1%。大力推进漓江生态环境治理修复，依法依规清退自然保护区内小水电站，漓江流域水质持续保持Ⅱ类以上。全面实施桂林水源和长塘水库工程建设，减轻漓江生态环境压力，桂林市“山水秀甲天下”的颜值更高。玉林市九洲江综合整治工作成效获《人民日报》2次专题报道，柳州市重点流域水质明显改善获国务院督查激励。2021年，全区完成3517个农村千人以上集中式饮用水水源保护区划定，127个工业集聚区实现污水集中处理。陆海统筹推进北部湾近岸海域整治，入海排污口废水达标率97.8%，同比提升15个百分点，钦江东、大风江高塘断面水质达Ⅱ类，茅尾海、廉州湾、防城港东湾和西湾水质逐步改善，近岸海域优良水质比例持续保持“优”，是全国最干净的近岸海域之一。在北海涠洲岛的海底修复区，人工种植的1万多株珊瑚健康成长，大型鲸类种群布氏鲸生活在此。钦州画出一条中华白海豚保护的“生命线”，据北京大学科研团队300多次出海观察和计算，发现这一海域中华白海豚数量呈上升态势。北海冯家江湿地公园通过自然恢复和人工修复相结合，湿地内的红树林覆盖率大大增加，鸟类由2017年的136种增加至2021年底的195种，北钦防一体化生态屏障功能持续向好。广西农村黑臭水体整治任务达到序时进度。河池市典型地下水污染源防渗改造项目列入全国试点。

防治工业废弃污染方面。广西优化调整产业结构，推进糖、铝、机械、冶金“二次创业”，按期完成燃煤电厂超低排放改造，累计淘汰10蒸吨以下燃煤锅炉1697蒸吨、淘汰铁合金1.4万吨、淘汰砖瓦 12 万多块，煤炭行业去过剩产能 180 万吨。2020 年，广西可再生能源电量总消纳量 892 亿千瓦时，可再生能源电力总量消纳责任权重 43.6%，比国家下达的指标高 4.1 个百分点。曾经的“酸雨之都”柳州通过严格整治、力促工业提质升级等举措，实现了“四野环山立，一水抱城流”。春日的柳江之滨紫荆花盛放，与沿线的江滨公园、窑埠古镇、江岸飞瀑等共同打造出一条风光秀丽的百里画廊。广西还在交通运输结构调整上下功夫，“公转铁”“公转水”成效显著，铁路和水路货运量、货运周转量占全社会货运量、货运周转量比例逐年上升。大力推广新能源汽车，新生产柴油车型系族抽检合格率 100%，制定排放检验不合格机动车处罚程序，严格执行道路运输车辆排放限值准入等国家标准，探索完善多部门联合执法模式。2020 年，广西环境空气质量大幅改善，创有监测数据

城市转型后碧水蓝天的柳州市全貌（邓华 摄）

记录以来最好水平，14 个设区市 PM2.5 连续 2 年全面达标。

净土保卫战深入推进。持续开展涉镉等重金属重点行业企业排查整治工作，动态更新污染源整治清单。完成耕地土壤污染成因排查和分析试点工作，获国家充分肯定。严格建设用地土壤污染风险管控和修复名录内地块的准入管理，防止违法开发利用。2021 年，召开 19 个地块的风险评估报告评审会、1 个效果评估会议，6 个地块纳入经土壤污染风险评估确认需实施风险管控及修复措施，并纳入建设用地土壤污染风险管控和修复名录。累计共有 4 个地块顺利完成修复，通过风险管控 / 修复效果评估评审并移出名录。2021 年，广西建设用地土壤污染风险管控和修复名录中有 27 个地块。严格土壤污染重点监管单位土壤污染防治，截至 2021 年底，广西已有 273 个重点监管单位按要求开展排查并完成隐患排查工作，共计排查出存在土壤污染隐患企业 118 家，整改台账所列隐患点 364 个，整改台账所列隐患点中，已完成整改 292 个，整改完成率为 80.2%。

### 4. 生态环境质量保持全国前列

党的十八大以来，广西始终把保护好人民群众工作、生活的自然环境作为重要一环，将绿色发展理念贯穿到经济社会发展的各个环节，坚持走生态环境高水平保护和经济社会稳定发展并重的高质量发展之路，生态质量持续改善和提升，始终走在全国前列。

碧水清晏独树一帜。全区有 9 个市位列生态环境部通报的 2020 年国家地表水考核断面水环境质量状况排名前 30 位城市，其中 4 个市位列前 10，柳州市、桂林市更是分别高居第 1、2 位。优越的地表水环境质量在全国独一无二，离不开多年来广西对水环境的强化治理和持续保护，开展跨界河流水污染联防联治，漓江水质长期保持优良，九洲江粤桂交界断面水质实现稳定达标，南流江干流水质自2019年8月起连续达Ⅲ类以上，钦江东断面水质由劣Ⅴ类改善至Ⅲ类。2020年，设区市集中式生活饮用水水源地水质达标率97.3%，县级集中式生活饮用水水源地水质达标率90.6%，近岸海域22个海水水质监测点水质优良率95.5%，地表水国控断面水质优良率100%，入海河流水质全面达到优良。

空气质量持续向好。2020年空气质量创有监测数据以来最好水平，全区城市环境空气质量优良天数比例进一步提高到97.7%，排全国第6位，14个设区市空气质量100%达标。广西PM2.5浓度为26微克/立方米，排全国第9位；14个设区市PM2.5浓度均低于30微克/立方米，实现全面达标。县级城市二氧化硫（$SO_2$）、二氧化氮（$NO_2$）、可吸入颗粒物（PM10）、细颗粒物（PM2.5）、一氧化碳（CO）和臭氧（$O_3$）等6项污染物年平均浓度均达标，空气质量达标。

声环境质量总体稳定。随着城镇化发展及城市人口集聚，噪声污染已成为民众关注的热点问题。“十三五”期间，全区城市区域昼间声环境质量总体保持较好水平。2020年，南宁、桂林、北海、防城港、钦州、百色、贺州、河池、来宾、崇左10个设区市区域昼间声环境质量达到“较好以上等级”，占71.4%；柳州、梧州、贵港、玉林4个设区市为“一般”水平，占28.6%。14个设区市道路交通昼间声环境质量等级为“好”的城市占50.0%，“较好”的城市占50.0%，无“一般”“较差”“差”的城市。

## （二）厚植绿色经济发展财富

广西牢固树立生态优先、绿色发展的核心理念，深入推进生态产业化、产业生态化，推动工业、农业、服务业绿色低碳发展，努力把生态优势转变成发展优势。

### 1. 生态产业蓬勃发展

2015 年，广西全面吹响了发展生态经济的号角，生态产业建设取得了积极成效。

生态农林业持续增长。广西深入实施现代特色农业示范区建设三年行动和现代特色农业产业品种品质品牌“10+3”提升行动，推进“三区三园一体”建设。截至 2020 年 10 月，成功创建 4 个国家级现代农业产业园，排西部省区第一位；成功申报 13 个国家级特色农产品优势区，数量排名全国第一；累计认定现代特色农业示范区（园、点）13851 个。打造万亿元林业绿色产业，广西作为我国南方重要的集体林区，林木生长速度远高于全国平均水平，林木综合生长率是全国平均水平的两三倍。广西现已成为全国重要的森林资源富集区、林业产业集中区、林产贸易核心区。截至 2020 年底，全区林业产业总产值由 2013 年的 3020 亿元增加到 7521 亿元，广西人工林面积、国家储备林建设规模和木材产量稳居全国第一位。广西深入推进林业产业园区建设，截至 2021 年 9 月，已建及在建重点林业产业园区 39 个，入园企业 2400 余家，总投资近 700 亿元，重点林业产业园区实现工业总产值约 600 亿元。

生态工业逐步崛起。广西在大力发展先进制造业，推进资源型产业生态化改造和新兴生态产业发展的同时，启动实施“千企技改”工程，努力构建绿色制造体系。2016—2019年，全区先进制造业增加值年均增长5.7%，高技术产业增加值占规模以上工业比重提高到10%左右。绿色工厂、绿色工业链和绿色园区等建设如火如荼。为给生态经济发展提供可靠保障，自治区增加财政资金投入，支持新建的生态产业园区、节能环保产业、新模式新业态引进以及经济效益较好的生态经济项目；对投资规模大、需求长期稳定、价格调整机制灵活、市场化程度较高的涉及生态经济的基础设施及公共服务类项目，鼓励采用政府和社会资本合作模式。2016年广西以南宁生态产业园区、梧州生态产业园区、贺州生态产业园区、河池大任产业园投资区等4个新建生态产业园区为抓手，出台产业、财税、金融、土地等支持政策，引导龙头企业和重大项目落户布局4个生态产业园区，推动生态产业发展。截至2021年，广西已成功创建国家级绿色园区8个、绿色工厂67家，形成绿色设计产品36种。淘汰落后产能、化解钢铁煤炭行业过剩产能目标任务全面完成。

生态服务业稳步提升。广西积极构建以健康养老、健康医疗、健康旅游产业为核心，辐射带动健康医药、健康食品、健康运动产业联动发展的“3+3”大健康产业体系。实施大健康产业“四个一百”重点培育工程，成功举办广西大健康产业峰会、中国—东盟体育旅游博览会、环广西公路自行车世界巡回赛、“中国杯”国际足球锦标赛等系列活动。在生态旅游等大健康产业方面，广西建设了一批特色突出、带动性强、可持续发展的特色健康旅游休闲养生项目，重点打造环首府生态旅游圈、桂中生态旅游圈和桂东南生态旅游圈，大力推进深圳巴马大健康合作特别试验区、南宁国家养老服务业综合改革试点，以及南宁、贺州、百色国家医养结合试点建设。桂林国际旅游胜地、北部湾国际滨海度假胜地、巴马国际长寿养生旅游胜地和防城港国际医学开放试验区等建设深入推进，成为国际知名的宜居康养胜地和世界文化旅游重要目的地。

## 2. 循环经济取得积极成效

广西把碳达峰、碳中和纳入经济社会发展和生态文明建设整体布局，加快构建绿色低碳循环发展经济体系。推动源头减污降碳协同增效，推进节能技改，深化重点领域低碳试点，系统增强陆海碳汇能力。加快建设资源循环型产业体系，推动企业循环式生产、产业循环式组合，提升循环经济发展水平。强化土地、水等资源节约集约高效利用，推行垃圾分类和减量化、资源化，促进再生资源产业集聚发展，开展绿色生活创建活动，建设节约型社会。

循环经济示范试点推进顺利。“十三五”期间，自治区积极创建国家级循环经济示范试点，已有 2 个国家园区循环化改造示范试点、2 个国家餐厨废弃物资源化利用和无害化处理城市试点、1 个国家“城市矿产”示范基地成功通过国家验收。同时，积极打造自治区再制造产业示范基地，支持梧州循环经济产业园区创建首个自治区再制造产业示范基地。

园区循环化改造不断深化。梧州再生资源循环利用园区逐步形成以再生资源循环利用为核心的循环经济产业链，“城市矿产”和再生资源循环利用粗具规模。玉林市推动陶瓷生产工业固体废物处置综合利用，北流日用陶瓷工业园区循环化改造取得明显的经济和社会效益。来宾市河南工业园区打造热电联产循环经济生态产业园和制糖及综合利用循环经济产业园，是广西第一个实现“热电联产”集中供汽发展模式的工业园。北海、钦州、防城港等市重点推进石化、钢铁等大宗工业固体废物处置综合利用。

农业废弃物综合利用能力进一步增强。推动农作物秸秆饲料化、肥料化、基料化、原料化、燃料化“五料化”利用，以及畜禽粪便肥料化、能源化利用。截至2020年底，全区秸秆综合利用率超84%，畜禽粪污综合利用率达88.38%，畜禽规模养殖场粪污处理利用设施装备配套率达95.23%。

“帮企减污”工作取得实效。2020年，自治区助力解决企业自身难以解决的环境瓶颈问题，印发《广西壮族自治区生态环境厅关于进一步做好“帮企减污”工作的通知》，在加强组织领导、全面摸排需求、开展帮扶对接、强化技术对接、务求取得实效等5个方面作了工作部署，并统筹科技资源，条块结合，分区域、分行业、分类别开展帮扶活动。14个设区市均成立“帮企减污”工作组，全面实施辖区帮扶工作，针对治理需求，建立需求清单。依托广西生态环境大数据，建设“广西帮企减污综合服务平台”，在建立“帮企减污”活动三级联动机制基础上，以互联网＋环保技术，线上线下相结合的模式，运用先进科技资源、污染治理供需数据引领“帮企减污”活动线上线下协同开展，成为各级生态环境部门生态环境技术力量的支撑，以及企业治理环境的技术供给平台。

2021年，《广西壮族自治区人民政府关于加快建立健全绿色低碳循环发展经济体系的实施意见》提出，要进一步调整优化产业结构，坚决遏制“两高”项目盲目发展，加快淘汰落后低效产能。全面推行清洁生产，依法在“双超双有高耗能”行业实施强制性清洁生产审核，加强节能降碳环保技术、清洁生产技术、资源综合利用技术推广应用，推动新建工业项目单位产品物耗、能耗、水耗等达到清洁生产国内先进水平。组织实施“两高”行业节能技改专项行动，在钢铁、石化、化工、有色金属、制药、制糖、建材、造纸等行业开展绿色化改造。

在国土空间总体规划指导约束下，广西科学编制新建产业园区开发建设规划，依法依规开展规划环境影响评价，严格准入标准。引进东部地区、粤港澳大湾区有实力的循环经济企业、先进技术和各类优秀人才，着力延伸循环产业链条，加快构建相互融合、优势互补的循环经济产业体系。加快推进国家级和自治区级开发区开展循环化改造，支持国家级开发区（高新区）创建国家生态工业示范区。推动公共设施共建共享、资源循环利用和污染物集中安全处置等。积极利用余热余压资源，推行现有热源资源综合利用，推进分布式能源及光伏储能一体化系统应用。推动能源梯级利用，鼓励建设电、热、冷、气等多种能源协同互济的综合能源项目。鼓励化工等产业园区配套建设危险废物集中贮存、预处理和处置设施，或通过水泥窑等协同处置危险废物。

## （三）缔造绿色环保美丽家园

2018 年 5 月，习近平总书记在全国生态环境保护大会上，确立了新时代推进生态文明建设的重要原则，发出了建设“美丽中国”的进军号令。党的十八大以来，在习近平生态文明思想指引下，广西持续加强生态环境保护，共建人与自然和谐共生的美丽家园。“美丽广西”正是“美丽中国”在八桂大地上的具体实践，美丽家园正从蓝图一步步走向现实。

### 1.“美丽广西”乡村建设重大活动成效凸显

广西的乡村一度饱受“脏、乱、差”的困扰，2013 年初，自治区党委、政府决定开展“美丽广西”乡村建设重大活动，一场“美丽风暴”在八桂乡间悄然刮起。《“美丽广西”乡村建设重大活动规划纲要（2013—2020）》印发，持续推进解决制约农村生态宜居和基础建设的突出问题。规划期为八年时间，分“清洁乡村”“生态乡村”“宜居乡村”“幸福乡村”四个阶段，有条不紊推进。第一阶段为“美丽广西 清洁乡村”活动，以开展“清洁家园”“清洁水源”“清洁田园”为主要任务，2013 年 4 月启动实施以来取得了显著成效，2014 年继续抓好“三清洁”活动。第二阶段为“美丽广西 生态乡村”活动，以开展“村屯绿化”“饮水净化”“道路硬化”三个专项活动为主要任务，于 2014 年 7 月启动，2015 年 1 月至 2016 年 12 月集中开展。第三阶段为“美丽广西 宜居乡村”活动，以开展“产业富民”“服务惠民”“基础便民”三个专项活动为主要任务，于 2016 年 7 月启动，2017 年 1 月至 2018 年 12 月集中开展。第四阶段为“美丽广西 幸福乡村”活动，以开展“环境秀美”“生活甜美”“乡村和美”三个专项活动为主要任务，于 2018 年 7 月启动，2019 年 1 月至 2020 年 12 月集中开展。八年间，这股“美丽风暴”驰而不息、风头正劲，激活了村庄的内生动力，一个个亮丽的新农村展现在世人眼前。广西不等不靠、主动作为，全面打造“美丽广西”乡村建设升级版，努力绘就出“山清水秀生态美”的新农村画卷，探索了一条后发展、欠发达地区乡村振兴的新路子，把农村建设成为生活舒适的乐园、道德示范的家园、生态良好的田园、乡愁记忆的故园，让人民群众共享绿色发展的成果。

### 2.“美丽广西　宜居城市”建设措施有力

2016 年，自治区印发了《关于开展“美丽广西　宜居城市”建设活动的实施意见》，提出将建立激励机制把宜居水平的高低作为衡量城市发展成就的重要尺度，紧紧抓住“宜居”的特征，着力解决人民群众反映最强烈的民生和“城市病”等问题，计划用 10 年时间逐步打造一批现代化宜居城市，构建城市规划建设管理新秩序，走符合城市发展规律、具有广西特色的城市发展道路。

生态，是南宁城市治理的鲜明导向。南宁市坚持“治水、建城、为民”城市工作主线，全方位建设生态宜居城市，重点完善市政、轨道交通设施，强化城市治理，强化生态环境保护，有序推进城镇老旧小区改造、棚户区改造等城市更新工作，持续巩固首府生态优势，城市处处呈现生态宜居美好画卷，不断擦亮“中国绿城”

南宁市那考河流域治理项目荣获“中国人居环境奖”范例奖（周军　摄）

金字招牌。“十三五”期间，南宁市连续两届荣获“美丽广西 宜居城市”综合奖。作为第一批国家海绵城市建设试点城市，南宁市共完成海绵城市建设项目 287 项，总投资 107.52 亿元。2019 年，南宁市海绵城市试点建设以全国第三名的优异成绩通过国家验收，并以总分第二名的成绩成功入围全国黑臭水体治理示范城市，黑臭水体治理成效初显。其中，那考河治理模式成为全国知名范本，那考河流域治理项目荣获住房城乡建设部颁发的“中国人居环境奖”范例奖。2020 年 1 月，那考河所在流域竹排江黑臭水体系统治理案例入选生态环境部通报表扬典型案例（全国共 7 例）。和谐宜居的居住环境让市民心底洋溢着幸福，展现出蓬勃向上的精神风貌。

### 3. 环境管理实践取得新突破

广西积极探索环境管理的新实践，全面推进广西生态环境监测网络投资、建设模式改革创新，实现 3 个“零突破”，走出一条少花钱、少用时、办成事的大气智能监测网络建设运营广西模式。一是政企合作创新投资模式，实现环境质量监测 PPP 模式示范全国“零突破”。创新采用政府和社会资本合作环境质量监测 PPP 模式，引入专业化社会资本投资建设、运维、管理全区 75 个县级环境空气质量监测设施。该项目是我国在环境质量监测领域落地的首个 PPP 示范项目，开创环境监测领域 PPP 模式先例。二是共享他人设施，实现全区“空—天—地”秸秆禁烧综合立体监控网“零突破”。依托共享企业优势资源和中国科学院团队技术，采用 5 颗卫星对广西秸秆焚烧实施全时段遥感监测，建成 700 多个秸秆焚烧铁塔高清视频监控点位，确保第一时间发现和制止秸秆焚烧行为，减轻秸秆焚烧对空气质量的影响。三是产学研用深度融合，全国首创秸秆焚烧指数概念，实现秸秆焚烧预报能力“零突破”。提出禁烧和限烧相结合的管理模式，也就是堵和疏有机结合，预测未来 5 天秸秆焚烧等级，有效缓解了秸秆综合利用率不足的问题，使秸秆禁烧科学化、接地气、有实效。

跨区域生态保护和环境治理协同推进。2013 年，粤桂合作整治九洲江工作会议提出，两广人民共饮一江水，有必要联手开展“三污水”治理，同时实行生态补偿等配套措施，有效解决流域环境污染问题。“十三五”期间，开展粤桂两省区联合执法、多部门联动执法，有效打击跨省非法转移、处置和倾倒废物行为。建立健全环境污染联防联控和应急联动机制，分别与粤、湘、滇、贵等周边省签订跨界水污染联防防控协作框架协议，实现粤桂两省区九洲江流域污染联合治理，逐步建立健全生态保护补偿长效机制。此外，在打破行政区划壁垒、坚持流域联控方面，柳州、来宾、河池 3 市建立“柳来河一体化”环境保护跨区域协作机制，与贵州省黔东南苗族侗族自治州建立都柳江流域市（州）级跨区域环境联合交叉执法和跨界河流联防联控联治机制，实现信息互通、数据共享、联防联控。

推动环境保护领域国际合作行稳致远。广西先后与泰国、加拿大、日本、韩国等国代表加强友好交往，分享破解发展和环境之间矛盾的经验，拓展环保领域对外交流合作；推动建立中越环境治理和应急联动机制，联合防范森林火灾、林业有害生物灾害和边界水污染；参与亚洲开发银行主导的大湄公河次区域核心环境项目和生物多样性保护廊道示范项目二期建设，开展广西中越边境生物多样性保护机构能力建设。东盟环境合作进一步深化，广西加强与马来西亚、越南等东盟国家环保技术和产业交流，实现生物多样性保护、城市污水处理、垃圾处理以及沿海、沿江城市水资源保护与管理经验数据的信息共享；开展与东盟国家环保技术转移活动，拓宽中国—东盟环保技术转移对接渠道。

## （四）筑牢南方重要生态屏障

广西的左右江地区，地处珠江上游，与越南接壤，是我国西南地区重要的生物多样性保护功能区及生态安全屏障，其生态环境质量关系着我国西南地区的生态安全及边界稳定，关系着革命老区脱贫攻坚成效以及生态文明建设与可持续发展。党的十八大以来，自治区不断强化山水林田湖草沙系统治理，坚持不懈抓好河湖长制建设工作，筑牢广西这一南方重要生态屏障。

### 1. 不断强化山水林田湖草沙系统治理

生态是统一的自然系统，是相互依存、紧密联系的有机链条。2013 年 11 月，习近平总书记首次提出“山水林田湖是一个生命共同体”理念，此后，2018 年 5 月，又把“草”纳入其中。随后，财政部、自然资源部、生态环境部组织的“山水林田湖草生态保护修复工程试点”等项目逐步上马，《山水林田湖草生态保护修复工程指南（试行）》等制度相继颁布。2021 年全国两会期间，在参加内蒙古代表团审议时，习近平总书记指出“统筹山水林田湖草沙系统治理，这里要加一个‘沙’字”，再次丰富了习近平生态文明思想的理论内涵。不断深化拓展的科学理念，成为新时代国土绿化和生态文明建设的重要指引。2021 年 4 月，习近平总书记在广西视察时强调要坚持山水林田湖草沙系统治理，坚持正确的生态观、发展观，敬畏自然、顺应自然、保护自然。

2017 年，广西实施了左右江流域山水林田湖草湿地生态保护修复试点工程，总投资 115.40 亿元，实施区域包括百色市，崇左市，南宁市西乡塘区、江南区、隆安县，共获得国家重点生态保护修复治理资金 20 亿元，总体实施 283 个子项目，其中中央奖补资金支持项目共 120 个。该试点工程通过系统开展各项山水林田湖草湿地生态保护修复工作，重点解决目标区域内跨界水体和流域水环境污染问题，整体改善石漠化和水土流失、矿区污染、农村环境污染、土壤重金属污染、景观破碎化等影响区域生态功能的问题，努力实现目标区域内山水林田湖草湿地等生态要素的有机结合，促进生态环境明显改善、生态系统稳定发展、生态功能持续提升。进一步优化革命老区社会经济可持续绿色发展模式，有效扭转西南岩溶"老、少、边、山、穷"地区生态环境脆弱、污染治理困难、经济发展乏力的困难局面，为左右江流域的社会经济发展提供良好的生态环境基础。该试点工程成效显著，强化了广西西江流域、广东珠江流域的生态系统水气调节功能，夯实了珠江上游地区、大湄公河次区域生物多样性保护基础，有效维护了西江流域的水生态安全，进一步稳定了广西的生态安全格局，保障了祖国南疆生态安全，也为西南片区乃至全国山水林田湖草生态保护修复提供可复制、可推广的借鉴。

——区域流域水环境改善明显。通过实施饮用水水源地保护、城镇生活污水与工业园区污水处理厂建设、农村环境综合整治及河道环境综合治理、水系连通等工程，进一步优化区域城乡生态环境。2020年，左右江流域范围内河流断面水质达到或优于Ⅲ类水体比例达100%，城市饮用水水源地水质达标率为100%，县级饮用水水源地水质达标率为96.77%，城市建成区内黑臭水体比例为10%，劣Ⅴ类水体完全消除。

——石漠化及水土流失得到治理。通过实施石漠化、水土流失、矿山生态修复等工程，累计治理矿山15处，修复矿山面积653公顷，使岩溶地区森林生态系统得到修复，2020年度工程区森林覆盖率达63%以上，有效改善和恢复岩溶地区生态环境，遏制石漠化蔓延，减少水土流失。通过重新规划与调整，百色市建成了4个国家级湿地保护公园，流域内湿地面积保有量达488.6平方公里以上，区域内中度及以上石漠化面积减少35.57%，石漠化有效治理面积合计1176.4平方公里。

——生物多样性保护成效明显。在靖西市境内的广西邦亮东黑冠长臂猿国家级自然保护区里，东黑冠长臂猿种群数量由2015年的4群26只发展到2021年的5群35只；广西雅长兰科植物国家级自然保护区内，工作人员调查新发

广西持续营造山清水秀的自然生态环境，石漠化治理成效全国第一。图为桂林市平乐县石山披绿装（陈秀玲 摄）

现兰科植物 6 种。根据日常监测，澄碧湖湿地自然保护区、福禄河湿地公园重新出现了国家一级保护野生动物中华秋沙鸭。

——助力脱贫攻坚。通过实施土地整治和土壤改良工程，完成耕地整治面积7101公顷，完成高标准基本农田建设面积5956公顷，完成蔗区耕地整治面积 28520 公顷，完成耕地提质改造面积 5589 公顷。同时在贫困县实施了 184 个生态保护修复项目，总投资

45.26亿元，吸纳当地贫困人口约1.4万人直接参与工程建设，累计发放工资约1.27亿元，增加了农民收入，促进当地经济发展，生态减贫效益显著，助力扶贫开发与乡村振兴工作相衔接。

——打造了一批典型项目。按照“出亮点、出样板、较先进、可复制”的原则，打造了一批生态修复效果好、资金撬动作用大、直观效果好的工程项目，实现经济、社会、生态效益相结合。南宁市隆安县点灯山矿山生态修复综合治理项目，修复矿山面积近10万平方米，将废弃矿山变成公园，改善矿山生态环境，同时为震东扶贫生态移民新区居民提供休闲场所。百色市田东县古榕江流域综合治理项目，消除了村庄生活污水对周边地表水和地下水体的威胁，良好的生态吸引了投资达10亿元的天成（田东）国家有机农业综合体项目在田东落地，给当地村民提供更多的就业机遇，助力田东乡村振兴。崇左市生态水系修复工程，恢复被挤占的水面面积51公顷，恢复湿地面积271公顷，灌溉农田面积1.59万亩，吸引了金砖国家新开发银行、中国建设银行、中国农业发展银行等多家银行参与融资建设，以不到1亿元的中央奖补资金投入，撬动了35亿元的总投资，花小钱干大事，对崇左市生态水系修复工程建设起了关键作用。

### 2. 坚持不懈抓好河湖长制建设

2016年，中共中央办公厅、国务院办公厅印发《关于全面推行河长制的意见》。2017年5月30日，自治区党委办公厅、自治区人民政府办公厅印发《关于全面推行河长制的实施意见》和《全面推行河长制工作方案》，标志着广西正式施行河长制。全区各地各部门积极探索、奋力推进，2018年6月，广西提前半年全面建立了以“双总河长制”为核心和横到边、纵到底的五级河湖长组织体系，5年来共落实2710名总河长、2.6万余名河湖长，全区18936条河流、19个湖泊、4556座水库实现河湖长制全覆盖，一条条江河、一个个湖泊有了专属守护者。全区河湖面貌明显改善、水生态环境质量持续稳定向好，一幅青山绿水、江山如画的水生态文明图景正在八桂大地铺展。

2017—2021年，全区各级河湖长每年巡河巡湖120万人次以上，落实河湖保洁员、护河员40694名，驻守河湖保护最前线。全区各地都建立了以党政领导负责制为核心的河湖管理保护责任体系，形成一级抓一级、层层抓落实的工作格局。积极构建“互联网+监管”体系，建成运用河湖长制信息管理系统，升级河道采砂数字监管平台，试点建设柳江“天眼”监控系统。河道采砂“采者不售、售者不采”的“采销分离”“水陆联控”管理新机制，作为优秀改革案例由中央深改委、水利部、自治区党委改革办推广；漓江实施补水、净水、引水、壅水“四水”治理成效显著。构建实施闭环整治新机制。自治区颁布实施总河长令5个，持续推进“河长治污”“清四乱”“河湖划界”“美丽幸福河湖建设”“河道非法采砂专项整治”工作，制定出台系列标准规范，建立实施以党政督查为“纲”及以“四不两直”暗访检查、联合督查、分片督查、交叉检查为“目”的监督体系，推动全区河湖逐一建立一河（湖）一档，全面划定河湖管理范围，编制重要河湖岸线保护与利用规划和空间整治实施方案。自治区1.89万条河流、19个湖泊管理范围全面划定，流域面积1000平方公里以上37条跨设区市河流水量分配工作全面完成，在全国率先全面完成跨县（市、区）河流水量分配工作。

2017—2021年，自治区累计清理整治了河湖"四乱"问题1万余个，清退非法占用岸线1262.57公里，拆除违法建筑110万平方米，清除非法网箱养殖2700多万平方米等，退岸还河、退渔还库，河湖整治成效不断提升，实现从"人进水退"向"水进人退"转变。从"治一段"到"治全域"，从"单兵突进"到"整体推动"，全方位治理带来全方面改善。广西河湖水环境质量持续领跑全国，获国务院督查激励和中央生态环境保护督察组高度肯定。

2021年，全区112个国家地表水考核断面中，109个断面水环境质量达到或优于Ⅲ类，水质优良比率为97.3%，位居全国第三；全国设区市及以上城市水环境质量前30名排名榜单中，广西有10个市进入榜单，其中6个市进入榜单前10名，柳州市居全国首位，自该项排名设立以来，广西入围城市数量始终保持全国第一；万元地区生产总值用水量已降至124.5立方米，保持逐年明显下降，与2015年相比下降了35.4%；全区畜禽粪污综合利用率达92.77%，全区70段城市黑臭水体已基本消除，完成水土流失综合治理面积1720平方公里。国务院第八次大督查中，桂林市漓江流域生态环境保护经验做法获得国务院通报表扬。

## （五）强化绿色低碳生活创建

2016年，国家发展改革委等多部门联合印发《关于促进绿色消费的指导意见》，指导全国各地开展绿色低碳生活创建工作。2019年，国家发展改革委印发了《绿色生活创建行动总体方案》。

为贯彻落实习近平生态文明思想、党的十九大精神以及《绿色生活创建行动总体方案》，2019年12月，自治区发展改革委印发《广西壮族自治区绿色生活创建行动分工方案》，在全区大力开展创建节约型机关、绿色家庭、绿色学校、绿色建筑、绿色社区、绿色出行、绿色商场等行动，倡导简约适度、绿色低碳的生活方式，促进广西实现全面小康中的绿色发展。

### 1. 节约型机关创建

2020年3月，自治区印发《广西壮族自治区节约型机关创建行动方案》。截至2020年底，全区各级机关共创建3345家节约型机关，超出原计划创建目标1169家，完成年度创建目标任务的153.7%，占党政机关总数的34%。各创建单位能源利用效率进一步提升，绿色办公、低碳生活氛围更加浓厚，厉行节约反食品浪费意识全面增强。到2022年，自治区75%的县级及以上党政机关将达到节约型机关创建要求。

### 2. 绿色家庭创建

自治区妇联充分发挥妇女在社会生活和家庭生活中的独特作用，大力开展“绿色生活　最美家庭”主题实践活动，引领广大妇女及其家庭成员积极参与农村人居环境整治、城市生活垃圾分类和“美丽广西　幸福乡村”建设等活动。“最美家庭”活动开展以来，自治区妇联共寻找出“最美家庭”5.4万户，评选出广西绿色家庭140户，在引领全区家庭文明建设和社会风尚方面起到了示范带动作用；全区共建有“环保妈妈志愿服务”试点293个，其中自治区级“环保妈妈志愿服务”示范点154个，组建广西“环保妈妈志愿服务队”6000多支，招募“环保妈妈”10万余人。广西“环保妈妈志愿服务”示范创建工作得到了全国妇联的高度赞誉，成为全国首创的妇联工作品牌，广西“环保妈妈志愿服务队”成为助力乡村振兴和生态文明建设的一支重要生力军。广西还大力开展寻找“最美阳台”“环保达人”“绿色小卫士”等活动，在乡（镇）、村（社区）探索建立“家庭银行”“绿色账户”“爱心超市”等积分兑换机制，激励广大家庭自觉践行绿色生活方式，有效推动形成崇尚绿色生活的文明新风尚。

### 3. 绿色学校创建

自治区教育厅按照《绿色学校创建行动方案》和《广西壮族自治区绿色生活创建行动分工方案》的要求，深入推进垃圾分类、节能用水、环境绿化、书香校园、创文创卫等绿色校园创建工作，同时要求各校把绿色发展理念融入学校教育教学工作各环节，贯穿师生校园学习、生活的全过程，努力创建和谐文明、美丽环保的生态绿色学校。各地各校均成立垃圾分类工作领导小组，师生生活垃圾分类知识普及率达到100%；配合自治区住房城乡建设厅对全区68所学校开展垃圾分类测评工作。2020—2021年，累计投入超1.5亿元开展绿色创新研究，广西大学蔗糖产业协同创新中心在糖料蔗及相关产业研究成果处于国内或国际领先水平。

### 4. 绿色出行创建

自治区交通运输厅制定实施《广西绿色出行行动计划（2019—2022年）》《广西绿色交通“十四五”发展规划》，提出到2025年，全区交通运输绿色发展方式和出行模式基本形成，绿色交通发展水

随着地铁、BRT（快速公交）相继建成投入试营运，常规公交线网不断优化，公共自行车覆盖全市，南宁市一体化公共交通系统逐渐成形。图为南宁市 BRT 1 号线（黄河 摄）

平适应交通强区和生态文明强区建设的阶段性要求。到 2025 年，全区新增或更新城市公交车、巡游出租汽车采用新能源车占比分别达到 90%、80% 以上；网络预约出租汽车、城市物流配送汽车使用新能源比重明显提高；北部湾港新能源清洁能源集卡占比达 60%。加快推进高速公路服务区新能源汽车充电基础设施建设，基本满足新能源长途客车、私人乘用车的充电需求。集装箱铁水联运量年均增长 15% 以上，城区常住人口 100 万以上城市绿色出行占比达到 70% 以上。改扩建干线公路路面材料循环利用率达到 60%。依托南宁航空枢纽、南宁高铁站等，开展便捷换乘体系建设，打造各种运输方式无缝换乘的客运系统。以南宁、柳州、桂林、贵港为重点，发展"公交+慢行"体系，鼓励发展定制公交、定制客运，鼓励漓江等旅游资源集中地区建设旅游公路慢行道。

### 5. 绿色建筑、绿色社区创建

自治区住房城乡建设厅联合相关部门先后制定了《广西壮族自治区绿色建筑创建行动方案》和《广西壮族自治区绿色社区创建实施方案》，开展广西绿色建筑和绿色社区创建行动。推广绿色建筑，以大型公共建筑、政府机构、保障性住房等为重点领域，强化绿色建筑管理。星级绿色建筑持续增加，既有建筑能效水平不断提高，全区城镇新建建筑在设计、施工阶段建筑节能强制性标准执行率均达到 100%；住宅健康性能不断完善，绿色住宅使用者监督机制逐步建立；装配化建造方式占比稳步提升，建筑智能化水平明显提高；绿色建材产品认证制度全面推行，绿色建筑技术研发与推广取得丰富成果。加强市民生活区域、城市窗口区域等市容环境管理。加快推进老旧小区综合整治，着力改善环境面貌，完善基本功能，提升人居品质。做好乡村垃圾分类处理、污水治理、厕所革命和村容村貌提升工作。按照全域化、标准化、品牌化、特色化建设的要求，分类分层次推进田园综合体、特色田园乡村和美丽乡村建设。

### 6. 绿色商场创建

自治区商务厅以大中型商场作为绿色商场创建对象，完善相关制度，强化能耗水耗管理，提高能源资源利用效率，提升商场设施设备绿色化水平，积极采购使用高能效用电用水设备，淘汰高耗能落后设备，充分利用自然采光和通风。2018 年，深圳华润物业管理有限公司南宁分公司（南宁华润万象城）、南宁万达广场商业管理有限公司江南分公司（江南万达广场）、万达商业管理集团有限公司南宁万达茂分公司（南宁万达茂）被商务部列为绿色商场创建单位。

在绿色生活创建行动的带领下，广西城乡绿色人居环境明显改善、绿色生活方式逐渐形成、崇尚绿色生活的社会宣传氛围日益浓厚，生态文明理念更加深入人心。

# 七、书写小康广西的脱贫答卷

消除贫困、改善民生、逐步实现共同富裕，是社会主义的本质要求，是我们党的重要使命。党的十八大以来，以习近平同志为核心的党中央把全面建成小康社会放在“四个全面”战略布局的首位，把脱贫攻坚作为全面建成小康社会的底线任务和标志性指标，吹响了决战决胜脱贫攻坚的冲锋号。习近平总书记时刻牵挂着贫困地区、贫困群众，“扶贫始终是我工作的一个重要内容，我花的精力最多”“脱贫攻坚是我心里最牵挂的一件大事”“我最牵挂的还是困难群众”……2015 年 11 月，在中央扶贫开发工作会议上，习近平总书记代表全党作出庄严承诺，坚决打赢脱贫攻坚战，确保到 2020 年所有贫困地区和贫困人口一道迈入全面小康社会。坚决打赢脱贫攻坚战的号角吹响了！

广西是全国脱贫攻坚的主战场之一。八桂大地的发展大计，广西儿女的小康梦想，习近平总书记始终挂念于心，多次作出重要指示，反复强调要用“绣花功夫”实施精准扶贫，让老区和老区人民尽快摆脱贫困，决不让一个少数民族、一个地区掉队。作为革命老区、民族地区、边境地区的广西，贫困面广、贫困人口多、贫困程度深，要实现全面脱贫，任务非常艰巨。在党中央的坚强领导下，自治区党委、政府把脱贫攻坚作为头等大事和第一民生工程，坚持以习近平总书记关于扶贫工作的重要论述为指导，带领广大群众攻坚克难，以非常之政策、非常之举措、非常之力度，全力打赢打好脱贫攻坚战，实现了与全国同步建成全面小康的目标。习近平总书记对广西精准识别、黄文秀同志先进事迹、毛南族实现整族脱贫等专门作出重要批示，肯定广西脱贫攻坚的措施和成就。

## （一）架梁立柱：构筑一揽子政策体系

在脱贫攻坚的伟大实践中，广西按照党中央的部署和要求，强化脱贫攻坚组织制度保障，完善出台一系列政策法规，组合运用和动态调整多种政策工具，建立起涵盖财政投入、项目管理、创业就业、产业与集体经济、易地搬迁、“两不愁三保障”、粤桂协作、作风建设、考核退出等方面的脱贫攻坚制度体系。

### 1. 完善脱贫攻坚组织架构

健全组织领导体系。2014年，党中央、国务院提出精准扶贫与精准脱贫基本方略；同年6月，广西召开全区扶贫开发暨农民工工作电视电话会议，明确要求按照党中央、国务院的决策部署，突出强化精准意识，按照扶贫对象精准、项目安排精准、资金使用精准、措施到户精准、因村派人精准、脱贫成效精准的“六个精准”要求，推动政策扶贫、产业扶贫、旅游扶贫、教育扶贫、科技扶贫、智力扶贫、金融扶贫“七大扶贫工程”。立足实际需要。广西成立自治区扶贫开发领导小组，从2015年起，由自治区党委书记、

2018 年，柳州市融水苗族自治县开展青年干部脱贫攻坚工作培训（龙林智 摄）

自治区主席同时担任自治区扶贫开发领导小组组长，并在领导小组下增设综合协调、资金政策、产业开发、基础设施、移民搬迁等 7 个专责小组，实现脱贫攻坚由扶贫部门主抓向多个部门共抓转变。各市、县参照自治区成立相应的专责小组，全区形成各级各部门共同推进脱贫攻坚的强大合力。自治区 37 位省级领导每人联系一个贫困县，一定六年直到脱贫摘帽。市级干部 476 人联系 559 个贫困村、县级干部 2883 人联系 2708 个贫困村，8000 多个单位参与开展定点帮扶，6500 个贫困村实现第一书记全覆盖。2019 年 3 月，立足脱贫攻坚工作实际，在原设定的 7 个专责小组的基础上又新增了教育、医疗、住房、饮水 4 个专责小组，进一步完善脱贫攻坚的责任体系。

强化领导责任。明确自治区、市、县、乡、村五级书记抓扶贫，强化党政一把手负总责的脱贫攻坚责任制，明确各级党政主要领导作为本辖区脱贫攻坚工作第一责任人的主体职责。攻坚期内，保持贫困县、深度贫困乡镇、贫困县所辖乡镇党政正职不脱贫不调整、不摘帽不调离，确保贫困地区党政正职把精力用在脱贫攻坚工作上。自治区与市、市与县、自治区与25个区直部门分别签订脱贫攻坚责任书，预脱贫县及对应的设区市党委、政府主要负责人向自治区递交脱贫摘帽承诺书，明确责任到人，确保按期完成脱贫摘帽任务。

建立督查协调制度。自治区组建专门的督查队伍，采取不打招呼的随机暗访形式开展工作，对全区106个有扶贫开发任务的县（区、市）实现督查全覆盖，适时通报督查暗访中发现的先进典型、经验做法及问题困难，并通过《广西精准脱贫攻坚简报》“红黑榜”分别进行通报。为协调基层脱贫攻坚工作遇到的困难瓶颈，自治区实行脱贫攻坚问题周报、周协调制度，确保脱贫攻坚工作的重点、难点工作有序推进。

### 2. 强化脱贫攻坚政策支撑

为推动国家精准扶贫方略落地，广西聚焦扶贫开发责任、精准扶贫、扶贫资金管理使用、金融扶贫服务、扶贫绩效奖惩机制等方面，制定了具有广西特色的新政策、新措施，为推进扶贫改革创新提供了有力的政策保障。2014年，自治区出台了《关于创新和加强扶贫开发工作的若干意见》以及《关于整合资源支持和推进扶贫生态移民工作的实施意见》《关于开展教育精准扶贫　扶持贫困家庭子女上学就业的实施意见》《关于加强金融支持扶贫开发的实施意见》《关于改革财政扶贫资金管理机制的实施意见》4个配套文件，形成“1+4”的精准扶贫政策支持体系。

2015年10月，广西召开全区精准扶贫攻坚动员大会，组织全区25万各级干部组建精准识别工作队，有序开展精准识别工作。自治区同步出台了20个与精准脱贫配套的实施方案，形成具有广西特色的“1+20”脱贫攻坚政策体系。按照国家“两不愁三保障”的基本要求，广西结合实际，细化量化贫困户“八有一超”（有住房保障、有饮用水、有电用、有路通村屯、有义务教育保障、有基本医疗保障、有电视看、有收入来源，家庭当年人均年纯收入超过国家现行扶贫标准）、贫困村“十一有一低于”（有路通村屯、有饮用水、有住房保障、有电用、有公共服务设施、有电视看、有义务教育保障、有基本医疗保障、有村集体经济收入、有特色产业、有好的“两委”班子，贫困发生率低于3%）、贫困县“九有一低于”（有特色产业、有住房保障、有基本医疗保障、有义务教育保

广西持续做好脱贫人口、低收入人口就业帮扶，巩固脱贫攻坚成果。图为农村妇女及城镇下岗失业人员接受保洁业务培训（吴生斌　蒙树梅 摄）

障、有饮用水、有路通村屯、有电用、有公共服务设施、有社会救助，农村贫困发生率低于3%）的脱贫摘帽标准。为确保从严从稳精准脱贫，广西进一步完善脱贫摘帽认定程序，创新性地实施脱贫摘帽“双认定”机制，确保脱真贫、真脱贫。2015年11月，中央扶贫开发工作会议提出要坚决打赢脱贫攻坚战，确保到2020年所有贫困地区和贫困人口一道迈入全面小康社会。随即，中共中央、国务院出台《关于打赢脱贫攻坚战的决定》，要求增强打赢脱贫攻坚战的使命感紧迫感，确保到2020年农村贫困人口实现脱贫。广西迅速行动，2015年12月，自治区党委十届六次全会通过《关于贯彻落实中央扶贫开发工作重大决策部署坚决打赢“十三五”脱贫攻坚战的决定》，明确提出广西脱贫攻坚的总目标、总要求，提出因人因地因致贫原因施策，开展“八个一批”（扶持生产发展一批、转移就业扶持一批、移民搬迁安置一批、生态补偿脱贫一批、教育扶智帮助一批、医疗救助解困一批、低保政策兜底一批、边贸政策扶助一批）和“十大行动”（特色产业富民行动、扶贫移民搬迁行动、农村电商扶贫行动、农民工培训创业行动、贫困户产权收益行动、基础设施建设行动、科技文化扶贫行动、金融扶贫行动、社会扶贫行动、农村“三留守”人员和残疾人关爱服务行动）工作，打好精准帮扶组合拳。

为满足精准扶贫和精准脱贫工作需要，2017年，自治区率先在全国探索建立扶贫对象动态调整机制。2017年4月，自治区印发实施《广西壮族自治区建档立卡扶贫对象动态管理办法（试行）》，对建档立卡贫困户、贫困村和贫困县进行数据采集和更新，建立精准扶贫台账。2017年10月，党的十九大召开，把精准脱贫作为决胜全面小康社会的三大攻坚战之一。2018年2月，习近平总书记在打好精准脱贫攻坚战座谈会上强调，不放松、不停顿、不懈怠，提高脱贫质量，聚焦深度贫困地区，扎扎实实把脱贫攻坚战推向前进。广西认真贯彻落实习近平总书记重要讲话精神，多次召开脱贫攻坚调度会，专题研究工作中存在的困境和问题，自治区组织起草《关于打赢脱贫攻坚战三年行动的实施意见》，并组织修订2018年设区市、县级党委和政府扶贫开发工作成效考核办法以及扶贫对象的脱贫摘帽标准，自治区政府印发了《关于进一步调整完善脱贫攻坚有关政策的通知》，不断强化扶贫政策支撑体系。

为加快补足全区“两不愁三保障”短板弱项，广西统筹各方资源、精准锁定目标，发起“四大战役”，攻坚“五场硬仗”。2019年，自治区制定实施《打好义务教育基本医疗住房安全“三保障”和饮水安全“四大战役”实施方案》，全面打响义务教育保障、基本医疗保障、住房安全保障和饮水安全“四大战役”，并成立了“四大战役”总指挥部，压实“四大战役”工作责任。持续打好产

广西不仅加强学校硬件建设，还注重学校软环境建设和软实力的提升。图为来宾市忻城县民族初级中学的学生们正在上电脑课（李冠才 摄）

业扶贫、易地扶贫搬迁、村级集体经济发展、基础设施建设和粤桂扶贫协作“五场硬仗”，夯实贫困村和贫困群众脱贫致富的基础。

2020年，全国进入决胜小康社会、决战脱贫攻坚的最关键时期。面对突如其来的新冠肺炎疫情，国务院扶贫开发领导小组印发了《关于做好新冠肺炎疫情防控期间脱贫攻坚工作的通知》，明确坚决打赢疫情防控阻击战和脱贫攻坚战的要求。广西贯彻落实中央关于推进疫情防控和改革发展稳定工作的决策部署，2020年2月出台《关于支持打赢疫情防控阻击战促进经济平稳运行的若干措施》，明确中央预算内投资和自治区本级预算内投资对2020年计划脱贫摘帽的对象给予倾斜支持。文件强调要以新冠肺炎疫情防治为切入点加强贫困地区公共卫生体系建设，做好疫情后因病返贫致贫的群众帮扶工作。打通农产品供需梗阻，开通贫困地区农产品和生产原料物流输送绿色快捷通道，通过电商扶贫、“以购代捐”等方式，帮助贫困户销售农产品。开通扶贫小额信贷绿色通道，简化办理程序，适当延长受疫情影响的贫困户和“户贷企用”企业的还款期限。加大对农村产业、基础设施和公共服务补短板的支持力度，对受疫情冲击严重的休闲农业和乡村旅游经营企业、经营户适当减费减息。广西率先在全国出台应对疫情的综合性脱贫攻坚政策，即《关于印发坚决打赢疫情防控阻击战保障决胜脱贫攻坚若干措施的通知》，重点从保障产业扶贫收益不减、保障就业扶贫平稳推进、保障易地扶贫搬迁户生产生活稳定、保障贫困户农村低保兜底救助到位、保障帮扶力度不减、保障扶贫项目迅速复工开工、确保扶贫资金精准高效使用等方面着力，努力降低疫情对脱贫攻坚的冲击，确保如期完成脱贫攻坚任务。

## （二）攻坚克难：实施一系列帮扶举措

精准帮扶是打赢打好脱贫攻坚战的核心和关键。按照“核心是精准、关键在落实、确保可持续”的要求，广西坚持差异化、精准化的“滴灌式”帮扶，立足各地资源禀赋、发展基础、致贫原因等差异实际，精准施策，实施一系列符合广西实际的帮扶举措。

### 1. 靶向施策，确保扶到点上、扶到根上

坚持从实际出发，针对不同贫困家庭、不同贫困农户状况，因地制宜、因人而异，运用科学有效程序对扶贫对象采取不同的帮扶措施。精准实施扶持生产发展一批、转移就业扶持一批、移民搬迁安置一批、生态补偿脱贫一批、教育扶智帮助一批、医疗救助解困一批、低保政策兜底一批、边贸政策扶助一批等“八个一批”帮扶措施，聚焦制约贫困地区经济社会发展的瓶颈问题，着眼贫困群众迫切需要解决的突出困难，大力推进特色产业富民、扶贫移民搬迁、农村电商扶贫、农民工培训创业、贫困户产权收益、基础设施建设、科技文化扶贫、金融扶贫、社会扶贫以及农村“三留守”和残疾人关爱服务等脱贫攻坚“十大行动”，确保脱贫质量。

——对于有条件、有资源的，引导发展特色产业。为培育一批发展前景好、科技支撑和辐射力强的特色扶贫产业，增强产业带贫成效。自治区编制实施《广西“十三五”产业精准扶贫规划》及养殖业、林业、特色加工业等专项规划，引导扶贫产业特色化、规模化、标准化发展。要求每个县选择确定 5 个县级重点优势特色主导产业、2 个县级备选优势特色产业，1—3 个村级重点优势特产，在

自治区层面给予重点倾斜扶持。积极培育新型农业经营主体，培养贫困村创业致富带头人，大力引进龙头企业，引导和带动贫困户参与到扶贫产业发展中。截至 2020 年 8 月，全区贫困户特色产业覆盖率达 96.5%。

——对于有意愿、有能力的，积极推广就业扶贫。完善职业培训、就业创业服务、劳动维权为一体的工作机制。推动全区技工院校结对帮扶贫困家庭“两后生”职业培训，精准推送就业需求信息。通过岗位补贴、土地租金补贴、贷款支持等，扶持建设一批扶贫车间，吸纳贫困劳动力就近就业，帮助贫困劳动力就近就地实现就业。鼓励开发多种形式公益岗位，通过以工代赈等方式，动员更多贫困群众参与保洁、治安等公益岗位，参与小型基础设施、人居环境整治等项目；深化粤桂劳务协作、开展“春风行动”等就业援助专项行动，精准帮扶贫困劳动力转移就业。

——对于缺乏基本生产生活条件的地区，重点实施易地扶贫搬迁。自治区编制实施《广西易地扶贫搬迁“十三五”规划》，明确

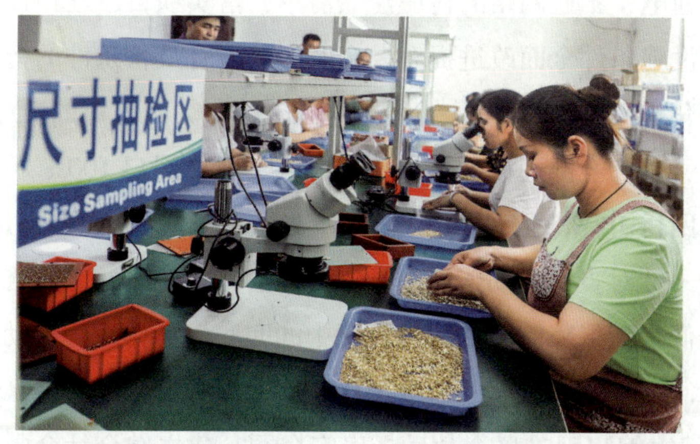


百色市凌云县伶站瑶族乡扶贫车间为当地群众提供家门口的就业机会（朱洪波 摄）

了全区易地扶贫搬迁的总体要求、目标任务和具体措施。尊重搬迁群众意愿，采取以集中安置为主、分散安置为辅的方式，对有劳动能力或有创业意愿的贫困户，引导其进县城、进园区、进集镇安置；对劳动能力较弱的贫困户，引导其在中心村就近安置。通过实施分批搬迁安置和提高搬迁补助标准，确保“搬得出”。不断提高服务移民搬迁贫困群众的教育、医疗、最低生活保障、社会救助等社会保障水平；对搬迁移民实施免准迁证，支持搬迁群众享受原来的政策待遇，确保安置点群众“稳得住”。加强搬迁人口后续管理扶持，通过促进就业和增加移民财产性收入等措施，确保易地移民搬迁群众“能致富”。

——对于具备生产生活条件但基础设施落后的，全力补齐短板。广西把基础设施建设作为脱贫工作的引擎助推器，全力解决贫困农村地区交通、电力通信及公共服务等基础设施短板问题，为全面建成小康社会奠定基础。2016 年以来，组织实施贫困地区基础设施大排查、“春季攻势”和通电、通路等专项调查工作，对不通路、不通电、不通网络的村庄建立清单、落实项目、逐一推进，确保基础设施条件全面改进提升，全区实现所有具备条件的行政村全部通硬化道路、所有贫困村和非贫困村含有贫困人口的 20 户以上自然村（屯）全部通砂石路以上道路；实现贫困户 100% 通生活用电、贫困村 100% 通动力电，全区所有行政村覆盖 4G 网络。

——针对丧失劳动能力的，实行社会保障兜底。广西充分发挥城乡最低生活保障制度在脱贫攻坚中的兜底保障作用，推动最低生活保障制度与脱贫攻坚的有效衔接，努力做到“应保尽保，不落一人”，织密编牢困难群众救助托底安全网。建立健全社会救助兜底保障标准动态调整机制，有序扩大低保人群范围，提高救助标准。

截至2020年8月底，全区纳入低保等兜底保障范围的建档立卡贫困对象180万人。全区所有县区农村低保标准稳定高于国家、自治区脱贫摘帽标准，农村低保平均标准提高到每人每年5297元。

### 2. 统筹各方资源，汇聚最强帮扶力量

建立财政投入稳定增长机制。“十三五”时期，全区共筹措落实各级财政专项扶贫资金731.4亿元。其中，中央资金328.49亿元，年增量达到7亿元以上，是“十二五”资金总量（84.01亿元）的3.91倍；自治区资金196.56亿元，每年增量占当年一般公共预算收入增量的比例均超过20%，是“十二五”资金总量（26.75亿元）的7.35倍；市县资金206.38亿元，年均增幅约19%。统筹其他涉

柳州市三江侗族自治县依托国家移民管理局定点帮扶和粤桂东西部协作等机遇，将就业车间开到易地搬迁安置小区和村寨里，让当地富余劳动力在家门口就业，实现稳定增收致富。图为工人们在三江侗族自治县林溪镇合华村路冲屯长隆工艺品厂车间内绘制工艺品（龚普康 摄）

农资金 397.8 亿元用于扶贫，累计发放扶贫小额信贷 350.6 亿元，其中 2020 年新增发放扶贫小额贷款位居全国第一位，有效增强了贫困地区脱贫攻坚财力保障能力。

统筹整合力量汇聚帮扶合力。一是加强驻村帮扶。脱贫攻坚战打响以来，广西各级共选派 7.6 万多名干部驻村帮扶，安排 52.3 万名党员干部开展“帮扶贫困户联系贫困生”活动，并实施“一户一册一卡”和“一帮一联”方案，帮扶责任人与贫困户共同制订增收计划，每月如实登记在册，及时建立较为精准的收入台账。据统计，共计结对帮扶 157 万户贫困户，联系 120 多万名贫困户学生，做到不漏一户一人，实现对建档立卡贫困户及贫困户学生全覆盖。二是强化单位定点帮扶。根据贫困地区致贫原因、扶贫需求和脱贫目标，25 家中央单位定点帮扶 28 个国家级贫困县；自治区、市、县共 9112 家单位定点帮扶 5379 个贫困村，选派 3.73 万人驻村，其中第一书记 5379 人。驻桂部队投入扶贫经费 5700 余万元，协调地方政府、社会资金近 1.7 亿元，积极参与脱贫攻坚。三是积极动员社会各界参与帮扶。2015 年，全国工商联、国务院扶贫办、中国光彩会共同发起“万企帮万村”精准扶贫行动。广西作为最早参与该活动的践行者，充分发挥各级工商联的资源优势和广大民营企业的产业优势，积极引导广大民营企业多方出击、各显其能，探索形成了合作式种植扶贫、引导式养殖扶贫、冠名式教育扶贫、定制式商贸扶贫、嵌入式旅游扶贫、让利式健康扶贫、参与式搬迁扶贫、车间式就业扶贫、分红式金融扶贫、搭桥式边贸扶贫等帮扶模式，全面推动“万企帮万村”精准扶贫行动提质增效。截至 2020 年 12 月，广西累计动员组织 1.52 万家民营企业参与帮扶工作，数量位居全国第一，帮扶建档立卡贫困人口超过 200 万人。

### 3. 突出打好“四大战役”，攻坚“两不愁三保障”

聚焦“两不愁三保障”的短板弱项，广西发起义务教育、基本医疗、住房保障和饮水安全“四大战役”。在此基础上，持续查漏补缺、巩固成果，确保全面解决贫困人口“两不愁三保障”问题。

攻坚义务教育保障。落实贫困学生从幼儿园到大学全方位教育资助政策，确保贫困地区学生“上得起学”。建立健全“双线四包”工作机制（县、乡镇、村一条线，县领导包乡镇、乡镇干部包村、村干部包村民小组、村民小组包户；教育局、学校、班级一条线，教育局领导包乡镇、校长包校、校领导包年级、班主任包班、科任教师包人）、控辍保学动态监测机制、重点地区监测制度、辍学报告制度、行政和司法督促复学制度、入学联控联保机制和复学安置机制。压实政府责任，各级教育部门牵头，扶贫、公安、司法等部门共同配合，对辍学学生开展上门劝返，将控辍保学台账建立到县、乡、村，“一对一、人盯人”，形成齐抓共管格局。开发启用广西义务教育控辍保学信息监测系统，密切监测学生辍学情况，确保建档立卡贫困户义务教育阶段适龄儿童除身体状况不具备学习条件外，能够全部接受义务教育。针对残疾儿童上学难的状况，采取残疾儿童随班就读、特教学校送教上门等方式，保障残疾儿童接受义务教育。做好新生入学组织和重点监测对象家访劝返工作，确保贫困户义务教育“一个孩子都不少”。优化学校布局，建好乡镇寄宿制学校、乡村小规模学校，确保贫困学生“有地方上学”。创新教师补充机制，多渠道增强乡村教师岗位吸引力，配齐贫困地区教师，确保“有老师上课”。

强化基本医疗保障。落实基本医保政策，贫困人口 100% 参加基本医疗保险，通过财政支持保障贫困人口住院医疗费用报销比例达 90%、门诊特殊慢性病医疗费用报销比例达 80%；落实家庭医生签约服务政策，全面实行“先诊疗、后付费”和“一站式”结算；按照“填平补齐”的原则，推进 54 个贫困县县级医院、乡镇卫生院、行政村卫生室标准化建设，让贫困人口“看病更方便”；通过订单定向培养、“乡村聘用”、提高待遇等措施壮大乡村医生人才队伍。

强化住房安全保障。自治区专门组织开展“尽锐出战”行动，组建专业队伍，对全区建档立卡贫困户、低保户、农村分散供养特困人员和贫困残疾人家庭等 4 类重点对象的房屋开展安全鉴定工作。根据鉴定结果，按照贫困群众个人意愿，通过农村危房改造、易地扶贫搬迁等方式确保贫困群众全部住上稳固住房。

提升饮水安全保障水平。聚焦大石山区，开展贫困人口饮水安

玉林市兴业县举行“老乡家园”易地扶贫搬迁项目首批交房仪式（何少凤 摄）

全歼灭战和大石山区农村饮水安全巩固提升工程建设大会战，通过因地制宜加强家庭水柜建设、配备净化消毒设施改善水柜水质、新建或改造一批集中供水工程饮水项目，解决153.2万贫困人口饮水安全问题，补齐贫困地区水利薄弱短板。

### 4. 聚焦深度贫困，集中攻克坚中之坚

2017年底，根据中央部署和脱贫攻坚进程，广西适时调整攻坚重点和攻击点位，评估确定20个深度贫困县、30个深度贫困乡镇、1490个深度贫困村，出台实施意见，实施“八大工程”；2018年10月，聚焦深度贫困地区和特殊贫困群体，提出强化教育医疗住房“三保障”，全力打好产业扶贫、易地扶贫搬迁、村集体经济发展、基础设施建设、粤桂扶贫协作等“五场硬仗”，扎实开展就业扶贫、消费扶贫、生态扶贫、综合性保障、扶贫扶志“五大专项行动”，强化到村到户到人精准帮扶举措，着力提升扶贫干部脱贫攻坚实战本领，激发贫困人口内生动力，夯实贫困人口稳定脱贫基础，加强扶贫领域作风建设，切实提高贫困人口获得感，有针对性地补短板、强弱项、提能力，确保脱贫可持续。2019年初，在深度贫困县、深度贫困村中再确定4个极度贫困县、100个极度贫困村，并确定1.02万户极度贫困户，给予最特殊的政策支持，啃下最难啃的“硬骨头”。优化扶贫资金分配结构，将各项资金向脱贫攻坚主战场倾斜，降低贫困县共同事权承担比例，集中财力打歼灭战。从2018年起，每年按每个县2000万元、每个乡镇400万元、每个村50万元的标准对全区20个深度贫困县、30个深度贫困乡镇和1490个深度贫困村给予重点支持。2018—2020年，下达深度极度贫困地区的财政专项扶贫资金增量为41.44亿元，占全区资金

增量比例达到 53%。

为确保小康路上"不少一户、不落一人"，广西在集中力量啃下最后"硬骨头"的同时，统筹做好非贫困县、非贫困村、非贫困户脱贫攻坚，防止留下脱贫死角。全区确定 8 个扶贫开发工作任务较重的非贫困县、200 个贫困人口较多的非贫困村和 1.05 万户生活比较困难的非贫困户，出台专项扶持政策，既有效加快非贫困县、非贫困村贫困人口脱贫，又提前防止新的致贫隐患出现。

### 5. 狠抓基层党建，引领助推脱贫攻坚

脱贫攻坚越往后难度越大，越要发挥党建的引领作用，广西注重把夯实农村基层党组织同脱贫攻坚有机集合起来。一是选优配强村"两委"班子。采取"从后备干部中推、从经济能人中挑、从外出人员中引、从退休干部中请、由第一书记兼"等办法，调整充实全区 1114 名村党支部书记，确保贫困村党组织带头人个个本领过硬。二是加强村党支部建设。在全区 1.4 万个村党组织中推行"星级化"管理，建立严密的评分考核体系，一批脱贫摘帽贫困村评上了星级党组织，树立良好标杆。加强农村党员素质能力培训，按照每个党员不少于 120 元的标准落实培训经费，以村党支部书记为重点，分层分类开展培训。与广西师范大学、四川省委党校、贵州省委组织部组干院、浙江省委党校、百色干部学院等合作举办自治区级培训示范班 31 期，共培训贫困村党组织书记、贫困村党组织第一书记、村"两委"干部、大学生村官、农村党员骨干 1800 多人。三是发挥党员先锋模范带头作用。搭建党员带领群众致富平台，开展"党旗领航　电商扶贫"行动。设立农村党员创业发展基金，开通党员"红色信贷"等，给予党员领办、创办致富项目有力支持。

实施“双培工程”，把有能力的党员培养成致富带头人，确保每个有劳动能力的党员都有 1 个脱贫致富项目、每个贫困村都有 1 名党员致富带头人、每个有帮带能力的党员至少结对帮扶 1 户建档立卡贫困户。通过聚点成片、以点带面的方式，让党员带头致富，产生强大的示范辐射效应。

## （三）战绩瞩目：展现多方面减贫成就

广西以实际行动践行习近平总书记关于中国特色反贫困理论，走出了一条凝聚广西智慧、体现广西特色的扶贫之路，取得了斐然成就，获 2020 年度国务院督查激励，并得到中央奖励资金 4.5 亿元，同时连续 5 年获得省级党委和政府扶贫成效考核“综合评价好”等次，书写了人类减贫奇迹的八桂篇章。

### 1. 脱贫摘帽任务圆满完成

2020 年 11 月 20 日，广西批复同意融水、三江、那坡、乐业、隆林、罗城、大化、都安等 8 个县（自治县）脱贫摘帽。至此，广西 106 个有扶贫开发工作任务县（市、区）的 634 万建档立卡贫困人口全部脱贫，5379 个贫困村全部出列，54 个贫困县全部摘帽。党的十八大以来，全区年均减贫 94 万多人，2020 年脱贫人口人均纯收入 11529 元，比 2015 年建档立卡时翻了两番。

全区建档立卡贫困户“三保障”和饮水安全问题全部解决。2020 年，广西建档立卡贫困家庭适龄儿童少年失学、辍学实现动态“清零”，非建档立卡贫困家庭适龄儿童少年首次实现零辍学，

河池市大化瑶族自治县易地扶贫搬迁安置点达吽小镇璀璨景色（周军 摄）

这标志着广西控辍保学工作超任务实现“双清零”目标。从“有学上”到“上好学”，“十三五”期间全区统筹农村义务教育薄弱学校改造计划、农村中小学校舍维修改造工程等专项资金，覆盖2.6万余所学校；补充义务教育阶段教师8万余名，发放义务教育生活补助资金81.86亿元，极大改善了贫困地区义务教育学校办学条件，贫困人口教育资助实现全覆盖。从“看病难”到“看好病”，广西实现建档立卡贫困人口100%参保，住院合规医疗费用实际报销和门诊特殊慢性病符合规定的门诊医疗费用实际报销比例，稳定在90%和80%以上。从“危旧房”到“新楼房”，广西累计完成建档立卡贫困户危房改造约26万户，建档立卡贫困户农村危房改造保障水平从2015年的52.3%上升至2020年的100%。从“吃水看天”到“净水进家”，广西加快实施农村饮水安全巩固提升工程，受益总人口约1670万人，解决了152万贫困人口的饮水安全问题。

### 2. 脱贫地区生产生活条件极大改善

脱贫攻坚战打响以来，贫困地区以脱贫攻坚统揽经济社会发展大局，发展步伐显著加快，社会事业长足进步。交通、水利、电力、通信、教育、卫生、文体等方面基础设施和公共服务设施建设全面加强，贫困地区群众行路难、通信难等突出问题得到历史性解决。全区完成通村硬化路里程 2066 公里，实现全部建制村通硬化路、通客车目标；建设自然村（屯）通砂石或硬化道路 7.1 万公里。广西公路总里程 13.16 万公里，其中农村公路总里程约 10.21 万公里。所有贫困村通光纤网络和 4G 网络、通动力电，贫困户全部用上生活电，基础设施条件得到明显改善。全面完成 71 万搬迁对象易地扶贫搬迁和 26 万贫困户农村危房改造任务。

党的十八大以来，河池市凤山县把农村公路建设作为打赢脱贫攻坚战、实现乡村振兴的重要工程来抓，境内农村公路到户通达率大幅提升，被评为“四好农村路”全国示范县。图为凤山县凤城镇兴隆村坡雄堡农村公路（周恩革 摄）

### 3. 扶贫产业加速发展壮大

产业增收是脱贫攻坚的主要途径和长久之策。广西以县级“5+2”、村级“3+1”特色产业精准扶贫规划为抓手，集中政策、资金、技术等要素，突出主导产业、龙头带动、科技支撑、产品销售和支持保障五大环节，推动特色产业从无到有、从小到大、从弱到强、从劣到优，形成了“县有扶贫支柱产业，村有扶贫主导产业，户有增收致富产业”的扶贫产业体系，贫困地区产业规模化、市场化、组织化水平明显提高。如柳州螺蛳粉全产业链，带动20万农村人口参与螺蛳粉原料种植养殖，4500多户2.3万贫困人口实现脱贫；百色芒果产业成为扶贫产业的“金字招牌”，种植规模超130万亩，位居全国第一，年产量将近80万吨，其品牌价值高达173.23亿元，入选全国百强农产品品牌榜；崇左把就业扶贫作为贫困户脱贫最直接、有效的途径，以扶贫车间为抓手，探索建立“扶

2018年4月，柳州螺蛳粉小镇入围第一批广西特色小镇培育名单，是全国首家以螺蛳粉为主题的特色小镇（黄河 摄）

贫车间+”等模式，推动“种、养、贸、游、工”五大扶贫产业全面发展。广西充分利用特色农产品资源开展电商扶贫活动，大力发展农村电商产业，把电商作为促进农产品产销的新方式，荔枝、芒果、珍珠李等当地的特色农产品借助电商迅速“出圈”，构建了辐射市、乡、村三级的电商综合服务体系，将农民的“菜篮子”变成了“钱袋子”。据统计，广西累计有426万贫困人口通过产业实现增收脱贫，经营性收入、工资性收入成为贫困群众的主要收入来源，贫困户自主致富能力不断提高。

### 4. 贫困村村集体经济加快发展

脱贫攻坚战打响以来，广西扎实推进村级集体经济发展，专门成立发展壮大村集体经济工作领导小组，出台《关于加快贫困村村级集体经济发展的意见》等相关文件，加大对财政、金融、保险、税费、电商等方面支持力度，探索多种村集体经济发展模式，促进贫困村村集体经济实现从小到大、由弱到强，逐步壮大的良好格局。2020年，广西村级集体经济总收入24.3亿元，与2016年6亿元的收入相比，已经实现了5年翻两番；至2021年，广西村级集体经济年总收入已达25.2亿元，1.5万个行政村集体经济年收入稳定在5万元以上，41.8%的行政村集体经济年收入突破10万元，15.9%的行政村集体经济年收入突破20万元，实现了总量扩大、质量提升、实力增强的目标。例如，南宁市积极探索“双培双带双促”模式，通过精心培育、政策扶持、推广机制3项举措，全面推动创业致富带头人培育活动，共培育了2256名创业致富带头人，实现了贫困村全覆盖，有效深度激发了村集体经济活力，成为带动全市贫困村村集体经济快速发展的引擎。截至2020年12月底，南宁市 421 个贫困村集体经济收入全部达到 5 万元以上，累计总额 8029.82 万元，一批贫困村的村集体经济实现了历史性突破。

### 5. 粤桂扶贫协作硕果累累

2016 年东西部扶贫协作座谈会召开以来，广东、广西两省区开展了深层次、多形式、宽领域、全方位的粤桂扶贫协作工作，取得了显著成效。两省区建立高层互访协商、部门协同对接、市县乡村立体结对的扶贫协作工作机制。2016 年以来，广东对口帮扶广西，从东莞、广州 2 市对口帮扶河池、百色 2 市，扩大到广东 6 市 26 个县对口帮扶广西 8 市 33 个县，对广西国家级贫困县帮扶实现全覆盖。广东共向广西提供财政帮扶资金 56.22 亿元，累计实施扶贫项目 2084 个，惠及贫困人口 220 多万人；引导 1.32 万家广东企

柳州市融安县利用丰富的竹木资源，引进广东竹木深加工企业进行合作开发，产品远销 40 多个国家和地区。图为融安县粤桂扶贫协作产业园内一名工人在晾晒毛竹条（韦荣军　黄全德 摄）

业参与广西脱贫攻坚，投资额超过3000亿元；帮助采购、销售广西贫困县特色农产品超过400亿元；共建深巴、深百等扶贫产业园62个及扶贫车间342个，携手打造东西部扶贫协作产品交易市场“广西馆”，扶持广西建设30个以上供粤供深农产品基地，其中15个基地28款优质扶贫农产品获得“圳品”认证。粤桂扶贫协作除了合作共建扶贫产业园、就业扶贫车间等助力产业发展、消费扶贫，在旅游、教育、人才、医疗等重点领域也深化协作，提升帮扶地区发展后劲和群众内生动力。

### 6. 贫困地区基层治理能力显著提升

通过抓党建促脱贫的实践探索，广西向外界展示了新时期抓党建促脱贫的鲜活样本，贫困地区基层治理体系进一步健全、治理能力进一步增强。一方面，全区基层党组织的凝聚力、战斗力日益增强，党群干群关系明显改善，党在农村的执政基础更加牢固；锻炼了一大批干部，培养了一支懂农村、想干事、能干事、干成事的扶贫干部队伍，涌现了一批以黄文秀、蓝标河为代表的先进典型，为巩固拓展脱贫攻坚成果、全面推进乡村振兴提供了人才保障，赢得了广大群众发自内心的认可。另一方面，全区广大贫困群众实现物质和精神“双脱贫”，思想观念从“要我脱贫”向“我要脱贫”转变。426万贫困人口通过产业增收脱贫，70%以上的脱贫户家庭主要收入来源于务工收入，越来越多的脱贫群众依靠聪明才智和勤劳双手创造幸福美好生活，自力更生、脱贫光荣的精神蔚然成风。广西贫困群众内生动力得到激发、意志得到锤炼，走向共同富裕的底气更足、干劲更足。

### 7. 国际减贫交流合作成果丰硕

作为中国参与国际减贫交流培训的主要省区之一，广西积极参与发展中国家在减贫领域的国际交流与合作，成为在国际减贫领域尤其是面向东盟国家中展现中国方案、贡献中国智慧的窗口。广西积极落实《东亚减贫合作倡议》，自 2015 年起，进一步加强与商务部国际经济合作事务局和中国国际扶贫中心的合作，在老挝万象市桑通县版索村和琅勃拉邦市象龙村开展东亚减贫示范合作技术援助项目，在老挝万象市塞塔尼县金花村开展中国—老挝减贫合作社区示范项目。运用脱贫攻坚精准识别经验，广西减贫专家在广西精准识别入户调查表的基础上，结合老挝社情民意，形成涵盖住房、家电、农机、人均土地、子女教育、家庭劳动力、健康状况等 14 大类 22 项指标的老挝项目区农户调查表，指导老挝各级项目管理人员开展入户访谈，建立农户贫困信息档案，综合考虑老挝国定贫困标准，对全部农户贫困状况进行分类，在项目政策和活动上对贫困户和中低收入户予以倾斜支持。根据老挝实际情况，广西对中国援助老挝减贫示范合作项目采用中老合作、政府主导的工作模式，建立包括老挝国家、项目省（市）、县、村的四级项目管理机构，并引入社区管理、采购管理、财务管理、第三方监测评估等理念和项目信息管理系统，形成适合老挝实际情况的各项管理制度和工具，指导老方各级项目管理人员规范实施项目。利用中国政府援外项目资金和自治区政府配套资金，广西在老挝 3 个项目村实施以基础设施和公共服务设施建设、产业发展、能力建设等为主要内容的减贫合作项目，提升当地村庄自我管理和群众发展能力。广西还多次承办中国—东盟社会发展与减贫论坛，该论坛被纳入《落实中国—东盟面向和平与繁荣的战略伙伴关系联合宣言的行动计划(2016—2020)》。承办30期国际减贫经验研修班，来自亚、非、拉的94个国家和2个区域组织的730余名减贫官员到广西交流学习，考察农村电商发展、产业扶贫、文化扶贫、旅游扶贫、金融扶贫、教育扶贫、合作社运营等重点扶贫项目。来桂的减贫官员充分肯定了广西扶贫经验对其国家减贫工作的示范和带动作用。广西积极搭建平台，与“一带一路”沿线国家特别是东盟国家分享脱贫经验，开展减贫合作，赢得广泛赞誉，为中国开展国际减贫交流合作作出了突出贡献。

## （四）亮点闪耀：形成一大批典型示范

在减贫成果取得连战连捷的同时，广西干部群众在实践中探索出多项立得住、叫得响、推得开的扶贫经验做法，得到中央领导批示，有效发挥了示范引领作用，涌现一大批生动感人的先进典型和先进集体，让各地看有典型，学有榜样。

### 1. 精准识别、精准脱贫经验做法树全国标杆

为提升贫困识别的科学性、准确性和可操作性，广西把精准识别作为精准脱贫的一项基础性工作。2015年10月—2016年1月，广西举全区之力，组织25万人进村入户开展了史无前例的精准识别。按照中央关于“两不愁三保障”的脱贫标准要求，自治区不断完善涵盖农户人口、耕地、住房等内容的指标体系，创新设计18大类98项识贫指标。采取“一进二看三算四比五议”识别法，逐

家逐户评估打分，以此识别贫困人口并建档立卡。广西在全国率先建设脱贫攻坚大数据管理平台，对脱贫攻坚实行科技化、信息化管理，从自治区到村，均建立了“挂图作战、清单管理、滚动集成、精准摘帽、带奔小康”的精准管理模式。以精准识别指标为突破点，以脱贫攻坚大数据平台为载体，以评议和公示为保障，广西精准识别的经验，得到习近平总书记肯定性重要批示。广西精准识别办法，被媒体称为“史上最严”贫困识别。为确保脱贫质量经得起检验，广西对照“两不愁三保障”标准，按照贫困户“八有一超”、贫困村“十一有一低于”、贫困县“九有一低于”的脱贫摘帽标准，每年组织开展贫困户脱贫“双认定”和贫困村脱贫认定，严格脱贫程序，层层查验审核，确保脱贫精准。实行贫困县摘帽过“双关”。第一关由自治区考核组在年终扶贫成效考核时对照脱贫标准进行专项评估检查，第二关由自治区委托第三方评估机构按照标准对贫困县进行实地核验评估。2016—2020 年，在国家第三方评估中，广西贫困人口退出精准率始终位居全国前列。2020 年 7 月—2021 年 1 月，广西分两批对 41 个县（含 33 个国家级贫困县）开展脱贫攻坚普查，广西普查方案、经验做法得到国家肯定并向其他省份推广，两批普查数据均提前通过国家审核验收。

### 2. 粤桂扶贫协作成为全国东西扶贫协作的典范

2016 年以来，广东向广西全方位提供援助支持。5 年来，广东累计提供广西财政援助资金超过 56.22 亿元，实施民生帮扶项目 2000 余个，“深圳小镇”成为东西部扶贫协作易地扶贫搬迁的样板工程。粤桂协作率先在全国出台粤桂扶贫协作 13 条优惠政策，引导 1.32 万家企业参与扶贫产业协作，共建扶贫产业园 90 个、扶贫车间321个，深巴大健康合作特别试验区成为精准对接粤港澳大湾区典范，“贺电送粤”成为全国首例电力互济扶贫项目。携手推进30个以上供粤供深农产品基地建设和品牌互认，打造粤港澳大湾区的“菜篮子”“果园子”“米袋子”。两省区互派党政干部交流764人次、专业技术人才9048人次，联合培训致富带头人10216人次，成功创业2859人，“双培双带双促”模式成为全国典型。粤桂两省区扶贫协作创新，成为全国东西扶贫协作的典范，在国家扶贫成效考核中成绩连续3年位列全国第一方阵。

### 3. 易地扶贫搬迁“八包”责任制成为全国先进工作典型

“十三五”时期，广西举全区之力，将71万搬迁对象从“一方水土养不起一方人”的地方迁出，按照“一户一策”的工作思路做好易地扶贫搬迁后续扶持。自治区党委和政府高位谋划推动易地扶贫搬迁工作，实行以“市包县、县包点”为主要内容的工作责任制，全区所有集中安置点都落实了一名县级领导挂帅，组建专门工作班子，创造性地建立实行包建设进度、包工程质量、包资金监管、包搬迁入住、包后续产业发展、包就业创业、包稳定脱贫、包考核验收的“八包”责任制，并实行专项考核，一揽子解决“搬得出、稳得住、能脱贫”问题，建立了完善的易地扶贫搬迁工作体系。2019年10月14日，在全国易地扶贫搬迁论坛上，广西作为省一级唯一代表在论坛上作典型发言，“八包”责任制成为全国先进工作典型。截至2019年11月底，全区易地扶贫搬迁安置住房全部建设完成，精准核实搬迁对象16.3万多户，全区“十三五”时期易地扶贫搬迁建设和入住任务提前一年完成目标。

### 4. 形成少数民族聚居地整体脱贫的“广西方案”

全面建成小康社会，少数民族一个都不能少，一个都不能掉队，这是党向人民群众作出的郑重承诺。按照党中央关于做好民族地区脱贫攻坚的部署，广西如期啃下了少数民族脱贫这块“硬骨头”，确保各民族如期实现全面小康。环江是全国唯一的毛南族自治县，全国约 70% 的毛南族群众居住于此，全县有 72 个毛南族聚居村、6.45 万毛南族人口，占全国毛南族总人口约 70%。受历史、自然、地理等因素制约，环江一直是广西最为贫困的地区之一，2015 年的贫困发生率高达 19.5%。脱贫攻坚战打响以后，环江从基础设施开始，全面打响供水、供电、道路、通信、住房等基础设施攻坚战，饮水难、出行难、住房难等这些千百年来的难题迎刃而解。为促进贫困群众脱贫增收，彻底拔掉深处的穷根，环江大力推

河池市环江毛南族自治县下南乡中南村南昌屯内，自治区级非物质文化遗产代表性传承人谭汝（右二）正在教村民编织花竹帽（覃义坚　卢晓东 摄）

进产业扶贫和就业扶贫帮扶，提升贫困户的“造血”功能。2016年以来，沐浴着扶贫政策的阳光，环江因地制宜发展了桑蚕、优质稻、柑橘、香猪、杉木、菜牛、油茶等主打产业，形成“一村一品牌、一户一项目”的乡村产业发展格局，创建了万亩现代特色农林扶贫产业园、中国·毛南柚美环江、环江花山果海休闲农业等特色农业核心示范区。针对少地、无地和易地搬迁的贫困群众，广西通过“送出去、引进来”的方式，全力开展就业帮扶，以产业扶贫和就业帮扶举措为抓手，环江毛南族贫困人口人均纯收入从2015年的3570.9元增加到2019年的11756.7元。2020年5月，环江退出贫困县序列，毛南族实现整族脱贫，并从此结束500多年绝对贫困的历史。习近平总书记专门对毛南族实现整族脱贫作出重要指示，希望乡亲们把脱贫作为奔向更加美好新生活的新起点，再接再厉，继续奋斗，让日子越过越红火。习近平总书记的重要指示传到毛南山乡，乡亲们反响强烈，万众欢腾。

### 5. 涌现一批脱贫攻坚模范人物和集体

在脱贫攻坚主战场上，八桂大地涌现出了一大批实绩过硬、事迹感人的先进典型，他们生活在基层、工作在一线，在平凡的岗位上书写不平凡的人生华章。被习近平总书记赞扬为谱写了新时代青春之歌的黄文秀，从北京师范大学硕士毕业后，毅然放弃在大城市的工作机会，回到家乡革命老区百色，选择到百色市乐业县新化镇百坭村担任第一书记，真正勇挑重任，把双脚扎进泥土，为群众脱贫攻坚殚精竭虑。她忍痛告别重病卧床的父亲，深夜冒雨奔向受灾群众，在2019年6月遭遇山洪因公殉职，年仅30岁的她被追授“全国优秀共产党员”“时代楷模”“全国脱贫攻坚楷模”等称号。

驻村扶贫干部黄文秀生前工作照（百色市委宣传部 供图）

把生命定格在扶贫路上的蓝标河，生前挂任融安县委常委、副县长，一手推动建立起广西扶贫成效考核体系，率先推动实行“扶贫工作日”制度，要求帮扶干部每周五到联系点帮助贫困群众解决生产生活困难，并把自己的微信昵称改成“向人民报告”，用生命践行了“脱贫济困，至死不渝”的脱贫攻坚信念。此外，还有博白县顿谷镇宣传委员、副镇长朱新文，靖西市安宁乡汤亮村驻村第一书记、自治区党委政法委执法监督室副调研员张华，都安瑶族自治县拉烈镇地平村驻村第一书记、县供销联社监事会副主任黄景教等，与黄文秀、蓝标河一样，他们都将生命奉献给了脱贫攻坚事业，用忠诚诠释了一名共产党员应有的价值追求和使命担当。他们勇于担当、开拓进取的奋斗精神，敢想敢干、勇于探索的首创精神，激励着各族人民百折不挠、奋勇向前。在 2021 年召开的全国脱贫攻坚总结表彰大会上，广西有 92 名个人、69 个集体在脱贫攻坚中因成绩突出获得表彰，这些被表彰的先进个人有来自党政机关、企事业单位敢于奉献的党员干部，有热心扶贫事业的企业家，也有致富不忘乡亲们的创业致富带头人，先进集体涉及各级党委、政府及相关职能部门、基层党组织、国有企业、民营企业以及新型农业经营主体等。

## （五）接续奋斗：勾画乡村振兴新图景

脱贫摘帽不是终点，而是新生活、新奋斗的起点。脱贫之后要“接力跑”，跑出乡村振兴发展的“加速度”。2020 年 12 月，党中央、国务院专门印发了《关于实现巩固拓展脱贫攻坚成果同乡村振兴有效衔接的意见》，明确了巩固拓展脱贫攻坚成果同乡村振兴有效衔接的总体要求，并绘就了具体的实施路径图。广西肩负巩固脱贫攻坚成果的任务艰巨，结合全区脱贫攻坚与乡村振兴工作实际，印发实施《关于实现巩固拓展脱贫攻坚成果同乡村振兴有效衔接的实施意见》，明确设立 5 年过渡期，保持过渡期内帮扶政策稳定，做好政策措施、工作体系、发展规划等有效衔接，从以解决建档立卡贫困人口“两不愁三保障”为重点转向实现乡村全面振兴，坚决守住脱贫攻坚成果，有效衔接乡村振兴。

### 1. 健全动态监测和帮扶机制，筑牢防返贫堤坝

为加强对脱贫不稳定户、边缘易致贫户，以及因病因灾因意外事故等刚性支出较大或收幅缩减导致生活困难户实施常态化监测，广西进一步健全防止返贫动态监测机制。一是建立快速发现预警机制。建立农户自主申报、基层干部走访排查、部门筛查预警、群众

百色市乐业县新化镇百坭村新貌（周军 摄）

反映的易返贫致贫人口快速发现、核查和响应机制，并组织开展集中排查，找准监测对象，做到应纳尽纳。同时，举办防止返贫动态监测和帮扶工作培训班，加强政策解读、业务培训，切实做好防止返贫工作。二是建设防贫监测信息系统。开发防止返贫动态监测和帮扶系统以及广西防贫 App，实现风险预警、审核认定、政策落实、跟踪管理的全流程信息化、智能化。建立防贫监测信息员制度，落实监测对象信息的录入、更新工作，做到专人专管。三是建立分层分类精准帮扶机制。根据监测对象的风险类型、发展需求，按照“缺什么补什么”原则，有针对性落实帮扶举措。加强对农村低收入人口的常态化帮扶，对有劳动能力的，进行开发式帮扶；对没有劳动能力的，及时纳入现有社会保障体系。

### 2. 发展壮大特色产业，充实脱贫群众“钱袋子”

按照前端抓好技术支撑、中间抓好生产组织、后端抓好市场营销的思路，广西深入实施特色产业提升行动，重点抓好特色产业发展，让脱贫群众致富有道，夯实乡村振兴的产业基础。重点完善产业发展扶持政策，出台巩固拓展脱贫攻坚成果产业奖补政策，支持县级选取5个特色优势产业进行长期培育发展，推动农业经营主体带动发展、鼓励脱贫户扩大生产。鼓励和支持脱贫地区培育绿色食品、有机农产品、地理标志农产品，打造区域公用品牌，推动各级现代农业产业园、现代特色农业示范区、农业科技示范园、农村产业融合发展示范园、村级集体经济产业园在脱贫地区拓展覆盖面，壮大脱贫地区产业集群。顺应产业融合大势，促进一二三产业融合发展，持续推动脱贫地区扶贫产业建链、补链、强链、扩链。深入开展消费帮扶活动，全力拓宽贫困地区产品流通渠道，大力开展脱贫地区农产品进高校、进企业、进机关、进园区、进社区、进商超、进电商、进电视、进深加工“九进”行动，组织各类批发市场、电商企业、大型超市等到脱贫地区对接考察、签订协议，建立稳定的产销关系。指导各地结合本地农产品实际需求，从财政衔接推进乡村振兴补助资金、广东帮扶广西协作资金安排资金投入相关巩固脱贫成效衔接乡村振兴重点项目，力争到2023年在全区建设200个数字化产地仓和1000个简易仓，农产品产地商品化年均处理能力约400万吨；到2025年建成350个数字化产地仓和3000个简易仓，提升农产品产地商品化年处理能力，推动农产品标准化、规模化、数字化、品牌化发展不断迈出新步伐。

### 3. 支持脱贫人口就业增收，拓展就业扶贫成果

广西坚持外出务工和就地就近就业“双管齐下”，让脱贫劳动力端稳就业“饭碗”。部署开展脱贫人口就业摸底排查工作，动员

乡村干部入户及时收集登记脱贫劳动力春节期间留岗人员、返乡人员和节后就业意愿、务工地点等信息，建立就业信息台账。组织系列招聘送岗活动，落实脱贫人口跨省务工交通补助政策。强化粤桂劳务协作，搭建粤桂用工信息平台，推动广东结对市、县定向吸纳广西搬迁安置区劳动力就业，实施“粤菜师傅”“广东技工”“南粤家政”等技能培训工程，帮助脱贫人口“出家门、上车门、进厂门”，让脱贫群众“稳在企业、稳在岗位”。截至2021年11月底，全区脱贫人口外出务工人数为274万人，超额完成国家下达的目标任务。持续落实带动就业政策，推动龙头企业、就业帮扶车间等优先吸纳脱贫人口就业。充分发挥公益性岗位、“以工代赈”项目作用，帮助脱贫人口实现“家门口就业”。截至2021年11月底，全区3600多家就业帮扶车间吸纳脱贫人口就业近5万人，乡村公益性岗位安置脱贫人口上岗近10万人。

### 4. 写好易地扶贫搬迁“后半篇文章”，稳住搬迁成果

为确保搬迁群众“稳得住、有就业、能致富”，全区打好务工就业、发展产业、自主创业“三业”组合拳，稳定实现有劳动能力且有就业意愿的16.04万户搬迁户一户一人以上就业。同时，加强社区管理服务。持续推进800人以上安置区集约建设社区综合服务“九个中心”[一个“社区综合服务中心（站）”、一个“新时代文明实践中心”、一个“就业社保服务中心”、一个“文体活动中心”、一个“老年服务中心”、一个“儿童之家”、一个“平价购物中心农贸市场”、一个“社会治安综合治理中心”、一个“物业服务中心”]和构建“一网统筹、事事入格”全科网络。全区集中安置区成立了455个党支部、183个村（居）委员会，完成安置村（社区）

新一届“两委”干部换届、驻村（社区）工作队选派。有序抓好搬迁户户籍转接和不动产权登记办理，全区安置住房不动产权登记办理完成率达 100%。开展精神文明和感恩教育，组织“送文艺精品下基层”和戏曲进社区等惠民活动，丰富搬迁群众精神文化生活。

### 5. 强化资金使用管理，规范项目资产管护运营

通过“资金监管分片包干责任制、项目资金绩效管理、资金动态监控管理”方式，用好管好巩固脱贫成效有效衔接乡村振兴财政资金。抓好扶贫项目资产监督管理，组织各地对脱贫攻坚以来投入的资金项目进行全面梳理，按照县级“资金—项目—资产”和镇村“资产—项目—资金”的“双向思维”，由县级财政部门梳理 2016—2020 年度资金项目情况，村级对 2016 年以来实施扶贫项目形成的资产逐一核查登记，摸清资产底数。截至 2021 年 11 月底，全区已登记扶贫项目资产 24.57 万个约 1618.82 亿元，相关经验做法得到国家乡村振兴局肯定，并在全国推广。依据项目实施不同主体、受益对象和范围，全区分类确定资产权属，并按照产权归属分级建立台账管理。实行资产信息化、绩效化“两化”管理，依托大数据平台，分类设置绩效指标，实现扶贫资产梳理、登记、管理、统计、监测信息一体化和绩效化管理。创新资产盘活、服务创收、股份合作的运营模式，鼓励和支持权属单位将经营性扶贫资产发包出租，或将经营性扶贫资产通过折股量化成股金入股等方式进行经营管理。

### 6. 完善乡村振兴帮扶机制，打造试点示范

建立乡村振兴重点帮扶县支持机制，明确 20 个国家乡村振兴

重点帮扶县和20个自治区乡村振兴重点帮扶县以及4个“参照政策给予支持”县，并在资金、项目、帮扶等方面加大支持力度。健全粤桂帮扶协作机制，签订《“十四五”时期粤桂协作框架协议》，协同推进乡村振兴各领域协作。积极开展粤桂“万企兴万村”行动，动员广东民营企业助力广西乡村振兴，累计已有1.86万家广东民营企业结对帮扶11046个村。支持粤桂协作结对地区打造乡村振兴示范，形成以点带面、示范引领效果。完善定点帮扶和社会帮扶机制，25家中央单位继续定点帮扶广西28个原国家级贫困县并保持2年稳定，积极争取中央单位加大对脱贫地区产业、就业、消费、人才等方面的支持力度。

### 7. 完善工作体系，优化组织工作架构

持续选派驻村帮扶力量。全区累计选派1.7万名干部到5372个脱贫村、78个易地搬迁安置村（社区）担任驻村第一书记和工作队员，选派5012名乡村科技特派员，确保工作不断、队伍不散，夯实乡村振兴人才支撑。加快扶贫机构改革调整，会同自治区党委编办，按照原单位级别、原有人员编制、领导职数及所属单位保持不变的原则，做好扶贫机构重组为乡村振兴局工作。2021年5月10日，自治区乡村振兴局挂牌成立。截至2021年6月8日，自治区、市、县三级乡村振兴局全部挂牌成立，是全国较早完成三级乡村振兴局挂牌成立的省份之一。广西还专门成立自治区乡村振兴战略指挥部，下设办公室和若干个专责小组，为全面推进乡村振兴、奔向新生活提供组织保障。

# 八、淬炼小康建设的广西经验

习近平总书记指出："全面建成小康社会，是我们对全国人民的庄严承诺，必须实现，而且必须全面实现，没有任何讨价还价的余地。"全面建成小康社会的伟大成就，是我们党"立志于中华民族千秋伟业，百年恰是风华正茂"的生动诠释，为我们在新的征程上全面建设社会主义现代化国家提供了深刻启示和宝贵经验。自治区成立以来特别是党的十八大以来，广西坚决贯彻落实党中央的各项决策部署，开拓创新、锐意进取，埋头苦干、砥砺前行，加快推动开放发展、创新发展、绿色发展、高质量发展，富民兴桂事业不断取得新进展、新成效。经过全区各族人民共同努力，广西脱贫攻坚战取得全面胜利，与全国一道全面建成小康社会，如期兑现了向党中央立下的军令状和向全区各族人民作出的庄严承诺，书写了中国减贫奇迹的八桂华章，八桂大地的经济社会面貌发生了翻天覆地的变化。习近平总书记 2021 年 4 月视察广西时指出："广西这些年发展进步很大，脱贫攻坚任务顺利完成了。我说过，脱贫路上一个也不能少，一个民族都不能少。中国人说话、中国共产党说话、中国共产党的领导说话是算数的。"这是对我们工作的充分肯定，给予我们极大的鼓舞。我们欣喜地看到，广西实现了由低收入阶段向

百色革命老区各族群众开展以“感党恩　跟党走”为主题的欢庆活动（蓝庆侃　摄）

总体中等收入阶段、由全国交通末梢向区域性交通枢纽、由相对封闭的边陲地区向面向东盟开放前沿、由人民生活温饱不足向全面小康迈进的历史性转变。今日之广西，经济健康发展，社会和谐稳定，民族团结和睦，边疆巩固安宁，生态环境良好，人民安居乐业，干部群众精神振奋，正昂首阔步以崭新的姿态屹立于祖国南疆。

历尽天华成此景，人间万事出艰辛。广西与全国同步全面建成小康社会的生动实践，是伟大祖国发展进步的精彩缩影。昂首筑梦，饮水思源。我们深刻地体会到，广西能取得全面建成小康社会的伟大胜利，是以习近平同志为核心的党中央坚强领导的结果，是习近平新时代中国特色社会主义思想科学指引的结果，是全区广大干部群众齐心协力攻坚克难的结果，也是社会各界各方面大力支持的结果，充分彰显了中国共产党领导和中国特色社会主义制度的显著优越性。在建设全面小康的伟大实践中，全区各族干部群众用自己的行动在各个领域积累了宝贵经验，许多方面在全国民族地区发挥了重要示范作用。实践验证真理，历史昭示未来。正如习近平总书记所指出的那样："今天，我们回顾历史，不是为了从成功中寻求慰藉，更不是为了躺在功劳簿上、为回避今天面临的困难和问题寻找借口，而是为了总结历史经验、把握历史规律，增强开拓前进的勇气和力量。"全面建成小康社会既是我们党团结带领人民不屈不挠长期奋斗取得的辉煌成就，也是我们起航新征程、扬帆再出发的新动力。认真总结全面建成小康社会的成功实践与重要经验，不仅对更好地贯彻落实党的民族政策、推动边疆民族地区高质量发展具有重要意义，而且对奋进新时代中国特色社会主义壮美广西建设新征程，谱写全面建设社会主义现代化国家的广西新篇章，实现中华民族伟大复兴的中国梦具有重要意义。

## （一）夯实根本政治保证：坚持把党的全面领导贯穿小康建设全过程各方面

党政军民学，东西南北中，党是领导一切的。办好中国的事情关键在党。坚持党的领导是党和国家的根本所在、命脉所在，也是全国各族人民的利益所系、幸福所系。全面建成小康社会是一个系统工程，必须有一个坚强的领导力量驰而不息地推进，才能排除万难、一步一个脚印地走向胜利。中国共产党具有无比坚强的领导力、组织力、执行力，是团结带领人民攻坚克难、开拓前进最可靠的领导力量。回顾全面建成小康社会伟大历程不难发现，这一伟大实践始终是在中国共产党坚强领导下进行的。全面建成小康社会能够如期实现，最根本在于中国共产党始终发挥了领导核心作用，提供了坚强有力的根本保证。放眼人类历史，没有哪一个政党能够像中国共产党这样，提出一个如此紧贴民心而又宏伟远大的经济社会发展目标，并用几代人、几十年的时间接续奋斗，将之逐步变为现实。作为全面小康建设过程中的主心骨，中国共产党综合施策，不仅从理念、方针、战略上，而且从政策、举措和步骤上，为全面建成小康社会谋好了全局、把好了方向、抓住了机遇，特别是党的十八大以来，以习近平同志为核心的党中央，科学把握世界发展大势，统揽全局、协调各方，全面加强党对经济社会发展的集中统一领导，加强顶层设计，不断破除影响全面建成小康社会的体制机制障碍。全党不断增强“四个意识”、坚定“四个自信”、做到“两个维护”，全面准确贯彻落实党中央各项决策部署，认真履职尽责，最终战胜了各种重大挑战、抵御了各种重大风险、克服了诸多重大

广西充分发挥基层党组织引领作用，推动村级集体经济发展壮大。图为党员干部带头开垦经济林地（游拥军 摄）

阻力、化解了各种重大矛盾，夺取全面建成小康社会伟大胜利，奋力实现第一个百年奋斗目标。

广西作为边疆民族地区，与全国同步全面建成小康社会、确保祖国南疆巩固安宁，既是各级党委、政府责无旁贷的政治责任，也是全区 5700 多万各族人民的共同期盼。特别是习近平总书记对广西各族人民的深情厚谊，对八桂事业发展的热切期望，对广西党员干部的殷切嘱托，为广西全面建成小康社会提供了根本指引、注入了强大动力。我们始终坚持以习近平新时代中国特色社会主义思想为指导，自觉把践行习近平总书记视察广西“4·27”重要讲话精神和对广西工作的系列重要指示要求作为践行“两个维护”的重要检验，把党的领导贯穿于建设小康的全过程各方面，层层压实责任，构筑严密的组织保障体系，以无比坚定的政治立场和政治自觉，坚决贯彻落实党中央的各项决策部署，将党中央的正确领导与广西具体实际相结合，将习近平总书记对广西全面建成小康社会的殷殷嘱托和谆谆教诲切实转化为推动广西全面小康的生动实践。比如，全面落实自治区负总责、市县抓落实、乡村实施的责任制，坚持五级书记抓扶贫，层层签订责任书；强化扶贫开发领导小组统筹协调作用，设立扶贫专责小组，实行“年部署、季会商、月调度、周暗访”工作推进机制；狠抓党建促脱贫攻坚，全面推行党组织“星级化”管理，让基层党组织强起来、活起来、壮起来，成为带领群众脱贫致富的先锋队，鲜红的党旗始终在脱贫攻坚一线高高飘扬……2020 年，“十三五”规划收官之年，全面建成小康社会胜利在即，百年不遇的新冠肺炎疫情突然暴发。自治区党委、政府坚决贯彻习近平总书记重要指示批示精神和党中央决策部署，统筹疫情防控和经济社会发展，团结带领 5700 多万广西儿女迎难而上、共克时艰，一手抓防控，一手抓发展，一系列有力举措直达基层、立竿见影，确保广西如期完成脱贫攻坚任务，不让任何一个民族掉队。这道“加试题”让全面小康含金量更足。攻坚克难的关键时刻，主心骨越是坚强有力，就越能凝聚风雨无阻的力量。实践证明，广西全面建成小康社会所取得的一切成就，都是全区各族人民紧紧团结在党中央正确领导下共同奋斗的成果。始终坚持中国共产党的领导，始终坚定不移走中国特色社会主义道路，是广西各项事业不断从胜利走向新的胜利的根本保证。

大江流日夜，慷慨歌未央。回首过去，立足当下，展望未来，我们已经真正全面建成小康社会、实现第一个百年奋斗目标，现在正乘势而上开启全面建设社会主义现代化国家新征程，向第二个百年奋斗目标进军。当前，国际形势错综复杂，广西改革发展稳定的任务越发艰巨。越是在风雨中前进、于困境中突围，越是需要把准正确航向、坚定发展方向。以党的旗帜为旗帜、以党的意志为意志、以党的使命为使命，确保党始终成为伟大事业的坚强领导核心，必将汇聚起不可阻挡的磅礴力量。迈步新征程，我们要牢记领袖嘱托，更加紧密团结在以习近平同志为核心的党中央周围，深刻领悟“两个确立”的决定性意义，增强“四个意识”、坚定“四个自信”、做到“两个维护”，持续深入贯彻落实习近平总书记视察广西“4·27”重要讲话精神和对广西工作的系列重要指示要求，全面推进富民兴桂各项事业，奋力谱写新时代广西发展新篇章，确保广西各项工作始终沿着正确方向前进，不断开创新的辉煌。

## （二）凝聚奋进磅礴力量：坚持尊重人民群众的主体地位和首创精神

马克思主义认为，人民群众是创造历史的主体，不仅创造社会物质财富，而且创造社会精神财富，还是社会变革的决定力量。中国共产党百年奋斗历程充分证明，人民群众是胜利之本、力量之源。毛泽东同志指出，真正的铜墙铁壁是什么？是群众，是千百万真心实意地拥护革命的群众。习近平总书记指出，人民是我们党执政的最大底气，是我们共和国的坚实根基。人民群众中蕴含着无穷的创造力，是我们做好事业、成就事业的源泉和动力所在。“积力之所举，则无不胜也；众智之所为，则无不成也。”只要有人民群众的大力支持和广泛参与，我们就没有克服不了的困难，就没有迈不过去的坎。全面建成小康社会、第一个百年奋斗目标得以如期实现，归结到一点，这一伟大成就不是天上掉下来的，更不是别人恩赐施舍的，而是在中国共产党领导下全党全国各族人民用勤劳、智慧、勇气干出来的！全面小康就是人民奋斗出来的小康，没有人民群众的赞成和支持，没有人民群众的参与和团结，没有人民群众的创造和奋斗，就没有全面建成小康社会的伟大历史性成就。这是我们今天深入学习领会习近平总书记关于全面建成小康社会的重要论述，认真研究总结全面建成小康社会伟大实践得到的一个基本结论。特别是面对贫困这一人类社会的顽疾、世界各国的难题，习近平总书记坚持内因与外因、主观与客观辩证统一，明确提出贫困群众既是脱贫攻坚的对象，更是脱贫致富的主体，并从激发“智”和“志”内力内因出发，唤醒了贫困群众的主体意识，激发了脱贫攻坚的内生动力，实现了“富脑袋”与“富口袋”双丰收，为脱贫致富奔小康提供了不竭的力量源泉。

广西人民是勤劳勇敢的人民，是建设小康的中坚力量。尤其在决战脱贫攻坚过程中，我们充分发挥人民群众的主体作用，把激发扶贫对象的内生动力摆在突出位置，坚持“输血”和“造血”并重，引导贫困群众自立自强，通过自身劳动摆脱贫困、改变命运。一方面，加强扶智，加大贫困人口产业、就业技能培训，鼓励支持农户自主探索产业发展项目，积极加强科技扶贫，做实智力扶贫，依托专业合作社，通过精准链接农业科技专家资源、信息、技术，帮助贫困群众获信息、长知识、会技能、懂技术，不断增强贫困群众发展生产、脱贫致富的技能和能力。另一方面，加强扶志，积极培育创业致富带头人，组织脱贫户、贫困户、帮扶干部三方见面会，选树脱贫攻坚典型户、对脱贫户进行激励表彰，开展脱贫攻坚“明白人”教育活动等，通过龙头带动、榜样引领、教育引导，让贫困群众树立战胜贫困的信心，坚定跟党走的决心，培育感恩奉献的良心。在不懈奋斗的历程中，平凡英雄在各条战线、各个领域不断涌现。他们当中，既有在危急关头挺身而出、护佑生命的医生护士、人民警察，也有在科技教育领域刻苦钻研、辛勤付出的科技工作者、人民教师；既有以身作则带领党员干部创先争优、勇创佳绩的基层党组织负责人，也有扎根农村、倾情帮扶的驻村干部。大家都在广西奔向全面小康的历史性跨越进程中贡献出了自己的智慧和力量。人民的团结奋斗，凝结成历史性成就和变革；汗水的付出结晶，折射出全面小康的成色。实践证明，只要始终坚持一切为了人民、一切依靠人民，尊重人民群众主体地位和首创精神，我们就能汇聚发展的磅礴伟力，就能摆脱贫困、拔出穷根，夺取全面建成小康社会的伟大胜利。面向未来，在全面建设社会主义现代化国家的新征程中，人民群众同样始终是磅礴强大的力量。我们要更加尊重人民主体地位，更好激发群众的首创精神，集聚群众智慧与经验，请人民群众作为各项工作的最高评判者，坚持问需于民、问计于民、问效于民，不断提升人民的共建共治水平，在建设新时代中国特色社会主义壮美广西的征程上努力创造符合客观实际、经得起群众检验的新业绩。

### （三）提供科学方法指引：坚持宏观统筹推进和突出民生重点相衔接

做任何事，都要讲究方法。全面小康是统筹兼顾、重点突破的小康。全面建成小康社会，不仅强调“小康”，还强调“全面”，集中体现了我们党坚持统筹兼顾的科学方法论。习近平总书记指出：“统筹兼顾是中国共产党的一个科学方法论。它的哲学内涵就是马克思主义辩证法。”全面建成小康社会是建成高标准的小康社会、覆盖全面的小康社会，需要增强辩证思维，坚持统筹兼顾。发展不平衡、不协调、不可持续的问题，制约着经济社会的持续健康发展，制约着全面建成小康社会目标的如期实现。既要坚持统筹推进，又要坚持突出重点，是确保如期全面建成小康社会的新要求，是辩证思维的具体运用。党的十八大以来，广西始终坚持科学方法论，注重统筹处理好经济社会发展中的重大关系、优化各种结构、补齐明显短板，坚持突出重点，着力解决群众身边的“急难愁盼”问题，探索出一条既注重宏观统筹推进，又突出重点任务、补齐民生短板的“十指弹钢琴”的科学方法体系，使工作既有全面性又有针对性，保障了小康社会建成任务的有效推进落实。

一方面是坚持系统观念统筹推进全面建成小康社会。习近平总书记指出：“系统观念是具有基础性的思想和工作方法。”广西坚持以习近平总书记关于系统观念的重要论述为指导，对标对表全面建成小康社会指标体系，结合实际作出系列部署。在发展目标上，把“凝心聚力建设新时代中国特色社会主义壮美广西”作为新时代广西发展的总目标总要求，把贯彻“三大定位”新使命和“五个扎实”新要求作为广西改革发展的主线，紧紧围绕“四个新”总要求和四个方面重要工作要求开展工作。在工作布局上，盘活开放发展这一盘棋，打好精准脱贫这一硬仗，落实协调发展这一要求，激活改革创新这一动力，发挥好生态环境这一优势，抓好党的建设这一

2016 年，南宁轨道交通 1 号线正式开通试运营，广西首府南宁从此迈入地铁时代（陈峰 摄）

根本保障。在区域统筹上，以“强首府”“北钦防一体化”为抓手建优建强北部湾经济区，以全面对接粤港澳大湾区为重点提升做实珠江—西江经济带，以兴边富民和稳边固边为着力点推动左右江革命老区振兴，以世界一流为目标推进桂林国际旅游胜地提质升级，着力构建龙头带动、区带支撑、特色鲜明、协调发展的区域经济新格局。在产业发展上，坚持强龙头、补链条、聚集群，抓创新、创品牌、拓市场，培植“工业树”，打造“产业林”。在改革攻坚上，按照“加强统筹、突出重点、狠抓落实、务求实效”的工作思路，建立健全保障贯彻新发展理念和推动经济高质量发展的体制机制。在创新发展上，坚持前端聚焦、中间协同、后端转化，创新支撑产业高质量发展。在开放合作上，坚持内聚外合、纵横联动，构建“南向、北联、东融、西合”全方位开放发展新格局。在生态文明建设上，坚定不移走绿色发展道路，立足生态优势，盘活生态资源，开发生态产品，把绿水青山变成金山银山。这一整套的谋篇布局，将贯彻中央精神与广西实际紧密结合起来，指引广西全面建成小康社会。

坚持新发展理念积聚决胜全面建成小康社会新动能。坚持新发展理念，是关系我国发展全局的一场深刻变革，为推动高质量发展提供了根本指引。广西完整、准确、全面贯彻新发展理念，把高质量发展要求充分体现到经济社会发展的各领域全过程，扎实推动质量变革、效率变革、动力变革。深化供给侧结构性改革，加快转变发展方式，着力推动产业优化升级、转变发展方式、提高创新能力，大力实施工业强桂战略，坚持强龙头、补链条、聚集群，实施科技创新支撑产业高质量发展行动和科技创新工程，加大招商引资和项目建设力度，加快培植“工业树”、打造“产业林”，夯实实体经济基础，推动经济持续健康发展和社会事业全面进步，努力实现更高质量、更有效率、更加公平、更可持续、更为安全的发展。

另一方面是坚持把人民对美好生活的向往作为全面建成小康社会的出发点和落脚点。“让各族群众都过上好日子，是我一直以来的心愿，也是我们共同奋斗的目标。”习近平总书记的重要论述，将人民置于发展的核心位置，把实现人民对美好生活的向往作为发展的目的和归宿，彰显了情系群众、关注民生的深厚为民情怀。习近平总书记把贫困人口如期脱贫、解决区域性整体贫困，作为全面建成小康社会的底线任务。他强调“全面建成小康社会，一个民族都不能少”，“只要还有一家一户乃至一个人没有解决基本生活问题，我们就不能安之若素；只要群众对幸福生活的憧憬还没有变成现实，我们就要毫不懈怠团结带领群众一起奋斗”。广西深刻领悟习近平总书记的重要论述精神，深入贯彻以人民为中心的发展思想和人民至上理念，从人民群众最关心、最直接、最现实的利益问

南宁市宾阳县大力发展富硒农业，促进农民增收、农业增效、农村发展。图为宾阳县古辣镇稻田（陈莲芬 摄）

题入手，统筹抓好民主法治建设和民生保障工作，履行好保基本、保底线、保民生的兜底责任，每年八成以上财政支出用于民生。积极顺应人民物质文化需求新变化，加快建设现代公共服务体系，多渠道增加城乡居民收入，全面发展社会事业，推进城乡基本公共文化服务标准化、均等化建设，更好地满足人民群众精神文化需求，不断实现好、维护好、发展好最广大人民的根本利益，在保障全区各族群众在幼有所育、学有所教、劳有所得、病有所医、老有所养、住有所居、弱有所扶上不断取得新进展。把稳边固边和兴边富边结合起来，加强和创新社会治理，持续推进民族团结进步模范区建设，努力让广西人民过上更加幸福美满的好日子，全区呈现出边疆巩固安宁、民族团结和睦、社会和谐稳定的好局面。

因此，广西既注重以系统观念和贯彻新发展理念的宏观维度，强化创新、协调、绿色、开放、共享对全面建成小康社会的宏观指引，推动创新支撑产业高质量发展和工业振兴，推动生态产业化和产业生态化，推动构建“南向、北联、东融、西合”全方位开放发展新格局，又突出坚持人民至上、牢牢守住民生底线的全面小康建设重点，着力在教育、医疗、卫生、就业、社保等民生领域推出系列改革和集成创新举措，让改革发展成果更多更公平地惠及广西群众。“十四五”时期，要继续以习近平新时代中国特色社会主义思想为指导，坚持科学的方法指引，以宏观统筹全区现代化建设与微观满足人民对美好生活的新期待相结合，全面推进乡村振兴，提升人民生活品质，切实推进全区人民共同富裕取得更为实质性的进展，真正以干部工作的“辛苦指数”换取人民群众生活的“幸福指数”，把科学方法论应用、体现和印证于不断提升的人民群众的获得感、幸福感与安全感当中。

## （四）激发强大治理效能：坚持强化政策创新与彰显制度优势相贯通

全面建成小康社会，体现在一系列思想、战略、政策、制度的有力变革和与时俱进的创新，彰显出社会主义制度的显著优势与强大治理效能。广西地处华南地区西部，属欠发达地区，打赢脱贫攻坚战、决胜全面建成小康社会的难度巨大，必须通过超常规的政策集成创新、超优越的制度优势释放，才能如期与全国同步实现全面建成小康社会的奋斗目标。党的十八大以来，广西充分整合西部大开发、沿边沿海沿江、脱贫攻坚、西部陆海新通道、自由贸易区建设等方面的政策支持，有效集成创新，在加快建设现代化经济体系，提高基本公共服务水平，调整产业、教育、就业结构，以及加快基础设施建设和生态环境保护等方面构筑了支撑广西全面建成小

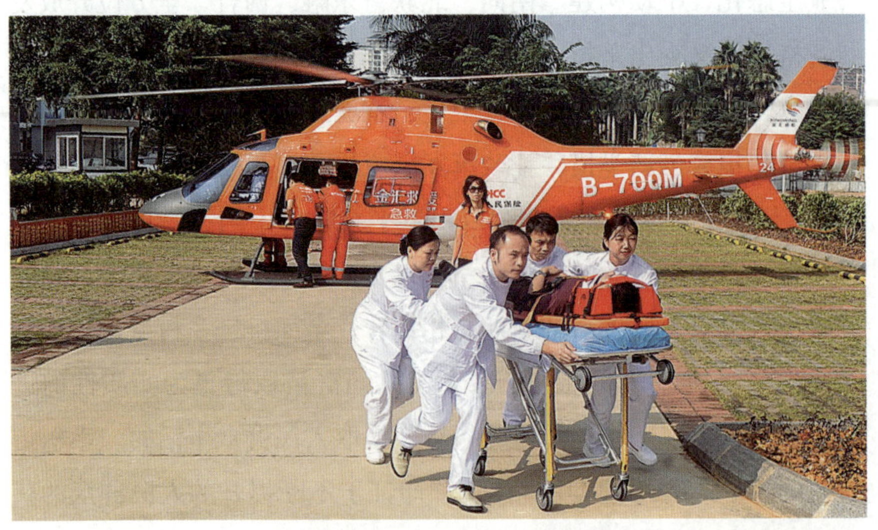


南宁市急救医疗中心“空地结合”立体化院前紧急医疗救援演练（梁莹 摄）

康社会的政策支撑体系。扎实推进国家治理体系和治理能力现代化，发挥地方自治、基层自治的传统优势，构建具有广西特色的省域治理现代化体系。坚持和完善共建共治共享的社会治理制度，以简约高效为导向、以党建引领为主导、以社会协同为支撑，在统筹“两个大局”的基础上推进边疆治理现代化，并注重完善乡村和社区治理体制。特别是把党建引领作为构建基层社会治理新格局的主导力量，把简约高效作为完善乡村和社区治理体制的方向，把社会协同作为完善基层社会治理体制和格局的支撑，充分调动和发挥民族地区资源、乡贤、社会组织等方面作用，努力形成党的领导全面、体制机制简约、运行管理高效、多方协同治理、群众办事便捷的基层治理新格局。同时，健全政治、自治、法治、德治、智治“五治融合”机制，扎实推进社会和谐稳定模范区创建活动，加强平安广西建设，完善立体化社会治安防控体系，推进基层管理服务

2016年5月1日，在柳州市融安县国税局办税大厅，工作人员在办理“营改增”业务。这一日，营业税正式退出历史舞台，“营改增”在全国推开（谭凯兴 摄）

网格化智能化社会化。深入推进兴边富民行动，完善党政军警民“五位一体”合力强边固防机制，依法坚决打击“三股势力”和敌对势力渗透破坏活动，严厉打击涉毒、涉枪、走私及拐卖人口等严重跨境违法犯罪活动，维护了祖国南疆的和谐稳定和长治久安，向党和人民交出了一份边疆基层社会治理创新的“广西答卷”，有效支撑和丰富了广西全面小康社会的内涵，充分彰显了社会主义制度的非凡组织动员能力、统筹协调能力、贯彻执行能力，充分发挥了社会主义制度集中力量办大事、办难事、办急事的独特优势。“十四五”期间，广西要更加注重利用政策制度的有利条件，继续在全面深化改革、优化营商环境、推动政策集成创新和治理效能提升方面，为广西现代化建设提供更加强大的政策支撑和释放更加强大的治理效能。

### （五）奠定扎实社会基础：坚持巩固民族团结和维护边疆安宁相协同

全面建成小康社会必须要有和谐稳定的社会基础作为依托。广西作为人口最多的民族自治区，同时是边境地区，担负着推进边疆建设、维护边防安全、保持边境安宁的重大职责，筑牢边境地区中华民族共同体意识，推进抵边村的乡村振兴和现代化进程责无旁贷。党的十八大以来，广西以铸牢中华民族共同体意识为主线，以建设民族团结进步示范区为目标，以开展兴边富民行动为抓手，加强中华民族共同体意识教育，充分利用每年举行的“民族团结进步宣传月”和自治区、自治县、民族乡逢10周年庆典等重大活动，坚持以正面教育为主，持续加大对民族工作成就和民族团结进步先进典型的宣传，使民族区域自治制度的优越性、党的民族政策的正确性和“三个离不开”的思想深入人心；坚持把民族团结进步教育贯穿各级各类学校教育的全过程，使“三个离不开”的思想深深扎根于各族青少年心中；坚持在重大节庆、重大活动中强化宣传教育，强化各族人民团结和谐、共同进步的思想共识；坚持重在交心、重在平时、重在行动、重在基层，广泛开展民族团结进步创建进机关、进企业、进社区、进乡镇、进学校、进宗教活动场所等“六进”活动，将“壮族三月三”设定为法定节假日，推动上百个传统民族节庆复兴；坚持把社会主义核心价值体系融入民族团结进步宣传教育，尊重差异，包容多样，最大限度地凝聚社会思想共识，在全社会唱响“中华民族一家亲、同心共筑中国梦”的民族团结进步主旋律。

注重发挥区域优秀传统文化的滋养功能，大力实施以农村为重点的文化惠民工程、少数民族文化抢救保护工程、少数民族文化图书精品工程等，积极培育共有文化，架起促进民心相通、加强民族团结的桥梁。加强民族文化精品创作和非物质文化遗产保护工作，抓好革命光荣传统教育，大力宣传“校长爸爸”莫振高、“扶贫状元”莫文珍以及黄大年、谢华娟等先进人物的事迹。

支持引导各族人民群众共居共事共学共乐，引导各族群众把智慧和力量凝聚到促进民族团结、共建美好家园上来，不断增进各民族对伟大祖国、中华民族、中华文化、中国共产党、中国特色社会主义的认同，铸牢中华民族共同体意识的八桂根基。坚持民族区域自治制度，将民族区域自治制度优势转化为民族事务治理效能，使各族群众能够充分实现自己管理自己内部事务，民族团结进步事业

2021 年 7 月，百色市那坡县“民族合唱队”走进武警那坡中队，与官兵共同演唱军歌和广西民歌，共话军民鱼水情（余海洋 摄）

持续巩固发展，各民族长期亲如一家的朋友圈、社交圈、生活圈不断扩大。全区有 130 万个家庭由两个以上民族组成，各民族同饮一江水、同耕一垌田、同住一个村、同组一个家、同读一个班、同过一个节的和谐景象随处可见，堪称我国民族团结进步的典范。着力面向东盟国家开展沿边开放开发，边境地区发展质量显著提升，边境地区成为服务和融入“一带一路”建设的前沿和窗口，为边疆巩固安宁构筑了坚实的开放平台。“十四五”时期，广西要全面贯彻党的民族政策，在推动边疆地区高质量发展方面闯出新路子，同时进一步强化面向东盟开放合作，构建国内国际双循环重要节点枢纽，以高质量发展和高水平开放的实际成效保障民族团结和边境安宁，为建设新时代中国特色社会主义壮美广西不断夯实社会基础。

全面建成小康社会，既是国家发展的雄壮交响，也是人民笑颜绽放的鲜活故事。它书写在消除绝对贫困的人间奇迹里，也书写在壮美广西建设的壮阔征程中；书写在不断增多的蓝天、不断延伸的绿道、不断改善的居住环境里，更书写在让人民生活“一年更比一年好”的追求里。这不仅饱含着一个个家庭、一个个乡村、一个个市县艰苦创业的奋斗故事，而且蕴藏着中国共产党为什么能、马克思主义为什么行、中国特色社会主义为什么好的关键密码。小康社会的全面建成极大地鼓舞了党和人民的信心与勇气，为我们意气风发向着全面建成社会主义现代化强国的第二个百年奋斗目标迈进奠定了坚实基础。这不是终点，而是新生活、新奋斗的起点。进入新阶段、奋进新征程、建功新时代，我们要在以习近平同志为核心的党中央的坚强领导下，紧紧依靠全区各族人民，锚定凝心聚力建设新时代中国特色社会主义壮美广西的总目标，埋头苦干、勇毅前行，不断谱写全面建设社会主义现代化国家的广西发展新篇章，不负历史、不负时代、不负人民。

# 九、奋进壮美广西建设新征程

人民领袖情系广西，殷殷嘱托指引征程。党的十八大以来，以习近平同志为核心的党中央对广西工作高度重视、亲切关怀。习近平总书记多次就广西工作作出系列重要指示要求，在全国人大会议期间同广西代表团共商国是，两次亲临广西视察，对广西各族人民饱含浓浓深情，对广西加快发展提出殷殷嘱托。2015 年 3 月，习近平总书记参加全国人大会议广西代表团审议时，赋予广西“三大定位”新使命，要求广西构建面向东盟的国际大通道、打造西南中南地区开放发展新的战略支点、形成“一带一路”有机衔接的重要门户，不断谱写祖国南疆繁荣稳定新篇章。2017 年是党的十九大召开之年，习近平总书记深入广西北海、南宁调研，实地了解基层干部群众对党的十九大的建议和期待，对广西提出“五个扎实”新要求，要求广西扎实推动经济持续健康发展、扎实推进现代特色农业建设、扎实推进民生建设和脱贫攻坚、扎实推进生态环境保护建设、扎实建设坚强有力的领导班子，要求广西立足“一湾相挽十一国，良性互动东中西”的独特区位，打造全方位开放发展新格局。这是在重要时间节点、就重大主题进行的一次重要视察。2018 年 12 月，习近平总书记为庆祝广西壮族自治区成立 60 周年题词“建

设壮美广西 共圆复兴梦想”；2020年、2021年，习近平总书记先后在第17届中国—东盟博览会和中国—东盟商务与投资峰会开幕式上发表视频致辞、向第18届中国—东盟博览会和中国—东盟商务与投资峰会致贺信，连续向世界宣示中国扩大对外开放的坚定决心，擘画中国—东盟关系发展蓝图，进一步凸显广西的独特作用。

千年潮未落，风起再扬帆。2021年是中国共产党成立100周年，当年4月25日至27日，习近平总书记再次亲临广西视察。湘江之畔祭英魂，桂北乡村探振兴，漓江之上察生态，柳江之滨看产业，民族博物馆里话团结……习近平总书记一路走来，作出一系列重要指示。特别是在“4·27”重要讲话中，习近平总书记首次系统阐述了广西在全国发展大局中的“四个突出特点”：一是广西地处我国华南地区西部，属于欠发达省区，改革发展和巩固脱贫攻坚成果任务艰巨；二是广西是我国少数民族人口最多的自治区，同时是革命老区、边境地区，民族团结、边疆巩固同国家安全紧密相关；三是广西是我国南方重要生态屏障，承担着维护生态安全的重大职责；四是广西同东盟国家陆海相邻，是我国面向东盟开放合作的前沿和窗口。同时，习近平总书记以恢宏的全局视野和深邃的战略眼光，赋予广西“凝心聚力建设新时代中国特色社会主义壮美广西”的总目标，并提出“四个新”总要求：在推动边疆民族地区高质量发展上闯出新路子，在服务和融入新发展格局上展现新作为，在推动绿色发展上迈出新步伐，在巩固发展民族团结、社会稳定、边疆安宁上彰显新担当。习近平总书记和党中央对广西发展的殷切期待和厚望重托，为加快广西经济社会高质量发展指明了前进方向、注入了强大动力、带来了巨大机遇、提供了根本遵循。

在以习近平同志为核心的党中央坚强领导下，全区上下牢记嘱托、感恩奋进、团结拼搏、克难攻坚，决战决胜脱贫攻坚，扎实做好“六稳”工作，全面落实“六保”任务，大力推进广西治理现代化，切实保障和改善民生，全面加强党的建设，着力营造“三大生态”、实现“两个建成”，办好了一系列喜事盛事，干成了一系列大事要事，在大战大考中交出了优异答卷，推动富民兴桂各项事业取得历史性成就。经过不懈奋斗，广西与全国同步全面建成了小康社会，历史性地解决了绝对贫困问题，广西人民孜孜以求的千年梦想得以实现，这是全区广大共产党员和各族人民的伟大光荣，这是彪炳广西史册的辉煌成就！正如习近平总书记2021年视察广西时指出，广西的工作是很扎实的，发展进步很大，抓落实是有成效的，党中央对广西的工作是肯定的。这是对广西工作的最高褒奖。

与全国同步全面建成小康社会之后，广西已站上一个新的历史起点，迈入了新的发展阶段。这个新阶段，是巩固提升全面建成小康社会成果、大步迈向现代化的新阶段，迫切要求我们立足全面建成小康社会刚刚踩线达标这个实际，承前启后、继往开来，以更大决心和力度抓建设促发展，加快建设具有广西特色的现代化经济体系、现代化基础设施体系、现代化公共服务体系、现代化社会治理体系，与全国同步实现全面建成社会主义现代化宏伟目标。这个新阶段，是着力扩量提质增效、加快实现高质量发展的新阶段，迫切要求我们立足后发展欠发达这个最大区情，奋力拼搏、提速争先，强化开放引领、突出创新驱动、加快绿色发展，推进产业振兴、乡村振兴、科教振兴，切实加快发展、转型升级、全面提质，在边疆民族地区高质量发展上闯出新路子，努力走在中西部发展前列，实现赶超崛起。这个新阶段，是加快提高人民生活水平、扎实推动共同富裕的新阶段，迫切要求我们顺应广西人民对美好生活的新期待，着力提高发展的协调性平衡性包容性，提升基本公共服务水平，推动城乡统筹协调发展，不断丰富人民精神文化生活，全方位提高人民生活品质。

我们要牢记领袖嘱托，胸怀“两个大局”、心系“国之大者”，勇担历史使命，凝心聚力建设新时代中国特色社会主义壮美广西。这是习近平总书记亲自为新时代广西发展确定的总目标，是立足新发展阶段为广西发展明确的科学定位，是着眼于全国发展大局赋予广西的崇高使命，是面向社会主义现代化建设新征程为广西作出的精准导航，承载着习近平总书记和党中央对广西各族人民奋进新征程、建功新时代的厚望重托和殷切期待。自治区第十二次党代会形成了建设壮美广西的“1+1+4+3+N”目标任务体系，明确将凝心聚力建设新时代中国特色社会主义壮美广西作为未来发展的总目标，充分彰显了自治区党委牢记领袖嘱托、勇担历史使命的政治自觉与坚定决心。

自治区第十二次党代会报告浓墨重彩地对为什么建设、建设什么样的和怎样建设新时代中国特色社会主义壮美广西等方向性、原则性、根本性问题作出了具体阐述，指出顺应新的发展阶段要求，我们要建设的壮美广西，是汇聚广西各族人民智慧、精神和力量的壮美广西，是加快高质量发展、与新时代历史同步的壮美广西，是更好彰显中国特色社会主义制度优势的壮美广西，是大步迈向现代化的壮美广西，是扎实推动共同富裕的壮美广西。同时，在此基础上，报告分别描绘了凝心聚力建设新时代中国特色社会主义壮美广西的远景目标和近期目标。

远景目标就是将建设“五个广西”。展望未来，我们将建设更为繁荣富裕的广西。全区经济总量和综合实力迈上新台阶，创新支撑产业高质量发展能力全面提升，基本建成现代化经济体系和现代产业体系，实现充分协调平衡包容发展，发展面貌根本改观，在边疆民族地区率先实现高质量发展、率先基本实现现代化、率先推动共同富裕取得实质性进展。展望未来，我们将建设更为团结和谐的广西。中华民族共同体意识深深扎根八桂大地，各族人民深度交往交流交融，民族团结和睦，社会和谐稳定，边疆巩固安宁。展望未来，我们将建设更为开放包容的广西。实现“三大定位”，成为面向东盟的国际大通道、西南中南地区开放发展新的战略支点、“一带一路”有机衔接的重要门户，深度融入中国—东盟命运共同体建设，深度融入粤港澳大湾区建设，成为人才荟萃、要素集聚、业态繁荣的创新创业热土。展望未来，我们将建设更为文明法治的广西。人民素质和社会文明程度大幅提升，文化事业、文化产业繁荣发展，文化软实力显著增强，广西治理现代化基本实现，人民平等参与、平等发展权利得到充分保障，建成更高水平的法治广西、平安广西。展望未来，我们将建设更为宜居康寿的广西。人与自然和谐共生，绚美城市与美丽乡村交相辉映、秀美山水与美好生活有机融合，人民健康长寿，各美其美、美人之美、美美与共，多姿多彩的广西更加美轮美奂。

近期目标就是未来五年要努力实现“五个明显成效”。

——高质量发展取得明显成效。贯彻“巩固、增强、提升、畅通”八字方针，深入推进供给侧结构性改革，加快建设现代化经济体系。经济持续健康发展，增长速度高于全国和西部平均水平，经济结构持续优化，综合实力显著增强，新型工业化、信息化、城镇化、农业现代化水平明显提高，加快形成新时代西部大开发新的增长极。面向东盟科技创新合作区加快建设，科技支撑能力和创新能

桂林智神信息技术有限公司是国家高新技术企业、自治区首批“瞪羚企业”，其产品远销 60 多个国家和地区（滕嘉 摄）

力明显增强。数字经济加快发展，以智赋能、以数提效，数字产业化、产业数字化取得突破性进展。

——服务和融入新发展格局取得明显成效。“三大定位”建设持续推进，西部陆海新通道牵引作用更加凸显，北部湾国际门户港基本建成，向海经济长足发展。北部湾经济区与粤港澳大湾区“两湾”联动实现重大突破，面向东盟、RCEP 和“一带一路”的国际合作和竞争新优势加快形成，“大湾区—北部湾经济区—东盟”跨区域跨境产业链供应链加快构建，开放型经济水平明显提高。打造办事效率高、开放程度高、法治保障高、宜商宜业宜成的一流营商环境，进一步提升市场化法治化国际化水平。

——生态环境保护建设取得明显成效。生态环境质量保持全国前列，南方重要生态屏障持续筑牢，青山常在、清水长流、空气常新，八桂大地“山水秀甲天下”的颜值更高。生态经济蓬勃发展，生态价值充分彰显。绿色生产生活方式广泛形成，城乡人居环境明显改善，人民健康水平和人均预期寿命稳步提升，人与自然和谐共生的宏大场景得以生动展现。

——法治广西、平安广西建设取得明显成效。治理体系和治理能力现代化建设深入推进，共建铸牢中华民族共同体意识示范区取得明显进展，加强和创新社会治理取得新成效，依法治区水平全面提升，社会公平正义持续彰显，社会和谐稳定持续巩固，维护国家安全工作持续加强，防范化解风险和应急管理能力不断提升，祖国南疆安全稳定屏障更加牢固。

——高品质生活取得明显成效。人民生活品质不断提高，城乡区域协调发展稳步推进，乡村振兴步伐加快，城乡居民收入持续增长、差距逐渐缩小，文化、教育、卫生、体育等公共服务体系更加健全，人民精神文化生活更加丰富，共同富裕迈出坚实步伐，人民群众共享壮美广西建设成果，获得感幸福感安全感更加充实、更有保障、更可持续。

远景目标与近期目标二者统一于总目标，有序、完整、清晰地勾勒出凝心聚力建设新时代中国特色社会主义壮美广西的全景图、施工图、路线图。我们必须系统深入思考这些事关发展全局的重大问题，理清当中的历史逻辑、理论逻辑、现实逻辑与价值逻辑，深刻把握总目标的精神实质与核心要义，心往一处想、劲往一处使，把思想和行动统一到习近平总书记和党中央指引的方向上来，把智慧和力量汇聚到建设新时代中国特色社会主义壮美广西的实践上来。

一方面，我们必须深刻把握当前广西建设面临的机遇和挑战。从挑战看，世界进入动荡变革期，新冠肺炎疫情影响持续深化；我国转向高质量发展阶段，区域经济格局深刻调整，市场竞争更加激烈；广西产业实力和创新能力不强，工业化、城镇化水平不高，能源、科技、人才等短板突出，转型升级步伐亟须加快，营商环境和创新环境亟待优化，开放水平亟待提高；城乡居民收入、公共服务总体水平偏低，社会保障、公共安全、社会治理等领域存在不少弱项；一些干部能力素质不适应高质量发展要求，反腐败斗争形势依然严峻复杂，全面从严治党仍需纵深推进。从机遇看，国家加快构建新发展格局，推进新时代西部大开发形成新格局，深入推进西部陆海新通道建设，广西拥有独特的区位优势，战略地位更加凸显；"一带一路"建设深入推进，中国与东盟历史性互为第一大贸易伙伴、建立全面战略伙伴关系，区域全面经济伙伴关系协定（RCEP）生效实施，广西扩大全方位开放合作迎来新契机；国家大力支持实体经济发展，推进科技自立自强，增强产业链供应链自主可控能力，有利于广西更好承接产业转移和吸引新兴产业布局；广西生态环境好，自然资源、人力资源丰富，后发优势明显，产业转型提档升级，形成了一批具有较强竞争力的产业链和产业集群，为深度融入国内大循环和国内国际双循环创造了良好条件。

另一方面，我们必须明确广西发展的战略重点。习近平总书记反复强调要干在实处、走在前列，特别要求广西扎实推动经济持续健康发展、扎实推进现代特色农业建设、扎实推进民生建设和脱贫攻坚、扎实推进生态环境保护建设、扎实建设坚强有力的领导班子。这是建设壮美广西的行动指南。我们要发扬为民服务孺子牛、创新发展拓荒牛、艰苦奋斗老黄牛精神，真抓实干、狠抓落实，推动各项工作不断开新局、谱新篇。要突出抓好领导班子、干部队伍和人才队伍建设，聚天下英才而用之，让每一个想干事、能干事、干成事的人都有机会有舞台；突出抓好创新驱动和产业振兴，让创新创业创造活力竞相迸发，推动产业结构深度调整优化，产业竞争力不断提升，向中高端加快迈进；突出抓好发展环境优化，维护风清气正的政治环境，建设公平正义的法治环境，打造一流的营商环境，保护良好的生态环境；突出抓好品质提升，统筹高质量发展和高品质生活，不断提高经济社会发展质量和效益，推动共同富裕取得更大成效；突出抓好民族团结进步，坚持以铸牢中华民族共同体意识为主线，扎实推进新时代党的民族工作高质量发展；突出抓好乡村振兴，大力弘扬脱贫攻坚精神，全面推进农业农村现代化，让乡村面貌发生根本性改观；突出抓好开放合作，以更加开放的眼光和胸怀全方位开放，东西协作、南北互济，向海而兴、向海图强；突出抓好党的建设，坚持党的全面领导，坚持党要管党、全面从严治党，把各级党组织建设得更加坚强有力。

此外，自治区第十二次党代会还专门提出了凝心聚力建设新时代中国特色社会主义壮美广西的“三个共同愿景”——铸牢中华民族共同体意识、积极服务建设中国—东盟命运共同体、扎实推动共同富裕。会议强调指出，建设新时代中国特色社会主义壮美广西，是一项长期艰巨的历史任务，必须把全区各族人民的智慧和力量充分激发和调动起来。我们要在凝心聚力上下功夫，形成最大公约数，画出最大同心圆，全方位汇聚起共同奋斗的磅礴力量。在铸牢中华民族共同体意识方面，我们要紧紧围绕铸牢中华民族共同体意识抓好经济社会建设、改革发展稳定各项工作，建设铸牢中华民族共同体意识示范区，牢固树立休戚与共、荣辱与共、生死与共、命运与共的共同体理念，和睦相处、和衷共济、和谐发展。在积极服务建设中国—东盟命运共同体方面，我们要抓住中国东盟自由贸易区 3.0 版建设的历史性机遇，做深做实面向东盟的开放合作，把深化与东盟合作同全面对接粤港澳大湾区发展联动起来，与东盟共挽，与大湾区相融，打通开放发展的“任督二脉”。在扎实推动共同富裕方面，我们要坚持以人民为中心的发展思想，坚持尽力而为、量力而行、循序渐进，坚持在高质量发展中促进共同富裕，让全区各族人民共享改革发展成果。这三个共同愿景，体现了鲜明的广西实际和广西特点，既是凝心聚力建设新时代中国特色社会主义壮美广西的主要目标，又是确保实现新时代中国特色社会主义壮美广西宏伟目标的重要保障。其中，铸牢中华民族共同体意识是生命线，积极服务建设中国—东盟命运共同体是开放合作共赢线，扎实推动共同富裕是共同期盼，三者高度统一于凝心聚力建设新时代中国特色社会主义壮美广西的伟大实践，协同发力、缺一不可。

总的来说，面向未来，广西将坚持以习近平新时代中国特色社会主义思想为指导，全面贯彻党的十九大和十九届历次全会精神，深入贯彻落实习近平总书记对广西工作系列重要指示精神，统筹推进“五位一体”总体布局，协调推进“四个全面”战略布局，坚持稳中求进工作总基调，坚持以深化供给侧结构性改革为主线，立足新发展阶段，贯彻新发展理念，服务和融入新发展格局，统筹疫情防控和经济社会发展，统筹发展和安全，强化开放引领，突出创新驱动，加快绿色发展，推动产业振兴、乡村振兴、科教振兴，铸牢中华民族共同体意识，积极服务建设中国—东盟命运共同体，扎实推动共同富裕，推进治理体系和治理能力现代化，坚持党的全面领导，深入推进全面从严治党，解放思想、深化改革、凝心聚力、担当实干，为建设新时代中国特色社会主义壮美广西而奋斗。

## （一）在推动边疆民族地区高质量发展上闯出新路子

习近平总书记对广西发展问题尤为关心关注。早在 2010 年 3 月，时任国家副主席的习近平参加广西代表团审议时就指示广西，要进一步提高经济社会发展的质量和水平；5 月亲临广西视察时又强调，在新的起点上实现西部地区经济社会又好又快发展。2015 年 3 月，习近平总书记再次参加广西代表团审议时强调，要加快形成面向国内国际的开放合作新格局，把转方式调结构摆到更加重要位置。2017 年 4 月，习近平总书记视察广西时对广西提出“四个下功夫”（在推动产业优化升级上下功夫，在转变发展方式上下功夫，在提高创新能力上下功夫，在深化改革开放上下功夫）重要要求。2021 年 4 月再次莅临广西视察时要求广西在推动边疆民族地区高质量发展上闯出新路子。这表明，习近平总书记对广西发展是充满信心的，也是寄予厚望的。

高质量发展是新时代经济社会发展的主旋律。这不是一时一事的要求，而是必须长期坚持的要求。虽然广西经济社会发展取得了显著成绩，但我们必须正视发展过程中的问题，要清醒地认识到，广西产业实力和创新能力不强，工业化、城镇化水平不高，能源、科技、人才等短板突出，转型升级步伐亟须加快，营商环境和创新环境亟待优化，开放水平亟待提高。总的来说，广西仍是后发展欠发达地区这个最大区情没有变，仍处于转型升级、爬坡过坎阶段这个最大特征没有变。广西经济社会高质量发展正处在一个船到中流浪更急、人到半山路更陡的时候，处在人一我十、不进则退、非进不可的时候。推动高质量发展，是建设新时代中国特色社会主义壮美广西必须打好的一场硬仗。我们必须牢牢扭住发展这个第一要务，增强奋起直追、赶超崛起的紧迫感，完整、准确、全面贯彻新发展理念，把新发展理念贯穿广西发展全过程和各领域，明确重点任务，抓住关键环节，坚持“政策为大、项目为王、环境为本、创新为要”，持续深化供给侧结构性改革，深度调整优化产业结构，切实转变发展方式，大力培育发展新动能，大力振兴实体经济，建设现代化经济体系，统筹区域协调发展，加快闯出一条速度质量统一、符合广西实际的边疆民族地区高质量发展新路子，努力走在中西部发展前列。

### 1. 突出创新驱动，加快建设创新型广西

创新是广西发展的突出短板，也是推动高质量发展的第一动力，更是建设新时代中国特色社会主义壮美广西的战略支撑，只有大抓创新才大有希望，才能有大的发展。必须突出创新驱动，坚持“前端聚焦、中间协同、后端转化”思路，深入推进创新支撑产业高质量发展，加快建设创新型广西，实施科技强桂行动，使科技创新这个“关键变量”转化为高质量发展的“最大增量”。坚持“产业出题、科技答题”，推行重点项目“揭榜挂帅”，打好重点产业关键核心技术攻坚战，推进产业链创新链双向融合，力争更多特色优势领域创新能力进入全国领先行列。加快建设高水平创新平台，打造一流科技领军人才和创新团队。完善人才管理制度、科研经费管理制度和人才评价体系，坚决打破制约创新的条条框框，为科研人员“松绑”、为创新创造加力。强化企业创新主体地位，持续推动各类创新要素向企业集聚，激励企业加大研发投入，支持企业共建创新联合体。实施源头创新引领工程，提升应用基础研究和成果

转化能力。高水平规划建设面向东盟科技创新合作区，打造面向东盟的重要科技创新策源地，积极融入全球创新大网络。深化大众创业万众创新，加强“双创”载体建设，营造更为活跃的创新创业创造氛围，让创新创业千帆竞发、万马奔腾。

### 2. 聚焦产业发展，打好产业振兴攻坚战

产业是强桂之基、富民之要。要深化供给侧结构性改革，坚持强龙头补链条聚集群，不断壮大“工业树”、繁茂“产业林”，着力提高制造业比重，大力发展新产业新业态新模式，加快构建现代产业体系，力求做优传统产业、做强主导产业、做大新兴产业、做实特色产业，建设西部制造强区。突出抓好工业振兴，聚焦优势产业持续补链强链延链，推动制糖、机械、汽车、冶金、有色金属、化工等传统产业加快迈向高端化、智能化、绿色化，积极发展特色优势消费品制造业。紧跟现代产业变革新趋势，深入实施战略性新

贵港市新能源汽车生产线（何运斌 摄）

兴产业培育行动，大力发展新一代信息技术、生物技术、新能源、新材料、高端装备制造等产业，加快布局未来产业。实施“百亿强企”“千亿跨越”大企业大集团提升行动，打造领航企业新方阵，培育专精特新“小巨人”企业、单项冠军企业，引进培育独角兽企业、瞪羚企业、啄木鸟企业，形成更多具有核心竞争力的高新技术领军企业。加快发展现代服务业，推动生产性服务业专业化高端化发展，促进现代服务业和先进制造业深度融合，加快生活性服务业品质化多样化升级，壮大发展现代服务业集聚区。大力发展现代金融业，深入实施“引金入桂”战略，培育发展壮大金融市场主体，积极发展绿色金融、普惠金融、科技金融、数字金融、跨境金融，深化财政金融联动，提高金融服务实体经济的能力，加强金融风险防控。把握数字经济发展趋势和规律，大力推动数字产业化、产业数字化，进一步加快推进数字广西、智慧广西建设，深入实施大数据战略，加快信创产业发展，促进数字技术与实体经济深度融合。实施大健康产业培育工程，打造特色鲜明的大健康产业集聚区。聚焦“三大三新”“双百双新”等重点领域，持续深入开展精准招商、产业链招商，不断增强产业发展后劲。

### 3. 着眼“三农”工作，全面推进乡村振兴

民族要复兴，乡村必振兴，“三农”工作重心已经转向全面推进乡村振兴，全面推进乡村振兴的深度、广度、难度都不亚于脱贫攻坚，决不能有任何喘口气、歇歇脚的想法。这是习近平总书记从全面建设社会主义现代化国家的全局出发，站在脱贫攻坚战取得全面胜利的新历史起点上，对全面推进乡村振兴重大意义和总体要求的深刻阐释。乡村振兴既是高质量发展的重点难点所在，也是最大

潜力所在。促进共同富裕，最艰巨最繁重的任务仍然在农村，因此，必须充分释放乡村振兴新动能。要把乡村振兴作为新时代“三农”工作的总抓手，像抓脱贫攻坚一样抓乡村振兴，坚持农业农村优先发展，加快农业农村现代化，促进农业高质高效、乡村宜居宜业、农民富裕富足。落实“四个不摘”要求，加强返贫动态监测和帮扶，强化易地搬迁后续扶持，确保不发生规模性返贫和新的致贫。集中支持乡村振兴重点帮扶县、一体帮扶其他脱贫县，深化拓展粤桂协作，坚持和完善定点帮扶、社会帮扶机制。大力实施乡村建设行动，加强村庄规划管理和农房建设管控，提高乡村基础设施和公共服务水平。严格实行粮食安全党政同责，牢牢守住耕地红线，大力实施种业振兴行动，加强粮食生产功能区建设。坚持以工业化理念、产业链思维谋划乡村产业发展，深入实施农产品加工业提升行动，积极推广柳州螺蛳粉等产业发展经验，因地制宜发展乡村经济新业态，大力发展新型农村集体经济，建设一批特色农业现代化示范区，大力推进农业机械化，加快农产品仓储保鲜冷链物流设施建设，打造富有竞争力的特色农业产业集群。加强和改善乡村治理，推进农村精神文明建设，大力弘扬优秀乡村文化，推动形成文明乡风、良好家风、淳朴民风。深入推进农业农村重点领域改革，激发乡村振兴新动能。

### 4. 推动协调发展，不断激发区域发展合力

区域协调发展是高质量发展的应有之义，必须促进沿海、沿江、沿边协同发展，全方位激发各区域发展动力活力。要优化国土空间布局，深入实施主体功能区制度，依托各区域资源禀赋、发展基础、产业特色，加快构建区域经济发展新格局。坚持将北部湾经

济区作为优先方向，共建北部湾城市群，大力发展向海经济，加快建设海洋强区。深入实施强首府战略，高标准建设南宁都市圈，持续增强首府城市集聚力承载力辐射力。深入推进北钦防一体化，发展壮大现代临港产业体系，建设北海向海经济发展示范城市、钦州西部陆海新通道战略枢纽、防城港现代化临港工业城市。提升做实珠江—西江经济带，支持以柳州为重点的老工业基地转型升级，加快建设南宁、柳州、玉林等现代制造城，推进梧州东融枢纽门户城市、贺州东融先行示范区建设，充分发挥贵港核心港口枢纽作用，支持玉林建设“两湾”产业融合发展先行试验区，支持来宾开展区

2021 年 6 月 23 日，百色水利枢纽通航设施工程正式开工建设，标志着连通云南和广西水运通道的关键工程取得历史性重大突破，西南水运经珠江走向大海的梦想即将变成现实（潘刚卡 摄）

域协调发展试点、建设广西内陆承接东部产业转移新高地。加快左右江革命老区振兴，推动百色新时代沿边开发开放示范城市建设，支持崇左建设现代化南疆国门城市，支持河池建设绿色发展先行试验区，支持桂林建设国家可持续发展议程创新示范区。推进以人为核心的新型城镇化，实施城市更新行动，加强城市新区建设，实施新一轮县域经济提升行动，打造一批经济强县和特色示范县，因地制宜培育中心城镇、产业强镇、文化名镇，促进大中小城市和小城镇协调发展。

### 5. 补齐发展短板，加快构建现代化基础设施体系

现代化基础设施体系是现代化经济体系的重要支撑，必须全面提高基础设施建设水平。要持续推进“五网”（交通网、能源网、信息网、物流网、地下管网）建设，加快建设新型基础设施体系，全方位提高基础设施支撑能力。深化交通强国建设试点，织密通达国内主要城市和东盟国家的快速交通网络，打造高效快捷的出行交通圈和快货物流圈，现代化综合交通运输体系建设达到全国前列、西部领先水平。加快完善5G、云网融合、数据中心、政务网络、工业互联网等信息基础设施，积极融入新一代信息网。构建现代化能源基础设施体系，安全有序发展核电，大力发展风电、光伏发电，提升煤炭、油气储运能力，加快充电服务网络体系建设，增强能源供给保障水平，确保能源供给安全。系统推进物流基础设施、产业物流体系、物流信息平台建设，打造高效、智能、绿色、安全的物流网络。构建功能完善、运营安全的现代城市地下管网体系。推进现代化广西水网建设，提升水安全保障能力。

## （二）在服务和融入新发展格局上展现新作为

加快构建以国内大循环为主体、国内国际双循环相互促进的新发展格局，是以习近平同志为核心的党中央根据我国发展阶段、环境和条件变化，审时度势作出的重大决策。习近平总书记视察广西时，充分肯定了广西在我国新发展格局中的重要地位，对广西开放发展寄予厚望。经过多年的发展，广西加快推进“南向、北联、东融、西合”全方位开放发展，中国—东盟合作“南宁渠道”影响力不断扩大，重大开放平台能级提升，“三企入桂”活动成果丰硕，外资外贸总量质量双提升，广西在国家构建新发展格局中的战略地位更加凸显。广西发展的潜力在开放，后劲也在开放。面向未来，我们将面临 RCEP 落地实施、西部陆海新通道建设取得重大突破、自贸试验区等一批国家级重要开放合作平台加快建设等重大机遇，有基础、有条件、有责任在服务和融入新发展格局中发挥新作用、展现新作为。要坚定不移扩大开放，以更加开放的胸怀走向未来，主动服务和融入新发展格局，在深入落实“三大定位”新使命上持续发力，高水平推进“南向、北联、东融、西合”全方位开放发展，深入推动北部湾经济区与粤港澳大湾区“两湾”联动，积极服务建设更为紧密的中国—东盟命运共同体，加快把高水平开放势能转化为高质量发展动能，切实走活广西发展这盘棋。

### 1. 抓好重要牵引，高水平共建西部陆海新通道

坚持陆海统筹、双向共济，促进沿线交通、物流、商贸、产业深度融合，推动西部陆海新通道成为贯通南北、衔接陆海、协同沿

线的经济大动脉。实施北部湾国际门户港扩能优服行动，加强港口集疏运体系建设，加快建成千万标箱大港，建设世界一流水平的国际门户港，更好发挥国际枢纽海港的支撑作用。实施大能力运输通道建设行动，加快建设一批重大交通基础设施项目，从东中西三线全面畅通内陆地区通往北部湾的主通道。实施通道物流提升行动，加强国家物流枢纽、重要物流节点建设，提高江铁海联运能力和自动化水平，深化通关便利化改革和国际通关合作，积极构建中国—东盟多式联运联盟。实施通道产业融合发展行动，深化与通道沿线省份产业合作，建设有机衔接“一带一路”陆海联动经济走廊。主动对接长江经济带发展，加强与成渝地区双城经济圈、海南自贸港协同联动，深化与湘滇黔等周边省份合作，真正让通道畅起来强起来实起来。

### 2. 抓住“东融”重点，全面对接粤港澳大湾区发展

坚定不移将“东融”作为融入国内大循环、增强竞争力的主攻方向，借势借力加快发展。全面加强互联互通，加快通粤高速铁路、货运铁路、高速公路和西江航运等重大项目建设，加强重点港口、干线机场航线合作，构建连接大湾区快速通道网络。加强与大湾区产业集群精准对接，深入开展承接大湾区产业转移专项行动，打造大湾区产业转移最佳承接地。拓展提升粤桂合作特别试验区、粤桂黔滇川高铁经济带广西园等合作平台，推动构建“大湾区—北部湾经济区—东盟”跨区域跨境产业链供应链。深化产学研合作，共建重点产业技术创新联盟，创建“科创飞地”，推动更多创新成果来桂转化。加强生态环境联防联治，建设珠江—西江千里绿色生态走廊。

### 3. 抓准“畅通”节点，深度融入国内大循环和国内国际双循环

找准融入新发展格局的契合点、生长点，持续在“供需协同、两端发力，开放引领、内外联动，畅通循环、务求实效”上下功夫，推动经济循环流转、产业关联畅通。牢牢把握扩大内需这个战略基点，深度对接国内市场，深入实施质量强桂和品牌强桂战略，提高广西产品对国内需求的适配性和竞争力。推动消费提质升级，培育壮大新型消费，挖掘传统消费潜力，开拓城乡消费市场。坚持把扩大产业投资放在第一位，推动实施西部陆海新通道共建、平陆运河、湘桂运河、黄桶至百色铁路、“两湾”互联互通、临港产业集聚、重大能源建设、产业数字化提升等重大工程，推进一批强基础、增功能、利长远的重大项目建设，不断增强投资对优化供给结构的关键性作用。进一步提升双向投资自由化便利化水平，加大引进外资力度，深入推进国际产能合作，鼓励优势制造业建设海外基

广西钦州保税港集装箱码头作业区（周军 摄）

地，加强跨境产业合作园区建设，加快构建跨区域跨境产业链供应链。推动对外贸易创新发展，加快边境贸易转型升级，推进边民互市贸易进口商品落地加工，积极发展跨境电商、外贸综合服务等新业态新模式，大力发展口岸经济。

### 4. 抓实“南向”关键，持续推动中国—东盟开放合作走深走实

中国和东盟山水相连，友好关系源远流长。1991 年 7 月，中国与东盟开始对话进程。2013 年 10 月，习近平总书记在印度尼西亚国会的演讲中郑重提出“携手建设中国—东盟命运共同体”的重大倡议。2020 年 11 月，习近平总书记在第 17 届中国—东盟博览会暨中国—东盟商务与投资峰会开幕式上发表致辞，就建设更为紧密的中国—东盟命运共同体提出“四个提升”重要倡议。2021 年 11 月 22 日，在中国—东盟建立对话关系 30 周年纪念峰会上，习近平总书记发表了题为《命运与共　共建家园》的重要讲话，重申“四个坚定不移”，提出“五个共建”重要建议，提出构建更为紧密的中国—东盟命运共同体，宣布建立中国东盟全面战略伙伴关系。30 多年来，中国和东盟各领域合作硕果累累，中国—东盟关系成为亚太区域合作中最为成功、最具活力的典范，成为构建人类命运共同体的生动例证。从对话到全面战略伙伴关系，作为中国与东盟关系的新定位，表明双方开始建立面向未来、领域更宽、层级更高的友好合作伙伴关系，中国—东盟命运共同体建设迈上新台阶。广西是我国唯一与东盟陆海相邻的省区，是我国面向东盟开放合作的前沿和窗口，有着与东盟国家合作特别是连续成功举办 18 届中国—东盟博览会、中国—东盟商务与投资峰会的经验，在服务

建设中国—东盟命运共同体方面具有独特优势和良好基础。习近平总书记 2021 年 4 月视察广西时，要求广西主动对接长江经济带发展、粤港澳大湾区建设等国家重大战略，融入共建“一带一路”，高水平共建西部陆海新通道，大力发展向海经济，促进中国—东盟开放合作，办好自由贸易试验区，把独特区位优势更好转化为开放发展优势。自治区第十二次党代会将服务建设中国—东盟命运共同体作为凝心聚力建设新时代中国特色社会主义壮美广西“三个共同愿景”之一，这是贯彻落实习近平总书记重要指示精神的具体行动，是广西服务和融入新发展格局的战略重点，是牵一发而动全身、关系广西开放发展全局的一件大事。我们要深入落实习近平总书记在第 17 届中国—东盟博览会暨中国—东盟商务与投资峰会开幕式上提出的“四个提升”重要倡议，扩大与东盟各领域合作，在建设更为紧密的中国—东盟命运共同体中发挥更大作用。要积极整合现有开放平台，聚焦项目集中资源、用足政策，力求建出特色、建出水平、建出实效。加快东博会、峰会升级发展，从服务“10+1”向服务 RCEP 和“一带一路”拓展，建设高质量实施 RCEP 示范区，进一步提升“南宁渠道”国际影响力。合作共建中国—东盟信息港，构建面向东盟的国际信息通信枢纽和算力中心，推动数字互联互通，打造数字丝绸之路。加快建设面向东盟的金融开放门户，深化跨境金融创新与合作，在跨境人民币结算上走在前列。高标准建设中国（广西）自由贸易试验区，加快综合保税区、保税港区、保税物流园区等外贸平台载体升级发展。高水平建设防城港国际医学开放试验区，打造国际医学开放合作新高地。加快建设南宁临空经济示范区，打造面向东南亚的区域航空枢纽。加强国际经贸规则有序衔接，深化与东盟国家在通关、认证认可、标准计量等方面的合作。发挥国际友城、中国—东盟文化论坛、高端智库战略论坛等渠道作用，深化人文交流，促进民心相通。

### 5. 抓牢制度保障，大力推进改革攻坚突破

围绕畅通经济循环深化改革，深入推进要素配置、市场开发、市场监管等方面改革，打通生产、分配、流通、消费各环节的堵点和梗阻。围绕扩大内需深化改革，创新投融资体制机制，大力发展直接融资，建设高标准市场体系，深入推进财税金融、土地制度、户籍制度等改革，健全再分配调节机制。围绕培育壮大市场主体深化改革，加快推进国有经济布局优化、结构调整和战略性重组，做强做优做大国资国企，破除制约民营企业发展的各种壁垒，以更大力度支持民营企业、中小企业健康发展。围绕优化营商环境深化改革，对标高标准国际经贸规则，持续深化“放管服”改革，打造办事效率高、开放程度高、法治水平高、宜商宜业宜成的一流营商环境。深入推进改革系统集成、协同高效，强化改革督察，狠抓改革落实，加强改革绩效评估，鼓励基层和群众改革实践探索，浓厚改革氛围，增强改革实效。

## （三）在推动绿色发展上迈出新步伐

党的十八大以来，在习近平生态文明思想指引下，我国经济社会发展全面绿色转型，美丽中国建设不断向纵深推进。广西山水秀甲天下，是大自然赐予中华民族的一块宝地；村村寨寨多彩绚丽，是祖国南疆美好和谐的家园。“广西生态优势金不换”，既是习近平

总书记对广西优良生态环境的赞誉，更是总书记对广西加大生态文明建设力度、筑牢我国南方重要生态屏障的要求。几年来，广西牢记习近平总书记的谆谆嘱托，坚持生态优先、绿色发展，持续推动美丽广西建设，把绿色发展贯穿高质量发展全过程，奋力书写建设美丽广西的绿色答卷。蓝天、碧水、净土保卫战成效显著，设区市环境空气质量优良天数、地表水考核断面水质优良比例、近岸海域水质稳居全国前列，漓江流域生态环境保护整治取得明显成效，石漠化治理成效、植被生态质量、生态改善程度等居全国首位，森林覆盖率、生物多样性丰富度稳居全国第三位，“山清水秀生态美”的金字招牌更加闪亮，一幅以不断满足人民对美好生活的向往为主色调的美丽八桂图徐徐展开。同时也应该看到，加快绿色发展，广西面临的压力和隐忧不少，能耗“双控”形势十分严峻。2021 年 4 月，习近平总书记视察广西时强调，“广西生态优势金不换，保护好广西的山山水水，是我们应该承担的历史责任”。我们必须坚决承担起保护好广西山山水水的历史责任，深入贯彻落实习近平生态文明思想，持续打好污染防治攻坚战，推动经济社会发展全面绿色

桂林打造国际旅游景区（卢伊琳 摄）

转型，推动自然颜值转化为经济社会价值，加快建设美丽广西和生态文明强区，走出具有广西特色的绿色发展之路，让良好生态成为最普惠的民生福祉，让绿色成为新时代中国特色社会主义壮美广西的靓丽底色，让绿水青山成为秀甲天下的靓丽名片。

### 1. 大力筑牢南方生态安全屏障

统筹山水林田湖草海湿地系统治理，完善自然保护地体系，提升生态系统质量和稳定性，促进生态环境持续改善，协同推进生物多样性保护与绿色发展。实施漓江、西江、南流江、九洲江等重点流域生态保护和修复提升工程，强化重点海湾污染治理和红树林等滨海湿地系统保护修复，将北部湾建设成为“美丽海湾”先行示范区。深化国土绿化美化行动，科学推进石漠化、水土流失综合治理，实施矿山生态修复。加强环境基础设施能力建设，加快补齐污水垃圾处理设施短板，逐步完善危险废物处置体系。积极开展生态文明示范创建，系统打造富有广西特色的生态城市和美丽乡村。

### 2. 努力打造绿色发展广西模式

加快构建绿色低碳循环发展经济体系，把碳达峰、碳中和纳入经济社会发展和生态文明建设整体布局，推动源头减污降碳协同增效，推进节能技改，深化重点领域低碳试点，系统增强陆海碳汇能力，推动形成纵向传导、横向互动的达峰行动格局。深入推进生态产业化、产业生态化，推动工业、农业、服务业绿色发展，壮大绿色环保产业，积极构建绿色供应链，逐步实现社会产品全周期绿色环保。加快建设资源循环型产业体系，推动企业循环式生产、产业循环式组合，提升循环经济发展水平。创新“生态 +”发展模式，推进旅游产业、康养产业、文化产业和现代特色农业深度融合。加大绿色金融支持力度，有序推进绿色金融市场双向开放。强化资源节约高效利用。严格控制建设用地总量和强度，积极盘活存量建设用地，推进土地复合利用和立体开发，释放各类土地开发潜力，提升用地保障水平。坚持节能优先，完善能源消费总量和强度双控制度，深化工业、建筑、交通等领域和公共机构节能，推动 5G、大数据中心等新兴领域能效提升，促进能源体系绿色低碳转型。开展节水行动，建设节水型社会。完善废旧物资回收网络，开展“无废城市”试点，推行垃圾分类和减量化、资源化，促进再生资源产业集聚发展。开展绿色生活创建活动，鼓励绿色出行，促进绿色消费。

### 3. 全力建设文化旅游强区

坚持世界眼光、国际标准，高水平打造世界级山水旅游名城、文化旅游之都、康养休闲胜地、旅游消费中心，加快建设桂林世界级旅游城市。发挥“老、少、边、山、江、海、寿”特色优势，整合全域文化旅游资源，优化文化旅游产业发展全域空间格局，以桂林为龙头，积极推进“三地两带一中心”建设，打造环广西国家旅游风景道，建设一批富有文化底蕴的国家级和世界级旅游景区、度假区，构建现代文旅产业体系、高品质服务体系，打造国家全域旅游示范区和世界级旅游目的地。推进长征国家文化公园广西段、左右江革命老区红色旅游圈建设，提升百色起义、湘江战役等红色旅游品牌。

### 4. 着力构建生态环境治理体系

健全完善“三线一单”生态环境分区管控体系，强化源头环境风险防控。建立健全生态产品价值实现机制，加快推进自然资源统一确权登记，探索建立排污权、用能权、用水权、碳排放权等价格形成机制和市场交易机制。完善市场化、多元化绿色收费价格机制和生态保护补偿制度，构建生态环境保护者受益、使用者付费、破坏者赔偿的利益导向机制。健全生态环保督察长效机制，落实领导干部自然资源资产离任审计制度和生态环境损害责任终身追究制，筑牢绿色发展的制度防线。

## （四）在巩固发展民族团结、社会稳定、边疆安宁上彰显新担当

广西在维护国家安全上负有重大政治责任。广西是我国少数民族人口最多的自治区，同时是革命老区、边境地区，民族团结、边疆巩固同国家安全紧密相关。广西高度重视维护民族团结、社会稳定和边疆安宁，民族团结进步走在全国前列，边疆安宁不断巩固，社会和谐稳定，人民群众安全感从 89.64% 提升至 98.18%，筑牢了祖国南疆繁荣稳定的钢铁长城。2021 年，习近平总书记视察广西时，将广西誉为全国民族团结进步示范区，要求我们继续发挥好示范带动作用。这是对我们的极大鼓舞和鞭策，我们一定要以习近平总书记的肯定作为动力，努力把各项工作做得更好。必须坚决做到守土有责、守土担责、守土尽责，统筹发展和安全，铸牢中华民族

共同体意识，加快推进广西治理现代化，促进社会公平正义，不断巩固和发展安定团结的良好局面，坚决守好祖国“南大门”，确保祖国南疆繁荣稳定、长治久安。

### 1. 深入推进社会主义民主政治建设

坚持和加强党的全面领导，积极发展全过程人民民主。加强和改进新时代人大工作，支持各级人大及其常委会依法履职，持续推进人大代表“混合编组、多级联动、履职为民”工作，充分发挥人大代表作用，做到民有所呼、我有所应。坚持和完善中国共产党领导的多党合作和政治协商制度，健全发扬民主和增进团结相互贯通、建言资政和凝聚共识双向发力的程序机制，持续打造“桂在协商”品牌。巩固发展爱国统一战线，支持各民主党派、工商联、无党派人士更好发挥作用，强化工会、共青团、妇联等群团组织的桥梁纽带作用，广泛团结海外侨胞和归侨侨眷。依法管理宗教事务，促进宗教关系和谐。健全充满活力的基层群众自治制度，推动基层民主实现形式更加丰富完善。

### 2. 加强和改进新时代思想建设

坚持思想工作“两个巩固”的根本任务，持续深化学习宣传贯彻习近平新时代中国特色社会主义思想。加强马克思主义理论研究和建设工程基地、高校马克思主义学院以及新型智库建设，繁荣发展哲学社会科学。坚持正确政治方向、舆论导向、价值取向，推动媒体深度融合，统筹内宣外宣、网上网下，持续壮大主流思想舆论。加强国际传播能力建设，提升国际传播效能。完善网络综合治理体系，提升网络综合治理能力，营造清朗网络空间。推动理想信念教育常态化制度化，开展“四史”学习教育、中国梦宣传教育和形势政策教育，大力培育和践行社会主义核心价值观，广泛开展文明实践活动和志愿服务活动，深化拓展社会主义精神文明建设。全面落实意识形态工作责任制，加强意识形态阵地管理。

### 3. 共建铸牢中华民族共同体意识示范区

中华民族共同体意识是国家统一之基、民族团结之本、精神力量之魂。党的十八大以来，习近平总书记审古今之变、察时代之势，作出“铸牢中华民族共同体意识”的重大原创性论断，其价值意蕴丰富而深刻。在2021年召开的中央民族工作会议上，习近平总书记全面总结中国共产党民族工作百年光辉历程和历史成就，深入分析现阶段民族工作的历史方位和重要使命，突出强调以铸牢中华民族共同体意识为主线，推动新时代党的民族工作高质量发展。广西是全国少数民族人口最多的省区，有壮、汉、瑶、苗、侗等12个世居民族和44个其他民族，在铸牢中华民族共同体意识上负有重要使命和特殊优势。必须坚持把铸牢中华民族共同体意识作为新时代党的民族工作的“纲”，紧紧围绕铸牢中华民族共同体意识抓好经济社会建设、改革发展稳定各项工作，建设铸牢中华民族共同体意识示范区，模范执行民族区域自治制度，提升民族事务治理法治化水平。深化中华民族共同体意识宣传教育，持续打造“壮族三月三”等民族特色文化品牌，全面提高国家通用语言文字普及水平，构筑中华民族共有精神家园，持续推动各民族增强“五个认同”。用好国家支持民族地区发展政策，加快少数民族聚居区发展，打造边境地区民族团结进步模范长廊，推动各民族稳步迈向现代化、实现共同富裕。推进民族团结进步创建提质扩面，抓好民族团

实施边境地区民族团结进步创建百点工程，打造边境地区民族团结进步模范长廊，增强边民“五个认同”。图为位于边境一线的崇左市宁明县爱店镇堪爱村丈鸡屯群众绣党旗（方安宁 摄）

结进步创建“十百千”工程，做好新时代城市民族工作，营造各民族共居共学、共建共享、共事共乐的社会氛围，推动各民族交往交流交融持续向广度深度拓展，促进全区各民族像石榴籽一样紧紧抱在一起。

### 4. 全面推进依法治区

统筹推进法治广西、法治政府、法治社会一体建设，建设更高水平的法治广西。为推动高质量发展和高水平开放提供有力法治保障、营造良好法治环境。坚持科学立法，完善党委领导、人大主导、政府依托、各方参与的立法工作格局，推进精准立法，不断提高立法质量和效率。推进严格执法，深化行政执法体制改革，完善综合执法体制机制，加强行政执法和刑事司法衔接，严格落实行政执法责任制和责任追究制度。促进公正司法，推进执法司法责任体系、制约监督体系改革和建设，深化刑事诉讼制度改革，完善民事诉讼改革配套制度。大力实施“八五”普法，推动全民守法，健全法治宣传教育网络，完善公共法律服务体系，持续打造“宪法边疆行”“法治三月三”等特色普法品牌，推进智慧普法。

### 5. 建设更高水平的平安广西

践行总体国家安全观，健全反渗透、反颠覆、反分裂、反邪教常治长效机制，加强风险预警、防控机制和能力建设，严密防范暴力恐怖风险，坚决捍卫国家政治安全。坚持和发展新时代“枫桥经验”，完善社会矛盾纠纷多元预防调处化解综合机制，开展重大涉稳问题和信访突出问题化解攻坚，加强校园安全管理，有效防范化解个人极端案事件。加强和创新社会治理，推进市域社会治理现代化，加快“数字平安广西”建设，完善共建共治共享工作机制，建设人人有责、人人尽责的平安建设共同体。健全社会治安防控体系，防范打击各类违法犯罪特别是新型网络犯罪、毒品犯罪，常态化机制化开展扫黑除恶斗争。巩固拓展政法队伍教育整顿成果，打造新时代广西政法铁军。强化特殊人群服务管理。积极推进应急管理体系和能力现代化，完善安全生产防控体系，织密全方位立体化公共安全网。加强边疆治理，持续开展固边兴边富民行动，打造充满活力的沿边经济带，打造全国兴边富民典范和强边固边示范区。强化边海管控，加强智慧边海防建设。

### 6. 全力支持国防和军队现代化建设

坚决贯彻习近平强军思想，贯彻新时代军事战略方针，聚焦建军百年奋斗目标，落实党管武装根本原则，助力驻桂部队现代化建设和练兵备战。加强国防动员和后备力量建设，稳妥推进深化国防动员体制改革，构建在党中央集中统一领导下，军地既各司其责又密切协同的国防动员新格局。推动军民融合深度发展，统筹推进国防工程建设，打造信息化条件下的军警民联防体系，健全党政军警民“五位一体”合力强边固防机制，筑牢新时代人民战争根基。深入开展全民国防教育，抓好双拥共建，加强军人荣誉体系建设，协力做好军人后路、后院、后代服务保障，落实军人军属和民兵待遇保障政策，健全退役军人和其他优抚对象保障制度和工作体系，巩固发展军政军民团结良好局面，形成众志成城固南疆的强大合力。

## （五）增进民生福祉，让广西人民日子越过越红火

习近平总书记始终心系民生福祉，强调要集中全力做好普惠性、基础性、兜底性民生建设。2021 年，习近平总书记视察广西时提出“让人民生活幸福是‘国之大者’”，要求我们用心用情用力解决好人民群众在收入、就业、教育、社保、医疗、居住、养老、治安等方面的“急难愁盼”问题。我们要深刻感悟习近平总书记深厚的为民情怀，深刻认识当前民生工作的重心在于提高人民生活品质，关键在于解决好群众“急难愁盼”问题，目标在于促进全体人民共同富裕。广西全面建设社会主义现代化是在全面建成小康社会刚踩线达标基础上开启的，民生方面还存在不少薄弱环节，促进全体广西人民共同富裕任重道远。民心是最大的政治，造福人民是最大的责任。我们必须把让人民生活幸福是“国之大者”作为建

设新时代中国特色社会主义壮美广西的根本追求，始终坚持以人民为中心，把实现好、维护好、发展好最广大人民根本利益作为一切工作的出发点和落脚点，积极顺应人民群众物质文化需求的新变化，多谋民生之利，多解民生之忧，加快补齐民生领域和社会事业短板，推动广西人民共同富裕不断取得实质性进展，让广西人民幸福美好生活更具品质更有品位，让广西人民好日子千人唱万人和，天天放在歌里过。

### 1. 扎实做好收入、就业和社会保障工作

生活殷实，日子才能越过越有底气。截至 2021 年底，广西全年城镇居民人均可支配收入 38530 元、农村居民人均可支配收入 16363 元，分别比 2012 年增长 81.37%、172.35%。就业稳定，日子才能越过越有奔头。截至 2021 年底，广西累计实现城镇新增就业 390.5 万人、失业人员再就业 94.39 万人、就业困难人员就业 37.49 万人，每年均超额完成目标任务。住有所居，日子才能越过越有滋味。截至 2021 年底，广西累计实施城镇保障性安居工程建设 129 万套（户），基本建成各类保障性安居工程住房 121 万套（户）；实施城镇老旧小区改造 38.45 万套，惠及城镇居民 115.37 万人。新征程上，我们要继续加大力度做好收入、就业、社会保障等方面工作。应多渠道增加城乡居民收入，着力扩大中等收入群体规模，推动更多低收入人群迈入中等收入行列。落实就业优先战略和积极就业政策，促进高校毕业生、退役军人、农民工和城镇困难人员等重点群体就业，健全创业带动就业机制，支持灵活就业和新就业形态发展。健全社会保障体系，加快失业保险自治区级统筹，健全重大疾病医疗保险和救助制度，推进门诊费用跨省区异地就医直

广西老年人领取城乡居民社会养老保险金（尹庆南 摄）

接结算。健全农民工、灵活就业人员、新业态就业人员参加社会保险制度。健全社会福利体系，大力发展社会公益和慈善事业，完善未成年人保护工作机制，加强对残疾人、困难老人、孤儿和农村“三留守”人员等特殊困难群体的关爱服务。健全分层分类的社会救助体系，完善城乡居民最低生活保障机制。坚持“房住不炒”定位，构建以政府为主提供基本保障、以市场为主满足多层次需求的住房供应体系，努力让在桂工作生活的每一个人都能住有所居。

### 2. 建设高质量教育体系，全面提升教育质量水平

全面贯彻党的教育方针，落实立德树人根本任务，建设高质量教育体系。提升学前教育优质普惠发展水平，推动县域义务教育优质均衡发展，改善边境县办学条件，持续实施普通高中突破发展工程。深化产教融合、校企合作，打造一批高水平职业院校，培养更

多广西工匠、大国工匠。抓住国家推进新时代振兴中西部高等教育的机遇，扎实推进一流大学、一流学科、一流专业和一流课程建设，扩大高等教育规模，提升高等教育质量。实施强师惠师计划，强化师德师风建设。全面落实新时代教育评价改革。支持和规范社会力量兴办教育，坚决减轻义务教育阶段学生作业负担和校外培训负担，强化家庭教育支持服务，推动家校社协同共育。大力发展成人继续教育、社区教育、老年教育、特殊教育，促进全民终身学习。

### 3. 加快建设健康广西

身体健康是立身之本，人民健康是现代化最重要的指标。要把保障人民健康放在优先发展的战略位置，深入实施健康广西行动，深入开展爱国卫生运动，持续改善城乡环境卫生面貌，抓好重大疾病防控，倡导健康文明生活方式，为人民群众提供全方位全周期健康服务。健全创新医防协同、联防联控和疫情救治机制，坚持“外防输入、内防反弹”总策略和“动态清零”总方针不动摇，慎终如始毫不放松抓好常态化疫情防控。重视数据信息技术对保障应急防控的支撑作用，充分运用大数据、互联网、云计算、人工智能等技术手段，提升疫情防控工作的智能化、精准化水平。坚持基本医疗卫生事业公益属性，加强基层医疗卫生服务体系和全科医生队伍建设，提高医疗卫生服务保障能力。深化医药卫生体制改革，推进“三医联动”，推动公立医院高质量发展，推进区域医疗中心建设，健全分级诊疗制度，促进优质医疗资源扩容和均衡分布，进一步解决好老百姓看病难、看病贵、看病远的问题。大力发展中医药事业产业，推动中医药、壮瑶医药传承和创新。大力发展群众体育、竞技体育和体育产业，补齐公共体育设施短板，推进全民健身和全民健康深度融合发展，加快建设体育强区。积极应对人口老龄化，发展普惠型养老服务和互助性养老，加快建设居家社区机构相协调、医养康养相结合的养老服务体系和健康支撑体系，打响“壮美广西 养生福地”品牌。落实三孩生育政策及配套支持措施，提高优生优育服务水平，发展普惠托育服务体系，降低生育、养育、教育成本，切实解除人民群众生育后顾之忧。深入开展爱国卫生运动，推进卫生城镇、健康城镇建设。构建食品药品全过程监管体系，确保食品药品安全。

### 4. 丰富人民群众精神文化生活

大力推动文化事业和文化产业繁荣发展，完善公共文化服务体系，实施文化惠民工程，不断满足人民群众日益增长的精神文化需求。大力推进基本公共服务标准化、均等化建设，完善城乡公共文化设施网络。挖掘广西历史文化资源，加强文化遗产和红色资源保护利用。坚持为人民创作、为时代放歌，实施文艺作品质量提升工程和广西当代文学艺术创作工程，加强文化领域综合治理，持续壮大文学桂军、漓江画派、八桂书风和“刘三姐”等特色文化品牌影响力。健全现代文化产业体系，加强文化市场体系建设，完善文化产业规划和政策，激发文化产业发展活力动力，创建发展一批重点文化产业园区，建设一批重点文化产业项目，培育一批龙头文化企业，推进文化产业数字化，提升文化产业规模化、集约化、专业化水平。

## （六）坚持党的全面领导，抓好新时代党的建设工作

习近平总书记指出："党政军民学，东西南北中，党是领导一切的，是最高的政治领导力量。"中国特色社会主义最本质的特征是中国共产党领导，中国特色社会主义制度的最大优势是中国共产党领导。历史和现实、理论和实践都雄辩地证明：党的领导是做好党和国家各项工作的根本保证，是战胜一切困难和风险的定海神针。建设新时代中国特色社会主义壮美广西，必须毫不动摇坚持党的全面领导，不断推进新时代党的建设新的伟大工程，为推动高质量发展筑牢根本保证。必须把管党治党责任抓在手上、扛在肩上，深入贯彻新时代党的建设总要求和新时代党的组织路线，以永远在路上的高度自觉和坚定执着，深入推进全面从严治党，以伟大自我革命引领伟大社会革命。党建是实实在在的，来不得半点虚假和作秀。"打铁必须自身硬"，抓党建要注重长远和实效，敢于动真碰硬，切实以高质量党建引领和保障高质量发展。

### 1. 坚持把党的政治建设摆在首位

将政治标准和政治要求贯穿党的建设各方面全过程，引领带动党的建设质量全面提高。坚持用发展着的党的创新理论武装头脑，深入实施习近平新时代中国特色社会主义思想教育培训计划，使各级党组织和广大党员、干部特别是领导干部更好地掌握马克思主义理论武器，巩固深化"不忘初心、牢记使命"主题教育成果。建立健全党史学习教育长效机制，大力弘扬伟大建党精神，从中国共产党人精神谱系中汲取奋进力量。加强党员、干部政治能力训练和政

治实践历练，深入实施一把手政治能力提升计划。严格执行《关于新形势下党内政治生活的若干准则》，严明党的政治纪律和政治规矩。加强政治监督，强化贯彻执行党的路线方针政策和决议情况的督促检查，完善习近平总书记重要指示批示和党中央重大决策部署贯彻落实的督查问责机制，确保中央大政方针在八桂大地不折不扣落地落实。

### 2. 完善上下贯通、执行有力的组织体系

健全党组织发挥政治核心作用机制，完善地方党委全面领导本地区经济社会发展、全面负责本地区党的建设机制，强化党组织领导作用。树牢大抓基层的鲜明导向，以增强政治功能和组织力为重点，推动各领域基层党建提质聚力。深入推进抓党建促乡村振兴，完善乡村振兴组织保障体系，推动五级书记抓乡村振兴。深化模范机关创建，推动机关党建走在前、作表率。健全事业单位党建工作体系，推动国有企业在完善公司治理中加强党的领导，健全混合所有制企业党的建设领导体制，不断扩大非公有制经济组织和社会组织特别是新兴领域党建工作的有形有效覆盖。全面推进党支部标准化规范化建设，深化拓展基层党组织星级化管理。

### 3. 建设政治过硬、具备领导现代化建设能力的领导班子和干部队伍

坚持把政治标准作为选人用人的第一标准，按照新时代好干部标准和民族地区“四个特别”要求选准用好干部，大力选拔使用担当实干、善作善成的猛将闯将干将。加强换届后领导班子建设，强化思想淬炼、政治历练、实践锻炼、专业训练，健全完善管思

想、管工作、管作风、管纪律的从严管理体系，深入实施干部专业化能力提升计划，锻造过硬本领。健全完善干部考核评价机制，抓实政治素质考核，贯彻新发展理念、推动高质量发展政绩考核。大力培养选拔优秀年轻干部，用好各年龄段干部，统筹做好培养选拔女干部、少数民族干部和党外干部工作，关心关爱基层干部。管好用好编制资源，全面做好机构编制工作。用心用情做好离退休干部工作。

### 4. 加强新时代人才队伍建设

人才是最宝贵的财富，是创新的第一资源，是建设新时代中国特色社会主义壮美广西的关键力量。必须深刻领会习近平总书记关于新时代人才工作的新理念新战略新举措、关于加快建设世界重要人才中心和创新高地的战略谋划、关于做好新时代人才工作的战略部署和重大举措，增强做好人才工作的政治自觉、思想自觉、行动自觉，以更加有力有效的思路和举措推动全区人才工作高质量发展，推动全区人才队伍扩大增量、稳住存量、提高质量、释放能量，在新的历史起点上奋力开创广西人才工作新局面，在加快人才强国建设中展现更大担当和作为。要结合广西实际扎实推进人才强桂战略，实施更加积极、更加开放、更加有效的人才政策，全方位培养、引进、用好人才，着力打造区域性人才集聚区和面向东盟的国际人才高地，打造一批人才引领发展的先行区、示范区。培育壮大企业家队伍。坚持“四个面向”，聚焦重大战略、重点产业、战略性新兴产业以及高校“双一流”建设，加大“高精尖缺特”人才和应用研究人才、战略科技人才、青年科技人才、卓越工程师、高技能人才培育引进力度，推动人才链与创新链、产业链深度融合。

要以勇于求变、敢于求新、善于求质的精气神抓深化改革、抓人才引育、抓平台建设、抓融合发展、抓环境优化，不断提高人才工作质量和人才效能。要全方位全链条深化人才发展体制机制改革，着力解决对用人单位“放管服”不到位、授权不充分，对人才松绑不到位、评价不合理、政策不落地，改革系统性、协同性、集成性不强等问题，积极为人才松绑，破除“四唯”现象，加快建立以创新价值、能力、贡献为导向的人才评价体系，释放和激发创新创造活力。坚持人才为本、信任人才、尊重人才、善待人才、包容人才，加强对人才的政治引领和政治吸纳，健全充分体现知识、技术等创新要素价值的收益分配机制，完善人才薪酬待遇、住房、医疗、子女教育、配偶就业等保障措施，为各类人才搭建干事创业平台，积极营造尊重人才、求贤若渴的社会环境，公正平等、竞争择优的制度环境，鼓励创新、宽容失败的工作环境，待遇适当、保障有力的生活环境，千方百计造就人才、成就人才，把人才红利转化为发展动力。要坚持党对人才工作的全面领导，加大人才发展投入，建强人才工作队伍，用心用情服务人才，广泛宣传人才工作新成果新经验，弘扬科学家精神，营造识才爱才敬才用才的环境，凝聚实施新时代人才强桂战略的强大合力。

### 5. 推进清廉广西建设

永葆自我革命精神，贯通落实“两个责任”，大力推进清廉广西建设，努力实现政治清明、政府清廉、干部清正、社会清朗。把严的主基调长期坚持下去，以零容忍态度严肃查处政治问题和经济问题交织的腐败案件，深入整治群众身边腐败问题和不正之风，常态化惩治涉黑涉恶腐败和“保护伞”，一刻不停、持之以恒正风肃纪反腐，坚决同消极腐败现象斗争到底。以党内监督为主导，贯通协调各类监督，推动重点领域监督机制改革和制度建设。完善党组织自上而下监督制度机制，加强对一把手和领导班子的监督。狠抓中央巡视反馈意见整改落实，科学精准有效推进政治巡视巡察。深化纪检监察体制改革，推进执纪执法规范化、法治化。一体推进不敢腐、不能腐、不想腐，努力取得更多制度性成果和更大治理成效。领导干部要带头遵纪守法、严于律己，严格家庭家教家风，管好自己、管好亲属和身边工作人员。要坚决查处打着领导旗号谋取不正当利益的行为。坚持反“四风”、反腐败、反特权一体推进，巩固拓展落实中央八项规定精神成果，深入纠治形式主义、官僚主义突出问题，持续整治文山会海，改进督查检查考核，切实为基层减负。

### 6. 大力弘扬担当实干作风

建设新时代中国特色社会主义壮美广西，贵在行动、重在落实。全区广大党员、干部要大兴狠抓落实之风，带头抓落实、善于抓落实、层层抓落实，撸起袖子加油干，以踏石留印、抓铁有痕的劲头推动各项工作落到实处、见到实效。要大兴攻坚克难之风，知难而进、迎难而上，分类施策、精准破解，以不解决问题不罢休的劲头拿下拦路虎、蹚过深水区、啃下硬骨头。要大兴改革创新之风，弘扬敢闯敢试、敢为人先的精神，主动对标先进，朝一流努力，向最好看齐，善于用改革创新的思路举措解决发展中的问题。要完善重大事项和重点工作指挥部制度，加强全区统筹、部门协同、各级联动，确保对全局有重大影响的标志性工程、引领性项目一项一项落地落实。要把握新的伟大斗争的历史特点，高度重视和防范化解重大风险隐患，发扬斗争精神，坚定斗争意志，增强斗争本领，敢于向困难斗争，向问题斗争，向懒政怠政斗争，向避事畏难逃责斗争，向有悖于党的新时代要求的行为斗争，向一切违规违纪违法的人和事斗争，坚决战胜前进道路上的一切艰难险阻。要健全完善干部担当作为的激励和保护机制，加大对干部关心关爱力度，落实“三个区分开来”要求，宽容干部在工作中特别是改革创新中的失误，旗帜鲜明地为敢于担当、善于作为、踏实做事、不谋私利的干部撑腰鼓劲。

总之，围绕着凝心聚力建设新时代中国特色社会主义壮美广西这个总目标，必须把握好大局大势，立足自身实际，充分认清前行中面临的机遇和挑战，这是实现总目标的基本前提与重要基础；必须坚持习近平新时代中国特色社会主义思想，坚定自觉用习近平总书记对广西工作系列重要指示精神统一思想、统揽全局、统领发展，这是引领总目标实现的“纲”和“魂”；必须贯彻新发展理念，推动高质量发展，这是贯穿总目标实现过程的主题主线；必须勇于求变、敢于求新、善于求质，这是实现总目标的必然要求；必须落实“四个新”总要求、四个方面重要工作要求，这是实现总目标的路径遵循；必须铸牢中华民族共同体意识、积极服务建设中国—东盟命运共同体、扎实推动共同富裕，这“三个共同愿景”是实现总目标的重要着力点；必须坚持以人民为中心，增进民生福祉，让广西人民日子越过越红火，这是实现总目标的出发点与落脚点；必须坚持党的全面领导，抓好新时代党的建设工作，这是推动总目标实现的坚强保证。

凝心聚力建设新时代中国特色社会主义壮美广西，绝不是轻轻松松、敲锣打鼓就能实现的。历史只会眷顾坚定者、奋进者、搏击者，我们必须始终保持一往无前的奋斗姿态、风雨无阻的精神状态，保持“功成不必在我、功成必定有我”的定力与担当，大兴狠抓落实之风、攻坚克难之风、改革创新之风，发扬斗争精神、坚定斗争意志、增强斗争本领，不断增强对马克思主义、共产主义的信仰，增强对中国特色社会主义的信念，增强对实现中华民族伟大复兴的信心，在建设新时代中国特色社会主义壮美广西的伟大征程中，跑好我们这一棒，跑出速度、跑出风采、跑出成绩，努力创造不愧于党、不愧于人民、不愧于时代的新业绩。

回望过往的奋斗路，心潮澎湃；眺望前方的奋进路，豪情满怀。面朝大海、向海图强，广西是有预期、有未来的地方，发展优势突出、发展潜力巨大，高质量发展其时已至、其势已成。全区广大党员、干部和各族群众，都是建设新时代中国特色社会主义壮美广西的亲历者、奋斗者。我们要紧跟伟大复兴领航人踔厉笃行，在以习近平同志为核心的党中央坚强领导下，大力弘扬伟大建党精神，用我们的赤诚与激情、奋斗与奉献，谱写新时代广西发展的新篇章！我们坚信，经过全区各族人民共同努力、接续奋斗、勇毅前行，我们一定能建成新时代中国特色社会主义壮美广西！我们一定能在21世纪中叶建成社会主义现代化广西！我们一定能为中华民族伟大复兴作出贡献！

# 后 记

“小康”一直是千百年来中国人民最朴素的愿望和憧憬，是中华民族自古以来追求的理想社会状态。2021 年 7 月 1 日，习近平总书记在庆祝中国共产党成立 100 周年大会上的重要讲话中庄严宣告:“经过全党全国各族人民持续奋斗，我们实现了第一个百年奋斗目标，在中华大地上全面建成了小康社会，历史性地解决了绝对贫困问题，正在意气风发向着全面建成社会主义现代化强国的第二个百年奋斗目标迈进。”全面建成小康社会标志着中国共产党向全国人民交出了一份彪炳史册的答卷，兑现了“把人民对美好生活的向往作为奋斗目标”的承诺，践行了中国共产党人为中国人民谋幸福、为中华民族谋复兴的初心和使命。

广西是全国脱贫攻坚主战场之一。党的十八大以来，在以习近平同志为核心的党中央坚强领导下，广西壮族自治区党委、政府团结带领各族人民艰苦奋斗、砥砺前行、攻坚克难，经过多年大规模持续奋战，如期打赢脱贫攻坚战，所有贫困地区、贫困人口与全国各地、全国人民一道迈入全面小康社会。从贫穷落后到繁荣振兴，从偏远闭塞到开放前沿，从温饱不足到全面小康……八桂儿女用苦干实干、实绩实效，书写了决战决胜脱贫攻坚、全面实现小康社会的壮美篇章。

为了全面记录广西决胜全面建成小康社会的伟大历程，展现广西取得的辉煌成就和发生的深刻变化，根据中央宣传部的统一部署，广西壮族自治区党委宣传部组织策划、编写了“纪录小康工程”地方丛书。《全面建成小康社会广西全景录》是丛书中的一本，本书紧扣“全面建成小康社会”的目标要求，立足脱贫攻坚和全面小康，以历史进程为经、以重要事迹与突出成就为纬，绘制出广西各族人民为实现全面小康而持续奋斗的壮丽图景，以期达到为改革者画像、为先贤留名、为人民放歌、为历史留痕的目的。

广西社会科学院具体负责本书的编写工作，各部分撰稿人：第一部分，解桂海、薛辉；第二部分，聂宇欣；第三部分，张慧；第四部分，李萍；第五部分，黄璐；第六部分，蒋斌、聂宇欣、侯巍；第七部分，王红梅；第八、九部分，林柏成。统稿：解桂海、蒋斌。陈立生同志负责本书的内容策划和书稿审核工作。本书编写组还参考了多位专家学者提供的大量资料，在此一并表示感谢！

本书内容宏大，时间跨度长，虽数易其稿，仍然存在许多不足之处，恳请读者批评指正。

本书编写组

2022 年 6 月